U0857110

中央高校基本科研业务费专项资金资助（项目批准号：2023CB001）
北京外国语大学资助学术著作出版

个人信息保护的价值面向

新经济业态下数据立法透视

李帅／著

THE VALUE ORIENTATION OF PERSONAL INFORMATION PROTECTION
A PERSPECTIVE ON DATA LEGISLATION IN THE NEW ECONOMIC LANDSCAPE

北京

图书在版编目（CIP）数据

个人信息保护的价值面向：新经济业态下数据立法透视 / 李帅著. -- 北京：法律出版社，2025. -- ISBN 978-7-5197-9603-7

Ⅰ. D923.74

中国国家版本馆 CIP 数据核字第 2024JR3363 号

个人信息保护的价值面向：新经济业态下数据立法透视

GEREN XINXI BAOHU DE JIAZHI MIANXIANG：XIN JINGJI YETAI XIA SHUJU LIFA TOUSHI

李 帅 著

策划编辑 肖 越
责任编辑 肖 越
装帧设计 汪奇峰

出版发行 法律出版社
编辑统筹 法商出版分社
责任校对 王语童
责任印制 胡晓雅
经　　销 新华书店

开本 710 毫米×1000 毫米 1/16
印张 18 **字数** 258 千
版本 2025 年 2 月第 1 版
印次 2025 年 2 月第 1 次印刷
印刷 北京新生代彩印制版有限公司

地址：北京市丰台区莲花池西里 7 号（100073）
网址：www.lawpress.com.cn
投稿邮箱：info@lawpress.com.cn
举报盗版邮箱：jbwq@lawpress.com.cn
销售电话：010-83938349
客服电话：010-83938350
咨询电话：010-63939796

书号：ISBN 978-7-5197-9603-7
定价：72.00 元

凡购买本社图书，如有印装错误，我社负责退换。电话：010-83938349

序

个人信息保护是个常谈常新的话题。

当李帅博士找我为她的新书作序时,我首先想到的是她博士毕业论文定题的往事。2017 年,正值“互联网 + 共享经济”模式在中国全面兴起,在此过程中,用户信息合理利用开始进入法学研究视野。2018 年,伴随欧盟 GDPR 的生效,全球范围内数据保护的理论研究和实践探讨进入了全新阶段。李帅博士从本专业角度出发,以“共享经济下个人信息公法保护研究”为题构思并完成毕业论文,获评当年中国政法大学的优秀博士毕业论文资助项目。

近年来,学界对个人信息保护议题的关注从最初的概念范畴界定、立法思路辨析、场景化保护规则的确立,到近来对数据确权的探讨、对个人信息保护中不同属性责任的划分、对平台权力与数据合规的分析、对通用大语言模型之下个人信息保护逻辑的研究等,既体现了该领域“常谈常新”的特点,也体现了该领域对研究者跨域素养和综合能力的要求。

本书以《个人信息保护的价值面向:新经济业态下数据立法透视》为题,是李帅在其博士毕业论文基础上,融合近年来研究形成的成果。全书始于对产业转型和新经济模式的介绍,将法学问题的研究置于社会经济发展的大背景之下,这正体现了法学研究对中央倡导发展“新质生产力”的回应。随着数字时代的全面到来,经济形态、商业模式乃至社会文化生活方式都发生了极大的转变,自然人在此过程中已然成为一个个既独立又彼此关联的信息聚合体。然而,由于信息收集需求和能力的差异,信息不对称又成为数字时代社会群体共同面对又不可回避的现实。因此，在厘清产业转型对个人信息保护提出的新需求，以及当前立法不能满足这一需求的基本事实的基础上，该书正式探讨了信息不对称这一明显具有交叉学科特点的问题。作者将信息不对称视为营利性主体不当利用个人信息的重要因素，并在此前提下采用类型化思维，对多个场域中的个人信息保护问题展开探讨，切中了信息法治研究的基点。

数据蕴含价值，个人信息无出其外。数据所链接的多维价值影响着数据确权问题的判定，而个人全生命周期中产生的信息，也体现着人身价值与财产价值、个人利益与公共利益的融合。本书选取金融领域、医疗卫生领域，以及以人工智能为代表的科技领域为重点研究对象，将个人信息保护应当坚持的思路与原则场景化地适用于其中，既展现了当前实践对数据立法提出的要求，也体现了作者对相关领域数据立法方向的深入思考。

立法是一项综合性很强的活动。本书在对个人金融信息、个人医疗健康信息以及多模态个人信息的利用与保护进行针对性分析之后，以前述分析作为切入点，从更加宏观的层面探讨法律保护机制的创新。作者一方面引入"数据治理"的概念，通过提出普遍保护、合理利用、分类保护这三项基本原则，将数据治理手段在法律规制领域全面适用；另一方面提出将激励相容理念作为数据立法的重要基础逻辑，推动公私协力，奖惩并举，进一步丰富规制工具，实现市场调节与法律调控、科技发展与制度创新的协同发展。

书稿写作是漫长且艰辛的过程。图书付梓则是作者心血获得首肯的里程碑。希望李帅博士的著作能够为个人信息保护，以及数据保护与利用领域的法律实施提供发展和完善的建议。也衷心祝愿李帅博士未来在数据法治、科技法治的研究之路上取得更多丰硕成果！

王敬波

2024 年 12 月

前　言

以新产业、新业态、新产业模式为代表的“三新”经济日益蓬勃，正在成为中国经济发展的重要组成部分。元宇宙的应用场景不断拓宽，进一步促进了以数据为重要生产要素的全新经济的发展，促进了数据要素新业态的出现。在此背景下，个人信息承载的利益日趋多元化，信息属性呈现明显的复合特征，外化形态也不断丰富。

伴随新经济给公众认知和生活模式带来的巨大变革，社会对于信息保护所秉持的价值取向亦发生变化。当前，构建数据立法模式应充分认知普遍存在的信息安全问题，对个人信息相关权利进行明确定性；客观、理性地看待信息不对称现象，并结合这一现象所诱发的负面效应，探索个人信息保护的公私协力机制。进而，以金融信息、健康信息、多模态信息三种类型化的个人信息保护路径为借鉴，全面发掘一种新型的信息保护机制——数据治理。

在数据治理进程中，互联网技术的成熟使传统信息公开向数据开放发生转变，多维度、多种类数据的大量出现也倒逼行政管理模式进行改革。伴随新经济业态的不断发展，社会在数据立法方面的需求日益增长。从个人信息多维价值的显现，到各类数据多元化利益的融合，当前的数据立法已然成为领域化立法规范的典型代表。领域立法的特点在于融合民事、刑事、行政等多种规范，对相关问题进行多维度的调控。

在以上思路指导下，本书共分为七章，以个人信息的基本属性为切入点，进而基于类型化的视角，选取金融信息、健康信息、多模态信息进行研究，并将研究成果依次呈现于本书第三章至第五章中。以此为基础,总结得出个人信息数据治理模式,以及新经济下整体的数据立法模式,系对传统法律规制理论的进一步丰富,研究成果在第六章和第七章中综合体现。具体篇章安排如下。

第一章产业转型中的个人信息:新经济业态下数据立法现状,系本书研究背景,内容主要涉及个人信息保护的实践现状、立法情况与理论基础三方面。本章从社会的数字化转型入手,探讨“互联网 + 新经济”背景下个人信息的特征,引出当前普遍存在的信息安全问题。在此基础上,论证个人信息的“权利性”,分析信息保护需求的紧迫性以及实践中遇到的困难和障碍。

第二章信息不对称:个人信息法律保护的现实基点,立足于客观存在的信息不对称现象,指出个人信息法律保护应当正视的根本问题。本章介绍了共享经济中信息不对称现象的成因,分析了可能因此产生的差异化决策及其负面效应,并提出具有宏观指导意义的解决思路。同时,引入机器算法在当前个人信息保护中的作用和局限性,探讨算法透明化在数据保护场域中的作用。

第三章人身价值与财产价值的协同:基于个人金融信息的研究,进入类型化研究部分。本章选择互联网金融为背景场域,结合金融活动的主体丰富性、风险系统性等特征,探讨个人金融信息所体现的复合利益及其面临的安全风险。进而提出整合碎片式个人信息的方法,明确了构建个性化金融服务体系、创建规范化信息管理模式的路径。最终,以金融活动中监管科技的发展为指导思路,提出大数据风控、“监管沙盒”等有效的保障措施,并深入探索这些措施所体现的公法精神。

第四章个人利益与公共利益的平衡:医疗健康信息保护引发的思考,将视野置于互联网医疗中的个人信息保护。本章介绍了个人健康信息特殊属性的外化形式,探讨了医疗健康信息保护面临的现实问题。进而在明确不同主体权利义务的基础上,提出个人健康信息保护的基本原则和具体制度措施,形成以信息脱敏为关键内核的信息利用与保障机制。

第五章技术调控与法律规制的合作:人工智能时代多模态信息保护的审

思，充分关注新兴科技业态对社会发展的影响，探索个人信息在形态范围上的拓展。本章首先分析了人工智能时代个人信息的潜在风险，进而提出“多模态个人信息”的概念，研究其保护规则，并构建以事前身份识别、事中数量管控、事后社会效果分析等手段为主体的公法保障体系。

第六章法律保护机制的创新：个人信息保护的数据治理模式，系基于前文类型化分析的制度总结。本章从秩序行政的内核出发，介绍了数据治理与行政法规制在理论上的契合性。进而，将数据治理作为行政法规制手段的一种，基于法学研究视角探讨其构成要素，为行政法规制方式的时代性转变提供理论依据。最终，明确通过数据治理方式保障公民个人信息的基本路径，从指导思想、基本原则和具体措施三个维度进行论述，旨在全面构建共享经济下的个人信息公法保护模式，促进社会环境中个人信息保护氛围的形成。

第七章激励相容思路的全面适用：新经济业态下数据立法的逻辑，是在个人信息保护问题的基础上，对数据立法思路及模式的全面总结。本章基于当前新经济业态的特征，界定不同业态下的重点保护对象，进而提出应当在包容审慎的基本规制原则指导下，引入激励相容的指导思想，倡导公私协力，奖惩并举，综合运用各种规制工具，在个人信息立法与数据立法之间形成良性互动关系，全面推进我国数字法治、科技法治的进程。

目　　录

绪　论

现代社会活动在参与主体、行为方式以及边界范畴上都呈现前所未有的扩大趋势。与此同时，传统市场经济也在数据时代的背景下实现了模式升级。伴随行政管理力度的增强，行政权的作用范围及程度也进一步发展，这就对相应的制约机制提出更高要求，从而促使法治从相对静态向相对动态发生转化，即从传统法治着重控制静态行政权向新型法治以规范动态行政行为为主过渡。[①] 在新型法治的内核中，行政法规制理论和实践也面临着新的需求，其中最为主要就是转变规制思路、丰富规制工具，以保障规制效果、提升规制行为的可接受性和公众满意度。

个人信息保护作为传统规制重点，既关乎公民法定权益，又是维系社会秩序的关键要点。由于个人信息保护涉及公法与私法中的多重问题，因而广泛存在于不同部门法的研究课题中。当前，互联网技术的发展、新业态经济的勃兴进一步打破了数据流转的壁垒，相关社会实践又对个人信息保护提出新的挑战。2021 年《个人信息保护法》颁布实施，“领域法”的概念进入大众视野。作为融合民法、刑法、行政法规范的法律形态，当前社会的数据立法更加关注对基本理论的溯源，在确定“数据权益化”这一指导思路的前提下，不断回应实践需求。另外，从公共治理的科技化层面来看，对复杂社会事务进行调控，相应的执法活动需要技术治理的参与。因而，以社会发展现状和个人信息保护的需求为背景，将融合法律治理与技术治理特征的数据治理引入个人信息保

① 参见姜明安：《行政法》，北京大学出版社 2017 年版，第 17 页。

护的行政法规制研究中,是法学时代化发展的必然。

本书以现实中的信息不对称现象为背景,充分发掘数据安全问题,探寻个人信息公法保护的出发点。在此基础上,以个人金融信息、个人健康信息以及多模态个人信息的保障为切入点,探索共享经济下个人信息保护的公私协力机制,提出变革传统规制中单一主体实施强制性措施的做法,以寻求新型社会治理模式。此外,本书在数据治理概念已然进入社会生活的基础上,从传统行政法规制视角审视数据治理,依据治理所处的不同环节逐一分析其中体现的规制原则,寻求二者的统一。最后,探索数据治理在管理公共事务方面的创新之处,提出技术治理与法律治理并行、政府监管与多元共治并重的理念,促进新型治理与传统规制的融合。

写作本书过程中,重点考虑的问题涵盖如下三个方面。第一,在新经济业态下,新型产业中凸显的问题对全面丰富行政法规制内涵提出要求。当前,互联网技术全面发展,依托平台开展的互联网经济所涉及的场域不断拓展,并由此产生越来越多法律规制的空白领域。关注“互联网 + 新经济”下的个人信息安全及相应的权利保护问题,促进个人信息多维价值的发挥,是法学研究的时代任务。第二,在“从管理向治理”过渡的进程中,传统法学理论特别是公法理论面临着思路转变和内涵扩充的需求。作为与秩序行政、给付行政、服务行政等相并列的概念,规制行政在新时期的作用方式已经不能再局限于“全有或全无”的简单限制,而应当采用灵活多样的调控方式,并以顺应时代的理念作为指导思想,满足现代行政法对规制发展的内在要求。第三,计算社会科学时代的到来,要求采用种类更多、综合性更强的研究方法。当计数、计量的研究范式被引入人文社会科学之后,社会学、政治学以及法学等学科先后开始采用自然科学中的量化思路指导本体研究,通过定性与定量相结合的方式探索更加科学的结论。

基于对社会需求的回应,本书将为日益严峻的个人信息保护问题提供法治化解决方案,在类型化的视角下探讨信息保护路径。同时,本书旨在促进数据治理与行政法规制的协同发展、为国家治理现代化建设提供可行建议,推动交叉学科研究方法在法学领域的全面应用。

第一章　产业转型中的个人信息：新经济业态下数据立法现状

数字化以其大规模、高速度以及广泛影响性，为社会生产力、生产要素以及生产关系都注入了全新的内涵。在这种新型的社会发展模式下，各类活动的参与主体均面临着数字的开发、利用和保护问题，而且这些问题的解决，需要前述主体持有更为开放和包容的态度。与此同时，在全球信息化浪潮冲击下，个人信息的作用越来越重要，但也面临着越来越严重的威胁。一方面，个人在真实世界的存在转化为数据信息，可以通过网络迅速传播；另一方面，信息具有资源属性能够带来巨大的商业利益。世界上第一部数据保护法是1973年瑞典议会颁布的《个人资料法》，此后在全球范围内拉开了信息保护立法的序幕。[①] 从我国的情况来看，因自身信息产业的基础较为薄弱，直至进入21世纪，信息传递方式发生变革、信息纠纷日益增多之后，才制定颁布了《政府信息公开条例》。进而，个人信息保护才成为学者关注的热点。[②] 以公法保护为视角，经过数据化、权利化的发展演进，我国的个人信息保护也已逐步走上专门性立法的道路。

鉴于存储、流通方式以及受损形式的“线上”特征日趋显著，传统规制手段的不足也开始显现，因而需求新型的规制方式，并需要逐渐将实践问题数据化，以作为规制的对象和依据。这种客观问题的数据化过程有赖于统计学、计

---

① 参见王敬波主编：《五十国信息公开制度概览》，法律出版社2016年版，第329页。

② 参见周汉华主编：《行政法学的新发展》，中国社会科学出版社2013年版，第256页。

算科学与法学知识的综合运用，并在整个流程的运转中提升数据治理能力，同时，使其效用良好地作用于个人信息保护公法机制的构建中。

第一节　社会数字化转型与新经济模式的兴起

社会的数字化转型既关注如何将事物变成计算机可读的语言，即“数字化”问题，又关注已经入库的内容如何进一步发挥作用，即“数据化”问题。伴随电力、制造、档案、文物保护、社区管理等领域内数据库的构建，诸多工作已具备在线上开展的基础。[①] 当前，数据技术逐步成为平台经济的重要依托，更在产业升级、经济模式转变的过程中发挥了关键性作用。

一、数据技术支持下的产业转型

2013 年 4 月，德国在国际工业博览会上公布了《保障德国制造业的未来：关于实施“工业 4.0”战略的建议》。该战略之所以被称为“工业 4.0”，是源自德国对三次工业革命的称谓。18 世纪 60 年代，人类社会进行了以蒸汽机为代表的第一次工业革命，大机器生产取代了手工劳动；19 世纪 70 年代，自然科学开始同技术生产紧密结合起来，电力得到广泛应用，人类进入电气时代，这便是人类的第二次工业革命；自 20 世纪 50 年代起，原子能技术、航天技术、电子计算机应用、人工合成材料、分子生物等取得重大突破，科学技术有力推动了人类生产力的进步，形成了所谓的第三次工业革命。德国人分别将三次工业革命称之为“工业 1.0”、“工业 2.0”和“工业 3.0”。在德国人心中，此次的制造业技术革新是制造领域的颠覆性革命，具有划时代意义，堪为第四次工业革命，故称为“工业 4.0”。

同一时期，全球主要发达国家也先后出台以“先进制造”为主题的国家战

---

① 例如，南方电网公司首个计量资产全生命周期业务监控与运营分析系统在云南昆明建成；上海市松江区 85% 规模以上企业拟于 2025 年前完成制造业数字化转型；宜昌市伍家岗区馆藏档案数字化率目前已达 94%；故宫博物院已经完成 90 多万件馆藏文物的数字化；青岛市城阳区出台《数字家庭试点建设实施方案》，对红岛街道沟角社区 384 户居民家庭内部和社区环境进行数字化改造。

略，希望能够在第三次工业革命中夺得先机，如美国的"再工业化"、日本的"新机器人战略计划"、法国的"新工业法国"等。尽管这些战略在具体的执行层面上侧重不同，但共性十分明显，大都包括对新兴产业和前沿技术的扶持，对创新型企业的补贴等。[①]

2015 年 5 月，我国政府发布了《中国制造 2025》，提出突出创新驱动，依靠和发展高端装备制造业，打造中国品牌，形成中国创造，推出中国质量，完成中国由制造大国向制造强国的转变。有人称这是中国版的"工业 4.0"规划，是中国建设世界制造强国的行动纲领。[②] 2021 年 12 月 21 日，工业和信息化部等八部门联合印发了《"十四五"智能制造发展规划》，提出"到 2025 年，规模以上制造业企业大部分实现数字化网络化，重点行业骨干企业初步应用智能化；到 2035 年，规模以上制造业企业全面普及数字化网络化，重点行业骨干企业基本实现智能化"。

可见，数字化、互联化和智能化，是新时期产业转型升级的基础。其中，数据技术作为底层逻辑，发挥着重要的作用。可以说，数据时代的持续进阶是科技社会发展的重要标志。

（一）数据技术的阶段性特征

数据技术的发展与社会的数字化进阶相辅相成。20 世纪中叶以来，微电子、自动化、计算机、通讯、网络、信息、人工智能等高新技术的迅猛发展，掀起了以信息革命为核心的新技术革命浪潮。[③] 结合大数据技术的特征和互联网技术（Information Technology，IT）行业的代际发展规律，可将在此之后的社会数字化进程划分为三个阶段。

第一阶段为数字 1.0 时代。分布式的存储和处理技术是这一阶段主要采用的技术手段。其中，较为著名的开源分布式存储和处理框架是由阿帕奇（Apache）软

---

① 参见钱海章、张强、李帅：《"十四五"规划下中国制造供给能力及发展路径思考》，载《数量经济技术经济研究》2022 年第 1 期。

② 参见李金华：《德国"工业 4.0"与"中国制造 2025"的比较及启示》，载《中国地质大学学报（社会科学版）》2015 年第 5 期。

③ 参见庄存波、刘检华等：《产品数字孪生体的内涵、体系结构及其发展趋势》，载《计算机集成制造系统》2017 年第 4 期。

件基金会开发的分布式系统基础架构（Hadoop），它使用 HDFS（Hadoop Distributed File System）组件存储海量数据，并使用 MapReduce 组件处理数据。这种技术可以让数据在多个计算节点之间分布式存储和处理，从而加快数据处理速度，提升可靠性。因此，这一时代 IT 行业的任务主要聚焦于信息处理系统的搭建，包括销售系统、财务系统、办公系统、人力资源管理系统等。

第二阶段为数字 2.0 时代。IT 系统在 2.0 时代已基本建成，开始需要实现数据在不同系统中的交互和流转。构建跨系统、跨部门的数据流转方案成为核心任务，进入了以流程为中心的时代。以 Storm 和 Spark 为代表的流式大数据处理框架，就是在这一阶段出现并完善的。此时，体现企业对数据管理能力的“数据集成”的概念开始出现。由于相关主体面临数据集成带来的利益，社会的数字化转型先后经历了竖井式的“信息孤岛”和泛端口化的“集成毛团”，并在这一“类粗放型经营”的过程中逐渐形成了业务流程导向下以数据交换和使用为主要内容的数据管理。因数据管理侧重数据内容本身的被动式管理，欠缺对于复杂数据流转过程的自适应性，所以在管理的精细化发展进程中，充分关注数据质量并推进数据治理的数据 3.0 时代正式到来，社会活动呈现明显的数字化趋势。

第三阶段为数据 3.0 时代，这一时代以数字驱动运营为特点。此时，随着机器学习和人工智能的发展，大数据处理开始将这些技术融入其中。这个阶段的主要技术手段包括深度学习、自然语言处理、图像处理等。这些技术不仅可以让大数据处理更加智能化和自动化，还将其拓展至更加广阔的适用范围，覆盖了包括商业、医疗、金融、政府等领域，为社会活动主体创造更为多元化的价值。可以说，在数据 3.0 时代，数据将以“需求”为导向进行流转。从法律层面看，传统理论中强调不同数据主体之间权利义务差别的观点，将在一定程度上被突破和改良。从技术层面来看，数据 3.0 时代的一项重要目的，就是致力于将所有业务都构建在一个完整的数据大平台上。①

① 参见吴宁川：《Informatica：数据 3.0 时代的数据治理之道》，载微信公众号“Informatica 数据管理”2017 年 8 月 10 日，https://mp.weixin.qq.com/s/2r5Jxn7RgTy1yMFCnE1Egw。

(二)数字化辅助下的制造业转型

广义的数字化制造技术是指将信息技术应用于产品设计、制造和管理等产品全生命周期中,以达到提高产品研发效率和质量、降低研发成本、实现快速响应市场的目的所涉及的一系列活动的总称。通常,数字化制造包括数字化设计、数字化工艺、数字化加工、数字化装配、数字化管理、数字化检测和数字化实验等。从 20 世纪 50 年代的数控加工开始,数字化制造技术的发展大致经历了以下四个主要阶段。

(1)以计算机辅助设计(Computer Aided Design,CAD)/计算机辅助工艺规划(Computer Aided Process Planning,CAPP)/计算机辅助制造(Computer Aided Manufacturing,CAM)等计算机辅助技术为代表的第一代数字化制造技术(20 世纪 60 年代至 80 年代初期),即单项技术和局部系统的应用阶段。该阶段以数控技术、CAD、CAPP、CASM、计算机辅助工程(Computer Aided Engineering,CAE)、计算机辅助测试(Computer Aided Test,CAT)等单项技术及柔性制造系统为主要内容。该阶段以计算机作为主要技术工具和手段进行产品设计、分析、工艺规划与制造并处理各种信息,以提高产品研发效率和质量。

(2)以集成制造技术为代表的第二代数字化制造技术(20 世纪 80 年代至 90 年代前期),即由信息集成、功能集成和过程集成构成的企业级集成应用阶段。该阶段以计算机集成制造系统(Computer Integrated Manufacturing System,CIMS)为代表,通过信息和过程集成来解决单元技术发展造成的"信息孤岛"问题。同时,在该阶段,为减少串行设计方法带来的大量返工问题,美国国防分析研究院提出了并行工程的思路,随后出现了虚拟制造等制造模式。

(3)以网络化制造技术为代表的第三代数字化制造技术(20 世纪 90 年代至 21 世纪 10 年代初期)。该阶段以敏捷制造、供应链管理、电子商务为主要内容进行企业间的集成应用,通过产品设计制造的协同来提高制造业的竞争力。

(4)以智能制造技术为代表的第四代数字化制造技术(21 世纪 10 年代至今)。该阶段以实现高效、优质、柔性、清洁、安全生产、提高企业对市场的快速响应能力和国际竞争力为目标。

(三)《中国制造2025》与“中国智造”战略

“智能制造”(Intelligent Manufacturing,IM)的概念诞生于20世纪80年代,但直至2010年前后才得到广泛重视和快速发展。它是以新一代信息技术为基础,配合新能源、新材料、新工艺,贯穿设计、生产、管理、服务等制造活动各个环节,具有信息深度自感知、智慧优化自决策、精准控制自执行等功能的先进制造过程、系统与模式的总称。①

2015年5月,国务院部署全面推进实施制造强国的战略,印发《中国制造2025》作为我国实施制造强国战略第一个十年的行动纲领。《中国制造2025》提出把智能制造作为信息化与工业化深度融合的主攻方向,促进工业互联网、云计算、大数据在企业研发设计、生产制造、经营管理、销售服务等全流程和全产业链的综合集成应用。可见,智能制造技术的提出和发展,已经超出了数字化制造技术的范畴,它是制造技术与数字化技术、人工智能技术及新一代信息技术的融合。

伴随《中国制造2025》将“推进信息化与工业化深度融合”作为制造强国的战略目标之一,以及党的十九大报告提出的“加快建设制造强国,加快发展先进制造业”,“中国智造”逐步成为我国加快推进产业结构调整,适应需求结构变化趋势,完善现代产业体系,积极推进传统产业技术改造,全面提升产业技术水平和国际竞争力的一项重要发展战略。

制造业的转型恰恰彰显了社会从“数字化”到“数智化”的发展特征。面对人工智能等新技术取得的突破,打破信息不对称、做好云基础设施、应对数据协同困难,成为新时期产业战略全面落地的关键。

二、数据技术支持下的经济模式转型

德国的“工业4.0”和我国的《中国制造2025》都旨在强调数字技术对传统制造业的革新,因此也就加速了数字经济时代的到来。在数字经济模式下,数

---

① 参见吕铁、韩娜:《智能制造:全球趋势与中国战略》,载《人民论坛·学术前沿》2015年第11期。

据作为新的生产要素,对预判市场走向、调控交易行为、影响各主体权利义务等发挥重要作用。市场参与者通过收集、存储、挖掘、加密、交易等一系列行为,充分发挥数据作为生产性资源的经济价值,还有企业直接将数据视为一种资产。与传统财产性资产不同,线上数据不具备明显的有体性,而是以无形、可共享及可传输性为主要特点,①这也就导致商业竞争向新的方向发展,并以争夺数据占有状态为主要形式。

(一)新经济的内涵与特征

所谓"新经济",是一个包容性强、含义有多种理解的概念,最早见诸 1996 年 12 月的美国《商业周刊》,用于描述信息革命以来,尤其 20 世纪 90 年代后美国出现的经济持续高速增长、低通胀、低失业的罕见现象;②而今通常用以指称信息化和全球化背景下由信息科技及其应用而产生的新型经济形态。"建立在信息科技革命基础上的信息经济"是新经济内涵的核心点,③当前以互联网平台组织生产要素为核心内容的平台经济,以充分利用知识资产与闲置资源、便利人人有效参与为核心功能的分享/共享经济,都是新经济的典型表现。④

与"新经济"齐名的词汇还有"互联网经济""数字经济"等,从这些关联词可以看出,最纯粹的新经济是指依托于信息技术的经济成分。但同时,新经济既是一个动态概念也是一个相对概念。一方面,伴随技术革新,"新"的成分在不断演化,20 世纪 90 年代的新技术可能已成为当前普遍应用的常规技术。另一方面,社会占主导地位的产业形态不同,决定社会经济形态的不同。因此,在不同的历史时期,新经济有不同的内涵。

如今的新经济是建立在信息技术革命和制度创新基础上的,创新性知识在知识中占主导地位、创意产业成为龙头产业的智慧经济形态。在我国,"新经济"一词曾先后被写入 2015 年中央经济工作会议和 2016 年《政府工作报告》中。通常认为,新经济不仅包括新兴产业和业态,也包括通过应用新科技

① 参见刘金瑞:《数据财产保护的权利进路初探》,载《中国信息安全》2017 年第 12 期。
② 参见美国国务院国际信息局编:《美国经济概况》,杨俊峰、王英伟译,辽宁教育出版社 2003 年版,第 6 页。
③ 参见[美]曼纽尔·卡斯特:《网络社会的崛起》,夏铸九等译,社会科学文献出版社 2001 年版,第 91 页。
④ 参见王全兴、刘琦:《我国新经济下灵活用工的特点、挑战和法律规制》,载《法学评论》2019 年第 4 期。

实现转型发展的传统产业。如今对于新经济中“新”的理解,基本可作两层解读:一是内含层面的“四新”,即包含数字经济、智能经济、平台经济、分享经济等四大促进产业跨界融合的新经济形态;二是特征方面的“三新”,即以新产业、新业态、新商业模式为显著特点。

在新经济时代,科技创新与数字技术极大地拉动了经济增长,给社会发展带来更多新的内涵。第一,开创农业发展与乡村振兴新模式。当前,已有大量农田采用无人机进行“飞防”,通过直播带货助农的形式也成为常态,截至2022年1月,我国已有近132.2万家乡村电商相关企业。① 第二,以服务业为基础,“孤独经济”“懒人需求”“悦己消费”等为数字经济开辟新市场。陪诊、外卖跑腿、代收垃圾、宠物保健、潮玩设计等行业领域的发展,体现了技术和社会进步对个人选择的尊重。第三,“双碳”引领经济变革,数字化布局带动全面产业升级。我国2022年《政府工作报告》指出要推动绿色低碳发展,循环经济、生态产业等战略性新兴产业迎来高增长空间。2023年,中共中央、国务院印发《数字中国建设整体布局规划》,明确了数字中国建设的“2522”整体框架,预计到2025年我国数字经济规模将超60万亿元。② 第四,数字化应用场景拓宽,催生大量新兴职业。诸如数据标注师、AI算法工程师、在线医生、人工智能医学影像算法标注师、在线学习服务师等依托互联网和数据技术开展工作的职业相继出现。

综合以上分析,本书将“新经济”的定义概括为:以科技发展和技术创新为依托,覆盖全产业的新兴经济业态模式的总称。互联网时代,各类网络平台成为新经济发展的重要媒介。相应地,“平台经济”也就成为“互联网+新经济”的典型特征,甚至在诸多场景下可以作为后者的代名词。同时,新经济的发展逐渐深入社会各个领域,在当下很多语境中,“新经济”甚至开始象征一种新的生活方式,以及一种新型的社会运转模式与组织形态。

---

① 参见天眼查数据研究院:《新经济下2022新职业百景图》。

② 参见中国信息通信研究院数字经济与工业经济领域主席孙克在“2023中国信通院ICT+深度观察报告会”上的主题报告:《数字经济构筑经济复苏的中坚力量 工业经济打造结构升级的关键动能》,载中国服务贸易指南网2023年1月17日,http://tradeinservices.mofcom.gov.cn/article/yanjiu/hangyezk/202301/144891.html。

(二)“互联网+新经济”的典型模式

新经济既包含了实体与网络两种形式,又进一步将两种形式结合起来。上文提及的新经济“四新”内涵,即数字经济、智能经济、平台经济、分享经济等,也为新时期电子商务的发展注入新的血液。以下将围绕新经济发展过程中的两组核心概念,分析这些经济模式对数据流动的需求。

1. 分享经济与共享经济之辨

“Sharing Economy”一词最早起源于美国,出现在经济社会学范畴,用于描述社会群体消费行为模式的转变,其典型案例为个人消费向“协作式消费”的变化。[①] 但由于英语中“Sharing”一词有“分享”和“共享”两层含义,因而早期有很多人将“Sharing Economy”译为“共享经济”或“分享经济”,并且认为二者之间没有太大差别。[②] 对于这种所有权和使用权发生分离的经济模式,虽然理论界对其名称尚未形成统一观点,但从“Sharing Economy”在世界范围内的发展来看,其内涵应当包括两层:一是在2008年世界金融危机后普遍兴起的分享经济;二是在分享经济基础上增加了第三人(主要是企业所有者)入场的共享经济。

2008年前后,全球范围内对于新兴产品的消费需求低迷,更多人开始寻求闲置物品的交易渠道,或者将空闲物品与他人共同使用,以缓和自身经济压力。这一时期,爱彼迎(Airbnb)[③]的出现为房东提供了分享空闲房间赚取收益的机会,优步(Uber)[④]则为车主在空闲时间接送乘客赚取外快创造了可能,二者成为分享经济的代表。而后期兴起的众创空间(WeWork)[⑤]等企业,其经营模式更多是由企业集中采购物品或者集中租赁场所,提供给有需求的客户使

---

① See Marcus Felson & Joe L. Spaeth, Community Structure and Collaborative Consumption: A Routine Activity Approach, American Behavioral Scientist, 21(4)(1978).

② 参见张鑫:《分享与共享,一字之差大不同》,载人民论坛网,http://www.rmlt.com.cn/2017/0816/490255.shtml。

③ 爱彼迎:创立于2008年,以互联网平台为载体提供长短期住宿租用服务,具体包括度假别墅、公寓、寄宿家庭、旅馆床位或酒店房间等,预订及支付都依托线上平台完成。

④ 优步:创立于2009年,通过网络平台提供点对点共乘、食品配送和运输服务。

⑤ 众创空间:创立于2010年,其主要业务是为个人、企业和创业公司提供灵活、便捷的办公空间租赁服务,包括共享办公室、独立办公室、会议室等。

用，并不具备“共同使用”或者说是“所有权与使用权合一”的特点。我国当下的共享单车、网约车等经营模式都属于典型的共享经济，也有观点认为这种模式实际上是“租赁经济”。①

对于共享经济概念认知上的统一，我国实践也经历了一定的发展阶段。2015 年，国务院《关于积极推进“互联网 + ”行动的指导意见》中使用“共享”的表述，提出“加快形成以开放、共享为特征的经济社会运行新模式”。2017 年 7 月，国家发展和改革委员会（以下简称发改委）等八部委联合发布《关于促进分享经济发展的指导性意见》，在文件标题中使用了“分享”的表述，指出“分享经济发展也面临着认识不统一、制度不适应、保障不健全等诸多问题和挑战”。同年，习近平总书记在党的十九大报告中指出：“推动互联网、大数据、人工智能和实体经济深度融合，在中高端消费、创新引领、绿色低碳、共享经济……等领域培育新增长点、形成新动能。”2021 年，发改委发布的关于《中华人民共和国国民经济和社会发展第十四个五年规划和 2035 年远景目标纲要》（以下简称《纲要》）的系列名词解释之 85，明确了共享经济在我国实践中的内涵：“共享经济是利用互联网平台将分散资源进行优化配置，通过推动资产权属、组织形态、就业模式和消费方式的创新，提高资源利用效率、便利群众生活的新业态新模式。共享经济强调所有权与使用权的相对分离，倡导共享利用、集约发展、灵活创新的先进理念……”②

当前，“共享经济”的概念已为大众所熟知，其运营模式被广泛接受。共享经济使自然人普通“民事行为”与经营性“商事行为”的边界变得模糊，同时也使数据流转主体更加丰富多元，给个人信息保护领域带来更多新的议题。

2. 社群经济与流量经济的关联

社群经济是基于社群的互动和协作来创造价值与收入的商业模式，其特征是消费者群体在某一方面具有相同的特质，强调人的聚类。流量经济，是指

---

① 参见谈婧：《平台经济、共享经济和租赁经济：三种经济，三种价值》，载 36 氪平台 2017 年 8 月 12 日，https://www.36kr.com/p/1721736445953。

② 《“十四五”规划〈纲要〉名词解释之 85 | 共享经济》，载中华人民共和国国家发展和改革委员会官网，https://www.ndrc.gov.cn/fggz/fzzlgh/gjfzgh/202112/t20211224_1309340.html。

在经济领域中各种依靠经济要素或生产物的流动而带来经济效益与发展的经济存在型态的总称。[①] 无论是社群经济还是流量经济，其本身并非全新的概念，只是当下平台的多元化为它们创设了更为便利和灵活的展业方式。

目前，社交媒体、在线教育、网络游戏、新闻、众筹等多种平台构成了常见的互联网社群经济载体。用户之间的共同目标、共同兴趣，特别是成员内部的互相信任，是社群经济产生经济价值的前提和基础。由于社群经济的核心是"社群"，有了符合人们期望的社群，才会随之产生经济效益。因此，企业需要自行筹划、培育新的社群或者直接投资成熟社群，通过这种方式实现社群建构和运营。伴随互联网技术迭代驱动的信息高速流转，卖方主体可以利用大数据引流技术成功获取用户注意力，获取其底层需求，[②]从而推进互联网上社群的形成。可见，流量经济和社群经济之间存在一定的相继关系和因果关联。

例如，在我国兴起于 2016 年前后，并于 2021 年获得爆发式发展的直播带货行业，主播在直播过程中通过与观众建立情感联系，打造自己的粉丝社群，继而依托这些黏性较高的社群内部消费者购买由其推荐的产品。这类经济模式的基础是用户的信任度和购买意愿，具备明显的社群经济特征。在这一过程中，社交网络、自媒体发挥了重要作用，而各类数据的收集、流转和共享则成为底层支持。

（三）新经济模式的问题及新时期的信息保护需求

"互联网 + 新经济"充分彰显了科技发展对产业转型的影响，也使各类网络平台及其经营性行为受到广泛关注。借助互联网获得全面发展的分享经济、共享经济、社群经济与流量经济，其硬件基础都是网络平台，因而若以媒介为标准，则可以将它们统称为"平台经济"。时下，"平台经济"已然成为颇受青睐的经济形态。

然而，平台经济虽然在很大程度上促进了资源的互易、提升了生活的便捷

---

① 参见孙希有：《流量经济新论：基于中国"一带一路"战略的理论视野》，中国社会科学出版社 2015 年版，第 3 页。

② 参见陈根：《流量经济"不经济"，流量经济何以"持续经济"？》，载观察者网 2021 年 3 月 17 日，https://user.guancha.cn/main/content?id=478848。

程度,但不可避免地存在一些问题,这些问题因具备新兴特征,给相应的法律监管、权利保障带来诸多挑战。具体而言,这些问题包括但不限于:平台准入条件不一以及尚未完全落实的实名制管理易滋生侵权行为;评分机制不规范导致信任基础受损;平台治理权力的边界未厘清引发对其效力后果的探讨;泛社交化经营模式偏离传统经济内核等。这些现状所表现出的负外部性,最突出的一点就是对用户信息的滥用甚至侵犯其信息权利。

对于以市场监管、社会规范、行为引导等为主要任务的行政主体来说,处于数字化转型中的社会要求其创设并采用一种适配性更强的管理方式,一方面,充分发挥管理社会公共事务的职能;另一方面,真正实现治理方式和治理能力的现代化。当前,伴随"数据"这一核心语词指称范围的扩大,其在社会事务中的地位也从单一的管理依据(或管理资源),转变为管理客体抑或是资源与客体的结合,传统以规制为主的社会管理行为在一定程度上表现出不适应性,对很多新兴问题也无法完全解决,因此,社会呼吁公法规制行为围绕各类数据开展。

全新的数据生成、收集和维护技术丰富了大数据的来源与种类,[①]网址链接、电子邮件、社交软件评论、线上产品反馈等内容以文字、图片或代码的形式留存于各类互联网平台,虽然与传统意义上的信息相比结构性较差,但并不妨碍其成为具备资产价值的数据资源,[②]即"数据已然无处不在,并且通过既显而易见又不可察觉的方式嵌入我们日常生活的结构中"。[③] 在数字化转型过程中,规制主体、社会公众以及公共事务本身对规制方式均产生了新的需求。当前,以网络空间为依托获得新生和发展的共享经济产业,在为使用者提供便捷的同时也诱发一定的信息安全焦虑。特别是对于个人信息而言,频发的受损现象以网络化、瞬变性、复合利益交织等为特征,传统规制手段已不能完全解决新生问题。此外,呼之欲出的个人信息权概念既连接公民个人权益,带有私

① See Barbara L. Cohn, Data Governance: A Quality Imperative in the Era of Big Data, Open Data and Beyond, I/S: A Journal of Law and Policy for the Information Society, 10(3)(2015).

② See Stephan Kudyba & Matthew Kwatinetz, Introduction to the Big Data Era, CRC Press, 2014, p. 1 – 16.

③ White House, Big Data: Seizing Opportunities, Preserving Values, Executive Office of the President, 2014.

法的可调节性,又沟通社会公共治理,兼具公法的可规制性,考验技术赋能与法律保障之间的协作关系。以共享经济为背景场域,研究数字化转型中的个人信息权,需要充分考量权利产生的社会背景、存在的理论基础、复合性的权利特征及其对权利应用的影响,从而构建科学合理且不同于传统路径的新型权利保障模式。

第二节　新经济下的个人信息及其实践风险

大数据技术发展与个人信息保护的价值争议由来已久,当平台经济进入公众生活后,这种价值争议被进一步具象化。各类数据,特别是个人信息,在其利用与保护之间如何权衡,是新经济下大数据产业战略布局不能忽视的重要问题。以上价值冲突,在实践中主要表现为企业对用户个人信息的不当应用,并由此带来严重的信息安全问题。

一、新经济业态下的"个人信息"

共享经济作为新经济的代表模式,其主要标志是闲置物品共享需求的增长和各类互联网交易平台的出现。这一历程实际上揭示了"互联网 + 新经济"发展的驱动力因素,南希·科恩(Nancy Koehn)将其中同参与者有关的部分总结为"消费者感觉有更大的主动权"以及"消费者和供应者都在交换过程中更加受益"。[①] 可见,受到行为目的和预期效果的驱使,用户在平台经济中具有明显的主动性,会自主向平台或商家提供个人身份信息以完成资格验证,提供住址、联系方式等信息以实现商品的配送等。因而作为共享经济时代贸易往来的重要载体,用户个人信息数据能够在很大程度上影响买卖双方的选择。[②]

① National & World Affairs, The Big Share, A Talk with Nancy Koehn Held by the Harvard Gazette, 2014, http://news. harvard. edu/gazette/story/2014/08/the - big - sharel.

② 参见李帅:《数字化转型社会中的个人信息权研究——以共享经济为场域》,载《西部法学评论》2018 年第 6 期。

(一)个人信息的实践定义及学理内涵

1. 个人信息的实践定义

个人信息,系与自然人本人相关的所有文字、图像记录,或者以其他形式存在的具有个体关联性意义的内容。具体来说,个人信息应当包含与自然人生物特征、身份特征相关的信息,或者自然人因自身实施之行为所产生的各类信息。可见,个人信息最显著的特征,或者最核心的功能,就在于定位相关自然人,并在此基础上实施后续的经济交往或文化交流活动。对于这里提到的"定位自然人",可理解为个人信息所具备的识别个人身份的能力,这一表述主要源自美国隐私法中"PⅡ"的概念,亦即"可识别个人身份的信息"(personal identifiable information)。[①]

具体到个人信息内涵与外延的界定上,实务界早期多采用经济合作与发展组织(Organization for Economic Co-operation and Development,OECD)给出的定义,即个人信息,包括但不限于自然人的姓名、出生日期、身份证号码、户籍信息、遗传特征、指纹信息、婚姻与家庭情况、教育水平、职业信息、健康状况等基本信息,个人病历、财务状况、社会活动信息等衍生信息,以及其他可以识别个人身份的信息。[②] 其后,伴随欧盟《通用数据保护条例》(General Data Protection Regulation,GDPR)的颁布实施,实务界更多开始采纳该法案对个人数据(personal data)的定义:与已识别或可识别的自然人有关的任何信息。这里,GDPR 进一步将"已识别或可识别的自然人"定义为"数据主体"(data subject),并明确了"可识别的自然人"的判定标准,即"可以直接或间接经由姓名、身份证号码、位置数据、在线身份数据,或者其他与之有关的生理、心理、遗传、经济、文化、社会身份等信息,被识别出身份的自然人"。[③] 在我国,2021 年颁布实施的《个人信息保护法》作为该领域内的专门性立法,也借鉴了 GDPR

① 在美国,PⅡ于 20 世纪 60 年代左右伴随计算机的出现开始成为信息法中的专有名词。See Daniel J. Solove, Privacy and Power: Computer Databases and Metaphors for Information Privacy, Stanford Law Review, 53(6)(2001).

② Organization for Economic Co-operation and Development, Guidelines Governing the Protection of Privacy and Transborder Flows of Personal Data, 2013.

③ Article 4 of General Data Protection Regulation [Regulation (EU) 2016/679].

的表述,对"个人信息"作出了概括性规定,即"个人信息是以电子或者其他方式记录的与已识别或者可识别的自然人有关的各种信息",并将匿名化处理后的个人信息排除在个人信息范畴之外。[①]《个人信息保护法》在规定敏感个人信息的处理规则时,对"敏感个人信息"进行了不完全列举,包括生物识别、宗教信仰、特定身份、医疗健康、金融账户、行踪轨迹等信息,以及不满 14 周岁未成年人的个人信息。同时,《民法典》"人格权编"在规定个人信息保护的问题时,也对自然人个人信息的范围作出了概括 + 列举式的规定,即以电子或者其他方式记录的能够单独或者与其他信息结合识别特定自然人的各种信息,包括姓名、出生日期、身份证件号码、生物识别信息、住址、电话号码、电子邮箱、健康信息、行踪信息等。[②]

在外化形式上,除了传统形态如文本、图片等之外,个人信息还可以表现为声音、影像、数据代码等可供传播媒介记录的形式,或者面部纹理特征、瞳孔特征、基因图谱等可经特殊技术手段复制的形式。对于信息表现出的多样态化特征,将在本书第五章论述多模态个人信息的保护时进行具体介绍。

2. 个人信息的学理内涵

在理论界,对于如何指称"个人信息",早期并未形成统一观点。在全球范围内,有国家或地区采用"个人信息"和"个人隐私"的表述,也有使用"个人资料"或者"个人档案"的说法。我国学界曾经也存在混用"个人隐私"与"个人信息"的现象,且在很长一段时间内对于"个人信息"都没有深入的研究。例如,在探讨信息保护问题时,有使用"个人资料"的表述,也有称"个人隐私"或"个人信息"的情况。[③] 此外,还有用"个人数据"来指称相应的规范与保护对象。[④] 直到互联网技术全面应用,个人信息在实践中的出现频率直线上升,才引发了学者们对这一概念及相关问题的全面关注。

实际上,以上不同的用词在内涵上是存在差异的。其一,"个人档案"。该

---

① 参见《个人信息保护法》第 4 条。

② 参见《民法典》第 1034 条。

③ 参见刁胜先:《论网络隐私权之隐私范围》,载《西南民族大学学报(人文社科版)》2004 年第 2 期。

④ 参见孙宇:《试论网络环境下我国个人数据隐私权的保护》,载《科技信息》2010 年第 1 期。

词更多是指个人信息中那些需要长期被官方留存的内容,与各种主体的管理行为密切相关,例如,行政机关、医院、学校等对公民、患者、学生档案的保存与管理。其二,"个人资料"。传统市场经济时代,个人资料的含义与个人档案类似,都带有行政管理的色彩;进入互联网经济时代后,平台在其页面展示中用"个人资料"代表用户的账户信息和个人基本信息,因而使"个人资料"一词有了新的内涵。其三,"个人隐私"。该词在我国直接的来源之一就是《政府信息公开条例》中有关政府信息公开范围的规定,该条例明确指出涉及个人隐私的信息属于公开的例外事项,应当在征求信息主体意见的基础上作出是否公开的决定。可见,"个人隐私"多用于特定主体作出否定决策的场景中,其内核更多在于"保密"而不是"公开"或者"利用"。在这三种表述中,最常与"个人信息"混淆使用的就是"个人隐私",但当前伴随理论和实践的发展与完善,二者之间的联系与区别已经日益明晰:一方面,个人信息与个人隐私都是关涉自然人个人,并与其生活、工作密切相关的信息或者数据;另一方面,在很多情况下,个人隐私涉及的事项范围明显小于个人信息。例如,在熟人社会或特定的场所范围内,自然人的个人基本信息(如姓名、性别、年龄等)均为他人所知悉,并不具备明显的隐私特征。此外,个人隐私的判定标准经常带有主观属性,即个人不愿公开或者不想为他人所知的内容。基于个人隐私的上述特点,其自身的价值更多以不公开、不流转、保密为特点,适用场景也有较大的局限性,因而现有研究对个人隐私及其相关问题的探讨已基本达成共识,近年来学者的研究开始转向将"个人信息"作为核心语词。[①]

如今,互联网技术手段日益发展,云计算、云存储等方式提升了信息的生成速度并为其海量保存提供了可能。作为信息来源主体的自然人,与其自身信息数据的联系方式也不断多元化。[②] 例如,当前的互联网主体已经可以通过

---

① 笔者在中国知网上,将研究范畴限定在社会科学领域,检索对象范围为"学术期刊"和"学位论文",同时不设定发表的时间范围,将以下字段作为标题关键词进行检索得出涉及相应关键词的研究成果数量依次为:"个人档案"1985 篇,"个人资料"2312 篇,"个人隐私"6186 篇,"个人信息"4.15 万篇。检索时间:2023 年 12 月 31 日。

② See Paul M. Schwartz & Daniel J. Solove, The PⅡ Problem: Privacy and a New Concept of Personally Identifiable Information, New York University Law Review, 86(16)(2011).

多个"模糊属性"实现对信息的搜索和定位,从而对特定"清晰属性"的需求大大减弱。因此,美国作为信息法治研究的前沿阵地,其隐私专家施瓦茨(Schwartz)和索罗维(Solove),就在充分探索个人信息可识别程度的基础上,将其进一步区别为"可识别个人身份的信息"(personal identified information)和"与识别个人身份有关的信息"(personal identifiable information)两个子项。虽然二者在表述上极为相似,但深入剖析其语义内涵可知,前者强调"可用于识别个人身份",是一种确定性,而后者则更多的是指称具备被识别的抽象可能性。①

(二)"互联网+新经济"下个人信息的生成途径

在社会数字化转型的整体背景下,互联网产业对民众日常生活的影响程度日渐加深。当前,这种影响已深入社会生活的各个方面,在新经济模式全面发展的背景下,互联网平台开始发挥越来越重要的作用。以各类平台为媒介的新经济,对于自然人而言最大的功能就是服务于其生产生活,那么从信息生成,特别是个人信息生成的角度来看,这一场景下的个人信息提供行为具备较为明显的主动色彩。也就是说,与电子政务领域个人信息的获取主要依靠行政主体强制性行为不同,平台经济下个人信息的产生多源自消费者、用户的主动提供。结合当前平台经济的主要模式,以下将分别介绍个人信息在这些模式下的生成途径。

1. 商品消费中的个人信息

电商平台汇集各类商品,在商家与消费者之间形成交易媒介,打破了原有柜台交易的场所限制,提升了买卖便捷度与灵活性,这是平台经济最典型的经营模式之一。在此过程中,个人作为消费者需要将自身信息(特别是个人居住或办公地址、联系方式等信息)提供给平台及商家,从而实现后续的商品配送。可见,用户提交信息的行为是出于自主自愿,在信息生成环节并不存在外力的强制。在整个交易流程中,前述个人信息至少面临两次流转,第一

---

① See Paul M. Schwartz & Daniel J. Solove, The PII Problem: Privacy and a New Concept of Personally Identifiable Information, New York University Law Review, 86(16)(2011).

次流转是互联网平台将该信息转移给商家，这里的商家就是用户选择购买商品的提供者；第二次流转则是商家将信息转移给物流企业，由其完成商品配送。

当前，电子商务模式多样，参与者之间的关系包括但不限于企业与企业（Business-to-Business，B2B）、企业与个人消费者（Business-to-Consume，B2C）、企业与政府职能部门（Business-to-Government，B2G），甚至是个人消费者彼此之间（Consumer-to-Consumer，C2C）。其中，任何一种模式都有可能涉及自然人个人信息的生成。

2. 服务获取中的个人信息

通过互联网平台预定各类服务，主要形式包括但不限于医院开通的网上预约挂号，交通安全部门开通的网上预约车检，以及海关部门正在推行的网上预约通关等服务。由于后续服务的提供需要核实个人身份，所以用户在提交预约申请时往往需要将姓名、身份证号、联系电话等基本信息，以及银行卡号、医保卡号、护照号码、车辆行驶证编号等特定服务所需信息上传至网络平台，以确保服务不受影响。在此过程中，个人信息同样会实现流转，但这种流转是同一商业主体不同部门间的流转，可以理解为从“总平台”到“分平台”的转移，而非前述模式下不同商业主体间的信息流转与共享。因此，相比商品购买行为，服务获取行为中的个人信息占有主体数量相对较少。

3. 资源共享中的个人信息

车辆共享和住房共享是生活中常见的资源共享利用模式，在实现车辆共享的过程中，用户提供的信息主要是实时位置、预期位移路线以及个人联系方式；在住房共享中，用户所需提供的信息则主要包括个人身份信息、联系方式以及简单的行程安排。当前，除前述两种模式外，教育资源共享、医疗资源共享等模式日益发展完善，成为资源共享领域的重要组成部分。当然，在新型资源共享过程中，用户同样需要按照平台要求提供个人相关信息，目的都是更好地获取资源，享受相应服务。与前两种共享模式相比，虽然资源共享类行为中的个人信息流动性较弱，但并不排除相应商家进行后台调用的行为，且当前并没有法律明确规定线上个人信息的留存期限，这就容易导致出现个人信息“长久在线”的情况。

综合以上三种情况可知,平台经济中的用户或消费者作为个人信息来源主体,可以凭借自身提供的信息获得一定的社会经济利益。但是,他们对于这些信息的“所有”和“控制”程度并非绝对的。也就是说,个人对其自身信息享有的“所有权”在此却并不具备所有权的排他性。换言之,虽然商家或平台凭借前述信息取得了经营利润,但个人并不能因此主张参与分红。究其主要原因则是在于以下三点。其一,在大多数情况下,用户或消费者仅是信息的初始源头,在提供原始的个人信息之后便不再与相关信息进行深入“接触”,更多是在等待商品或服务的提供结果;而与此同时,商家和平台开始对这些个人信息的加工和处理,具体方式包括但不限于促使信息实现商业资源配对、促进信息进入后续配送环节从而形成个人物流信息等。可见,处于共享经济中后期环节中的个人信息,更多蕴含的是商业主体的劳动,属于其经营成果的一部分。其二,用户或消费者提供自身信息的行为往往出于自愿,从民法角度来看,这就是合同行为中的自愿要约或承诺步骤。从个人参与共享经济的过程来看,其中并不存在欺诈、胁迫或乘人之危等导致合同无效的情形,所以并不存在获取初始信息违法的情况。由于商家或平台在收集信息时会向用户索要授权,因而后续的信息流转或使用行为很可能在一定程度上超出个人可控的范围。其三,在平台经济过程中真正创造效益的是那些经商业主体加工过的信息,而前述由用户或消费者提供的原始信息,其经济价值则相对有限。由此可见,信息所有权项下的占有、使用、收益、处分等权能相对分离,在同一时期甚至同一行为阶段分属于不同主体,成为平台经济下个人信息权的典型特征之一。

二、典型案例与个人信息安全焦点问题

相比传统市场交易,“互联网+新经济”的交易模式更加灵活多样,自然人参与的途径也更为多元。从线下到线上,在经济交往中改变的不仅仅是核心交易行为的开展形式,还有基础信息资源的收集、存储与利用模式。网络和平台为新经济发展提供了便利,但下列涉及用户个人信息安全的现实问题同样不可回避。

(一)个人信息的不当获取

2016年,“新浪微博”经营者北京微梦创科网络技术有限公司(以下简称微梦公司)因“脉脉网站”不当获取信息行为,将“脉脉网站”的经营者北京淘友天下技术有限公司(以下简称淘友技术公司)和北京淘友天下科技发展有限公司(以下简称淘友科技公司)诉至法院,要求两公司停止不正当竞争行为,消除影响,并赔偿微梦公司经济损失。

法院查证,原被告双方曾签订《开发者协议》,约定淘友技术公司、淘友科技公司可通过开放应用程序接口(Open Application Programming Interface, Open API)获取部分微博用户信息。双方合作自2013年9月11日起至2014年8月15日结束。根据前述《开发者协议》,淘友技术公司和淘友科技公司属于“普通用户”,其权限仅限于获得新浪微博用户的ID名称、个人头像、性别信息以及不包含具体好友信息的“好友关系”类别统计。此外,两公司无权利用技术手段获取新浪微博用户的教育水平和职业情况等信息。但在实际经营过程中,二被告违反《开发者协议》,针对用户个人信息,实施了以下不当行为:第一,非法抓取和使用新浪微博平台的信息,这些信息主要包括用户的昵称、头像和交友信息、职业信息等;第二,通过读取自身用户手机通讯录的方式,将其中的联系人手机号与微博账号匹配,并在脉脉软件中实现匹配,进而实现引导性的好友推送;第三,在脉脉软件中展示了大量未注册其账号的新浪微博用户信息,且双方合作终止后,二被告仍使用大量非脉脉用户的微博用户信息。①

本案的核心焦点主要有:被告淘友技术公司和淘友科技公司利用互联网技术爬取微博的后台信息,其行为不仅系同业经营者之间的不正当竞争,还严重侵害了社交平台用户的个人信息安全。从用户角度来看,其提交个人信息的行为仅针对新浪微博。也就是说,用户上传信息的场所和渠道都是微博平台,用户对实施所有信息行为的同意和授权也只是对原告微梦公司的授权,而非对于其他主体。脉脉软件通过技术爬取行为获得个人信息,在信息的来源

① 参见北京知识产权法院二审民事判决书,(2016)京73民终588号。

上不具备合法性。其后,被告两公司在运营“脉脉网站”的过程中还不断利用前述信息,从事诸如信息非法链接、关联、展示及推送的行为,更加剧了对微博用户个人信息的侵害程度。共享经济是互联网技术发展的产物,从技术角度来看,两被告实施前述行为明显是在利益诱导下放任技术的负面发展。在本案中,这种危害主要表现在社交领域,倘若放任其发展与演变,则有向泛社交,并最终向所有共享经济领域及社会全范围蔓延的趋势。用户作为信息来源者,很容易在毫不知情的情况下就让渡了个人信息的收集和使用权,从而致使其承受不利益。

随着科技的发展,利用网络爬虫程序获取他人网站上数据的现象并不鲜见,知名案件如 HiQ Labs(以下简称 HiQ)与 LinkedIn(领英)之间长达 5 年之久的平台数据爬取之争。该案经过两审后又发回重审,适用的法律从《计算机欺诈与滥用法》(Computer Fraud and Abuse Act,CFAA)到《加州反不正当竞争法》(California's Unfair Competition Law,UCL),甚至还援引了加州宪法言论自由条款。法院最终在 2022 年 11 月作出一项混合裁决(mixed ruling),虽然其中包含的当事人双方的和解协议内容保密,但法庭认为 HiQ 应就爬取数据的行为向领英赔偿 50 万美元,并且应当在法律允许的最大范围内实施一项永久禁令,包括未经同意直接或间接通过自动化方式访问或复制数据,根据从领英获取的数据而实施的开发、使用、销售行为等共计 6 项禁止行为。[①] 该案判决的前后变化,反映出司法裁判的思路伴随技术应用场景的变化而适当改变,并伴随技术应用产生的实际影响而进行调整。此外,为避免出现唯技术论,还是要立足于保护个人信息与维护市场健康发展的原则,监管信息与数据的流转和利用。

(二)个人信息的非法流转

2018 年 4 月,山东省肥城市公安局破获一起侵犯公民个人信息案,抓获犯罪嫌疑人 41 名,涉案价值 800 多万元,涉嫌买卖的公民个人信息包括但不限

---

① See Jeffrey D. Neuburger, Court Finds HiQ Breached LinkedIn's Terms Prohibiting Scraping, but in Mixed Ruling, Declines to Grant Summary Judgment to Either Party as to Certain Key Issues, 2022, https://www.natlawreview.com/article/court-finds-hiq-breached-linkedin-s-terms-prohibiting-scraping-mixed-ruling-declines.

于手机机主身份信息、学籍档案、征信信息、物流信息、定位信息等，并已形成一条网络个人信息交易的黑色产业链。[①]

在本案中，嫌疑人在买卖个人信息的过程中，还为有需求的“消费者”提供个人信息的“定制销售”服务。例如，针对购买者的不同需要而推出各类“套餐”，其中一类是每月 10 元，可以随时定位某一特定手机号码所处的地理位置，并获取其所关联的互联网账号信息；另一类是每月 1000 元，将可定位的手机号数量从一个上升至几个。嫌疑人获取个人信息的源头方式，主要是冒充快递公司骗取信息、使用黑客技术非法侵入电脑或手机系统获取信息，或者与有权获得信息的企业内部员工非法交易获得信息等。其后，对相关信息进行各种打包组合，加价出售。

平台经济中各参与主体出于自身利益，实施非法获取及买卖个人信息的行为日益增多。作为信息主体的用户，往往在个人信息遭到泄露后方能意识到先前提供信息的行为存在风险。综合当前社会中常见的信息不当获取方式，可对个人信息的泄露原因进行如下汇总：一是拥有大量数据的企业或者个人，故意泄密信息，进入黑色产业链；二是个人在参与平台经济活动时被骗取信息，或无意识地泄露个人信息；三是通过技术手段入侵相关企业、部门的网络数据库，获取个人信息。具体途径包括：掌握信息的公司、机构或其员工主动倒卖信息；用户终端泄露信息。例如，手机或电脑的网络被木马程序攻击，手机云服务账号被盗等；借助虚假基站伪装成官方号台，凭借消费者的信任获取重要账号密码。又如，通过伪装后的虚假链接访问钓鱼网站，导致信息泄露等；使用“恶意”公共设备从而遭受黑客攻击。再如，连接公共场所免费无线网络致使手机信息全部被盗等。

针对上述现存问题，可以从两方面着手加以改善和解决：一是全面提升用户对其个人信息的权利意识和保障意识，二是加大对信息买卖特别是涉及个人信息买卖行为的监管。就前者来说，用户个人信息意识的提升不仅需要依

---

① 参见马永文：《肥城破获特大侵犯公民个人信息案》，载大众数字报，https://paper.dzwww.com/sdfzb/data/20180417/html/4/content_1.html。

靠普法教育,更重要或者说更迫切的是要对其进行网络防骗能力的培育。换言之,需要先树立正确的互联网用户行为意识,再在此基础上形成维权意识,这样的维权意识才是更为完整和有效的。对于后者提及的监管强化而言,则应当从正确的商业行为习惯培养做起,以经营者主观意识的调整为前提,其次再明确个人信息买卖的违法后果,起到负面警示作用,双管齐下保障公民个人信息的合法利用与健康流转。

(三)个人信息的泄露

自 2018 年起,美国 Facebook(脸书)公司相继发生几起较为严重的用户信息泄露事件。在通常情况下,Facebook 用户授予应用程序访问其 Facebook 照片库的权限时,只能获得访问共享照片的权利。但 2018 年 9 月 13 日至 25 日,外部应用程序可访问到用户尚未公开的照片。此外,由于安全系统的漏洞导致该公司网站受到黑客攻击,近 3000 万 Facebook 用户的个人信息可能遭到泄露。Facebook 公司表示,在这 3000 万用户中,有 1400 万人的姓名、联系人信息、网站搜索记录、服务器历史登录位置等敏感信息被黑客获取。① 此次数据泄露的范围和方式远不止于此,对 Facebook 公司的股价产生了极大的影响。2021 年 4 月,Facebook 全球 5.33 亿用户的个人信息出现在一个黑客网站上,包括用户的电话号码和电子邮件地址,有的还包含了用户的真实姓名和具体位置。该事件直接导致欧盟主要的隐私监督机构——爱尔兰数据保护委员会(Data Protection Commission, DPC)在 2022 年对 Facebook 的母公司 Meta Platform Inc. 处以巨额罚款,因其未能依据 GDPR 的规定防止用户的个人数据被泄露。②

对此,Facebook 对外公布的调查结果主要包括系统漏洞和黑客攻击。其安全部门负责人员则表示,网上暴露入侵事件时,公司相关部门就分析了第三方网站调查结果,并指出并没有任何直接的证据表示黑客利用 Facebook 账号

① 参见黄黛玉:《Facebook 隐私泄露事件继续发酵,黑客明码标价出售聊天信息》,载 36 氪平台 2018 年 11 月 5 日,https://36kr.com/p/1722948534273。

② 参见张菁娟:《超 5 亿用户个人信息被泄,Meta 被爱尔兰罚款 19.7 亿》,载观察者网,https://www.guancha.cn/internation/2022_11_29_669007.shtml。

登录外部应用程序,倡导广大用户相信 Facebook 的安全系统。即便如此,在“互联网 + 万物”叠加自媒体高速发展的当下,个人社交信息的安全仍然面临巨大风险。特别是当前数据存储、复制和恢复技术实现突破,相关信息一旦泄露,就无法确保获得信息的主体能够完全删除信息,从而诱发后续滥用个人信息的风险。

当前,个人信息呈现多样化趋势,网络社交账号同样成为颇具经济价值的资源。因而网络账号资料被黑客盗取后在暗网销售,已并非鲜见。然而,其价格低廉、流转不受限令人担忧。更严重的是,不仅仅是 Facebook 账号,黑客也将用户电子邮件账号等数据信息发放在暗网销售。曾有研究对网民使用频率最高的 26 个网络平台进行分析,结果显示只要使用特定的浏览器和域名,就可以购买前述 26 个平台中的各种账号登录数据。

对比前文提及的个人信息不当流转行为,此处的不当泄露在很大程度上构成其先前行为,为个人信息的非法买卖提供资源。可见,严抓互联网信息安全的有效方式之一就是从源头着手,一方面,强化个人信息原始收集主体对信息的保护意识,通过各种渠道增强其信息保护能力;另一方面,则应当进一步明确信息泄露的责任,这里的责任主体既包括利用非法手段窃取信息内容的一方,也包括未尽审慎保管义务而致使信息泄露的一方。简言之,信息黑客和初始收集信息的平台都应当就用户个人信息不当泄露承担责任。

(四)个人信息的占有与使用纠纷

2017 年 6 月,菜鸟网络科技有限公司(以下简称菜鸟)通过网络平台发布《菜鸟关于顺丰暂停物流数据接口的声明》,称顺丰速运有限公司(以下简称顺丰)关闭自提柜物流更新信息的回传,并中断为淘宝购物平台提供物流反馈信息。[①] 这一行为,直接导致淘宝用户无法查询其使用顺丰派送的商品物流信息,严重影响用户的使用便捷性。然而针对上述问题,顺丰的答复却是菜鸟违约在先,因其要求顺丰提供包括非“淘系”订单在内的所有物流信息,顺丰方才

---

① 参见辛磊:《顺丰暂停物流数据接口 菜鸟建议商家暂停顺丰》,载环球网 2017 年 6 月 1 日,https://m.huanqiu.com/article/9CaKrnK3esG。

选择中止合作并关闭端口信息回传。事件发生之后，作为监管主体的国家邮政局本着对用户负责的态度协调双方行为。经协商，菜鸟与顺丰决定重新启动信息的流转与共享，但不可忽视的是，共享经济主体就用户个人信息的争夺，已成为如今商业竞争中不可回避的现实。

作为中国智能物流网络的骨干运营主体，菜鸟和顺丰均致力于发展自身的物流配送能力，并积极构建多元化的业务体系。例如，阿里体系一直尝试把菜鸟打造成以数据为依托的物流基础设施，而顺丰旗下的“丰巢自提柜”则努力解决物流配送“最后100米”的仓储问题。2017年1月，丰巢在宣布完成25亿元A轮融资时披露，其格口数量达300万，日均包裹处理量已达快递柜行业第一。[①] 此外，菜鸟和顺丰也都分别联合业内其他物流企业，相继成立了以自身为主体的物流联盟。从行为目的来看，菜鸟、顺丰以及业内其他物流公司，其吸引客户、扩大业务范围的最主要目的就是增加自身对用户信息的占有量，从而提升经营行为的主动性，增强在业内的话语权，最终创造更高的经济效益。

至此，平台经济中商业主体“资源之争”的本质日渐明朗化，其实就是对用户或消费者经济活动信息的占有量之争，这些经济活动信息包括但不限于用户的身份信息、历史交易信息、消费需求信息等。虽然这些信息具有初始性，需要经商家或平台加工后才具备更为显著的经济价值，但只有不断开拓个人信息来源主体的范围，并保持其数量在一定时期内的稳步上升，才有可能在商业竞争中处于优势地位。因此，菜鸟和顺丰之争的核心，就是获取更多的个人信息源，将消费者个人信息作为企业资产的一部分，在提升经济效益的同时赢得市场支配性地位。基于此，个人信息在共享经济下的复合特征得以凸显，这种“复合”表现在权利属性、权利主体等多个方面，因而对共享经济中个人信息的保护，要从用户和企业的双方视角进行考量。

---

① 参见王林：《菜鸟顺丰“掐架”敲响警钟：个人信息怎么保护?》，载新华网，http://www.xinhuanet.com/politics/2017-06/06/c_1121091522.htm。

第三节　现行个人信息保护立法体系

21 世纪第一个 10 年后,以欧盟、美国为代表的发达国家/地区开始将个人信息保护从理论推向立法实践,一系列产生重要影响力的信息保护规范相继颁布实施。2021 年,我国《个人信息保护法》正式施行,与《民法典》中有关自然人个人信息保护的条款共同构成我国的立法保护依据。然而,当我们论及个人信息的权利属性时,现行立法并未给予明确规定,学术界的观点也不甚一致。这一被新经济发展进一步放大的问题,也恰恰反映出我们尚未能良好平衡个人信息所蕴含的多维价值。

一、域外个人信息保护立法概览

全球范围内的信息立法起源于政务公开领域,相应立法规范多以"政府信息公开""公共信息获取""行政文件公开"等命名。伴随人类社会进入互联网时代,网络信息的利益复合和高速流转,促使各国、各地区以及相应国际组织开始密切关注网络上的信息安全,特别是个人信息的安全与保护问题。在全球范围内,欧盟和美国在个人信息保护方面的立法具备典型意义。

(一)欧盟《通用数据保护条例》

2016 年 4 月 14 日,欧盟议会通过《通用数据保护条例》(General Data Protection Regulation,GDPR),2018 年 5 月 25 日在欧盟成员国内正式生效实施。

GDPR 适用范围广泛,任何收集、传输、保留或处理涉及欧盟所有成员国内的个人信息的机构组织均受其约束。GDPR 对"个人信息"范围作了较为宽泛的规定,确立了数据主体的知情权、访问权、更正权、可携权、删除权、限制处理权、反对权和自动化个人决策等相关权利,明确了数据处理者的义务和责任。由于该条例规定了严重的违法后果,即"重大违反(Most Severe Infringement)所遭致的行政罚款的上限是 2000 万欧元或该企业上一财年全球年度营业总额的 4%(以较高者为准)",因此,其也被称为"史上最严数据保护法"。

(二)美国《加州消费者隐私法案》

继欧盟 GDPR 颁布实施后,2018 年 6 月 28 日,美国加州颁布《加州消费者隐私法案》(California Consumer Privacy Act,CCPA),2020 年 1 月 1 日起正式执行。虽然是州级立法,但 CCPA 是美国首部综合性隐私法律。①

与欧盟统一式立法模式不同,综观美国联邦层面,目前只在一些特殊行业或领域内有关于隐私保护的规定,属于分散式立法。例如,《健康保险携带与责任法案》(Health Insurance Portability and Accountability Act,HIPAA)中提到如何保护患者隐私信息,②《儿童在线隐私保护法案》(Children's Online Privacy Protect Act,COPPA)则是专门为保护儿童个人信息制定的联邦法律。③因而,CCPA 的出台弥补了美国在数据隐私专门立法方面的空白,它旨在加强加州消费者隐私权和数据安全保护,被认为是美国当前最严格的消费者数据隐私保护立法。

在 CCPA 通过之后,加州参议院通过的议会法案 874(Assembly Bill No. 874)将"个人信息"定义修改为:"个人信息"是指直接或间接地识别、描述、能够合理地(reasonably)相关联或可合理地连接到(linked to)特定消费者或家庭的信息。修正法案通过强调"合理性"和"连接触达性"来进一步限缩 CCPA 所保护的"个人信息"的范畴。④ 这也是在审视 GDPR 适用中过度放宽概念范畴,导致在实践中难以认定个人信息的问题后,所作出的修订。

(三)国际文件

1980 年,经济合作与发展组织(OECD)制定《关于隐私保护和个人数据跨境流通的指南》(The OECD Guidelines on the Protection of Privacy and Transborder

---

① 参见微软合规组:《加州消费者隐私法案(CCPA)》,载微软官网 2024 年 2 月 16 日,https://learn.microsoft.com/zh-cn/compliance/regulatory/offering-ccpa?view=o365-germany。

② See Mrcrosoft Compliance, Health Insurance Portability and Accountability Act(HIPAA) & Health Information Technology for Economic and Clinical Health(HITECH) Act, 2024, https://learn.microsoft.com/zh-cn/compliance/regulatory/offering-hipaa-hitech.

③ 参见黄晓林、李妍:《美国儿童网络隐私保护实践及对我国启示》,载《信息安全与通信保密》2017 年第 4 期。

④ 参见王融:《美欧隐私立法是否走向趋同? 加州消费者隐私法 CCPA 给出答案》,载腾讯研究院官网 2019 年 9 月 26 日,https://www.tisi.org/?p=14911。

Flows of Personal Data,以下简称《OECD 隐私指南》),将个人隐私的保护列为重点工作内容。[①] 1990 年,联合国发布《计算机化的个人数据文档规范指南》(Guidelines for the Regulation of Computerized Personal Data Files),对个人数据治理给予规范性指导。[②] 2013 年,OECD 对 1980 年《OECD 隐私指南》进行了更新。新的隐私指南规定了管理个人数据的收集、存储和使用的最低要求,以指导 OECD 成员发展国内隐私保护制度。[③] 2015 年,亚太经济合作组织(Asia-Pacific Economic Cooperation, APEC)修订《亚太经济合作组织隐私框架》(APEC Privacy Framework,以下简称《APEC 隐私框架》),[④]规定对个人信息的收集"应当准确、完整并且及时更新"。[⑤]

二、我国个人信息保护立法体系

自 2012 年全国人大常委会发布《关于加强网络信息保护的决定》保护公民个人电子信息开始,权力机关以及其他相关部门相继制定了大量调整和规范个人信息保护工作的法律法规、司法解释和各类标准,共同构建起我国个人信息保护的规范体系。

(一)法律、法规、规章、规范性文件

2013 年,工业和信息化部制定部门规章《电信和互联网用户个人信息保护规定》。该规定从互联网领域入手,拉开了我国全面整治个人信息违法行为的立法工作之幕。2015 年《刑法修正案(九)》确立"侵犯公民个人信息罪",明确了个人、单位、单位负责人在实施侵害公民个人信息犯罪行为时所应承担的刑事责任。全国人大常委会 2016 年颁布《网络安全法》,2018 年颁布《电子商务法》,其中均有多个条款涉及个人信息保护事项。2019 年,国家互联网信息办公室发布《儿童个人信息网络保护规定》,以部门规章的形式对在线儿童个

① 参见彭岳:《跨境数据隐私保护的贸易法维度》,载《法律适用》2022 年第 6 期。
② 参见阙天舒、王子玥:《数字经济时代的全球数据安全治理与中国策略》,载《国际安全研究》2022 年第 1 期。
③ 参见谭观福:《数字贸易中跨境数据流动的国际法规制》,载《比较法研究》2022 年第 3 期。
④ 参见蔡翠红、郭威:《中美跨境数据流动政策比较分析》,载《太平洋学报》2022 年第 3 期。
⑤ 参见丁晓东:《个人信息的双重属性与行为主义规制》,载《法学家》2020 年第 1 期。

人信息提供保护依据。2021 年是我国数据立法的元年,《数据安全法》《个人信息保护法》相继颁布实施。同年生效的《民法典》,将“自然人的个人信息受法律保护”写入人格权编。

在部门规范性文件层面,2019 年,公安部发布《互联网个人信息安全保护指南》。2022 年,国家互联网信息办公室修订《移动互联网应用程序信息服务管理规定》。以上规范基于技术展开的特点制定,进而以此为基础从法律层面为个人信息处理者提供指引。

在新经济语境下,对于上述规范中的重点内容可以作如下解读:《网络安全法》第四章用六个条文规定了网络运营者对用户个人信息所应承担的保护义务,明确了在个人信息受损后用户可以采用的追责方式。① 这在互联网信息安全问题初现的 2016 年,具有重要的实践意义。此后,《电子商务法》在总则部分明确了电商经营者负有保护消费者个人信息的义务,对整部法律中有关个人信息保护的部分起到统筹作用。从规范方式和规范内容来看,该法能够在很大程度上防范新经济模式下的个人信息纠纷,并为电子商务活动的科学健康发展明确方向。《互联网个人信息安全保护指引(征求意见稿)》旨在“指导个人信息持有者在个人信息生命周期处理过程中开展安全保护工作,也适用于网络安全监管职能部门依法进行个人信息保护监督检查时参考使用”。②其中,明确了个人信息安全保护中的概念术语,借鉴管理学、信息情报学等学科内容,将“个人信息生命周期”③等表述引入法律规范中,并规定了外部人员访问限制、软件容错、数据备份恢复以及剩余信息保护等内容。④ 2021 年《数据安全法》是数据保护领域的一般性立法,旨在“规范数据处理活动,保障数据安全,促进数据开发利用,保护个人、组织的合法权益,维护国家主权、安全和

① 参见《网络安全法》第 40 ~ 45 条。

② 《互联网个人信息安全保护指引(征求意见稿)》第 1 条。

③ 《互联网个人信息安全保护指引(征求意见稿)》第 3.3 条:“个人信息生命周期,包括个人信息主体收集、保存、使用、委托处理、共享、转让和公开披露、销毁个人信息在内的全部生命历程。”

④ 参见《互联网个人信息安全保护指引(征求意见稿)》第 4.3.5 条、第 5.1.3.4 条、第 5.1.3.8 条、第 5.1.3.9 条。

发展利益”。该法附则中指出“开展涉及个人信息的数据处理活动，还应当遵守有关法律、行政法规的规定”，体现了对于个人信息保护特别立法的尊重和适用。[①]《个人信息保护法》作为专门性立法，用74条的篇幅规定了在我国开展个人信息处理活动所应遵循的规则。《民法典》第1034条的规定，则确立了民事活动保护个人信息的基本原则。

(二)党内法规制度

2019年10月，党的十九届四中全会首次提出将数据作为生产要素。2020年3月30日，中共中央、国务院《关于构建更加完善的要素市场化配置体制机制的意见》正式公布。作为国家出台的第一份关于要素市场化配置的文件，该意见分类提出了土地、劳动力、资本、技术、数据五个要素领域改革的方向，明确了完善要素市场化配置的具体举措。2022年12月，中共中央、国务院正式对外发布《关于构建数据基础制度更好发挥数据要素作用的意见》(以下简称“数据二十条”)，为加快构建数据基础制度，充分发挥我国海量数据规模和丰富应用场景优势提供了思想指导。其中特别提出“建立健全个人信息数据确权授权机制”，并对如何规范数据处理者实施个人信息处理活动提出了一系列原则性规范。“数据二十条”充分尊重数据要素各参与方的合法权益，对数据来源者、数据处理者的合法权益保护提出了不同要求。

疫情防控初期，为规范联防联控中的个人信息应用，防止不当使用个人信息和侵犯隐私，中央网络安全和信息化委员会办公室于2020年2月发布《关于做好个人信息保护利用大数据支撑联防联控工作的通知》。该通知的发布，一方面，反映出个人信息确实已充分融入各类数据中，甚至在很多情况下构成这些数据或者数据集的核心内容；另一方面，也体现了监管主体对个人信息保护工作的切实关注。

---

① 参见《数据安全法》第1条、第53条第2款。

(三)司法文件

1.《最高人民法院工作报告》

2015年起,历年《最高人民法院工作报告》(最高人民法院院长在全国人民代表大会上的工作报告)中开始出现对涉“个人信息”司法案件裁判情况的介绍。如表1-1所示,《最高人民法院工作报告》中提及“个人信息”的场域,2015~2019年报告中的表述相对简单,对违法行为的列举也不甚详细。2020年后,伴随个人信息应用场景的进一步拓宽,以及我国信息保护立法的完善,司法工作开始更多地向刑事以外的范畴延伸。在提及“个人信息”时的具体表述,虽然一直强调通过刑事手段打击侵犯公民个人信息的犯罪,但同时也呈现调控范围扩大、调控所依据的部门法边界交叉的特点。近年来,司法实践开始关注智能门铃、人脸识别等新技术应用中的信息保护问题,关注特定人群诸如儿童的个人信息保护,并强调从源头保护个人信息。

表1-1　2015~2024年《最高人民法院工作报告》中“个人信息”词频统计

年份	“个人信息”出现次数	具体表述
2015	1	依法制裁利用信息网络侵害他人隐私权行为,上海市第一中级人民法院审结首例在华外国人非法获取公民信息案,维护公民个人信息安全
2016	2	严惩利用网络泄露个人信息、非法买卖信息、生产销售伪基站等犯罪行为,维护个人信息安全
2017	1	打击泄露公民个人信息犯罪,保障群众合法权益
2018	2	出台办理侵犯公民个人信息案件司法解释,严惩泄露个人信息、非法买卖信息等犯罪行为,维护公民信息安全
2019	1	严厉打击侵犯个人信息等犯罪
2020	3	加大数据安全和个人隐私保护力度,严惩侵犯公民个人信息犯罪…… 加强数据权利和个人信息安全保护,严惩泄露、倒卖等侵犯公民个人信息犯罪,服务数字经济健康发展
2021	4	依法审理陈某雄特大跨境电信诈骗、王某买卖他人社交平台账号等案件,严惩侵犯公民财产和公民个人信息的犯罪。 审理手机软件侵害用户个人信息、人脸识别纠纷等案件,加强个人信息保护,维护数据安全。 审理进口冻虾万名消费者信息案,禁止泄露公民个人信息

续表

年份	“个人信息”出现次数	具体表述
2022	9	维护公民个人信息安全。信息时代,个人信息安全保护变得突出和紧迫。认真贯彻个人信息保护法,严惩窃取倒卖身份证、通讯录、快递单、微信账号、患者信息等各类侵犯公民个人信息犯罪……依法从严惩治行业“内鬼”泄露个人信息。严惩利用恶意程序、钓鱼欺诈等形式非法获取个人信息,审理“颜值检测”软件窃取个人信息案,惩治网络黑灰产业链犯罪。……对侵犯个人信息、煽动网络暴力侮辱诽谤的,依法追究刑事责任。 审理短视频侵犯儿童个人信息等案件,制止侵害未成年人合法权益行为
2023	4	依法惩治侵犯公民个人信息、帮助信息网络犯罪活动等犯罪,加大全链条打击力度。 出台人脸识别司法解释,审理可视门铃侵害邻里隐私、扫码点餐侵犯个人信息、社交软件私自收集用户信息等案件,为隐私权和个人信息保护构筑“防火墙”。 加强个人信息保护,严惩信息网络犯罪
2024	1	从源头加强数据权利和个人信息保护,完善数字权益保护规则

资料来源:中华人民共和国最高人民法院公报官方网站,http://gongbao. court. gov. cn。

2. 司法解释

2017 年 5 月,最高人民法院、最高人民检察院发布《关于办理侵犯公民个人信息刑事案件适用法律若干问题的解释》。该解释围绕《刑法修正案(九)》确立的“侵犯公民个人信息罪”,对《刑法》第 253 条之一的内容进行了详细解释,对司法机关办理此类刑事案件适用法律的若干问题作出回应。

3. 典型案例、指导性案例、公报案例

2022 年,最高人民检察院发布 5 件依法惩治侵犯公民个人信息犯罪的典型案例。该批典型案例涵盖了对公民征信信息、生物识别信息、行踪轨迹信息、健康生理信息等不同类型个人信息的全面保护。2023 年 3 月,最高人民检察院发布一批个人信息保护检察公益诉讼典型案例,要求各级检察院严格落实党的二十大报告中关于“完善公益诉讼制度”的要求,以典型案例为指引,切实监督保障《个人信息保护法》统一正确实施。

2017 年,最高人民法院公布侵犯公民个人信息犯罪的典型案例。在公布的7起案件中,人民法院经过审理均认定嫌疑人构成侵犯公民个人信息罪。2022年,最高人民法院发布第35批共4件指导性案例,均为公民个人信息保护刑事案例。该批案例分别涉及人脸识别信息、居民身份证信息、微信等社交媒体账号、手机验证码等刑法保护的公民个人信息范围、性质,对于明确类案裁判规则,依法保护公民个人信息具有重要的指导意义。2023年11月,北京互联网法院围绕APP非法收集和泄露个人信息、公开个人信息处理、死者个人信息保护、个人信息查阅复制权行使等问题,发布8起涉个人信息保护典型案例。

此外,《最高人民法院公报》、《最高人民检察院公报》以及地方人民法院公报近年来持续发布一系列涉及公民个人信息案件的裁判文书。在最高人民法院、最高人民检察院确定的指导性案例中,涉及个人信息的案件同样不在少数。这些丰富的案例选集,为相关案件的审判实践工作提供了参考。

(四)国家标准、行业标准、团体标准

作为数据传输的重要载体,互联网承载了巨大的个人信息流。个人信息保护实务工作的开展,与各种带有技术性规范特点的"标准"关系密切。

2012年,国家质量监督检验检疫总局(2018年已撤销)、国家标准化管理委员会联合发布指导性国家标准《信息安全技术 公共及商用服务信息系统个人信息保护指南》(GB/Z 28828—2012)(以下简称《保护指南》),规范了全部或部分通过信息系统进行个人信息处理的过程。2020年,国家市场监督管理总局、国家标准化管理委员会发布推荐性国家标准《信息安全技术 个人信息安全规范》(GB/T 35273—2020),用于调整个人信息控制者在收集、存储、使用、共享、转让、公开披露等信息处理环节中的相关行为。

近年来,不同行业的行政主管部门基于各自领域内个人信息保护的需求,发布了一系列行业标准。例如,2020年工业和信息化部发布的《车联网信息服务 用户个人信息保护要求》(YD/T 3746—2020),2023年国家邮政局发布的《寄递服务用户个人信息保护要求》(YZ/T 0189—2023)等。

在团体标准方面,典型规范包括以电信终端产业协会为归口单位,由企业、企业研究院以及科研事业单位联合编写的电信、互联网、移动终端开发利用中的个人信息保护规则。在实践中适用较多的诸如2020年11月26日起实施的《APP收集使用个人信息最小必要评估规范总则》(T/TAF 077.1—2020),2023年4月26日起实施的《移动智能终端个人信息保护规范》(T/TAF 161—2023)。

此外,地方各领域行政主管部门也基于实践工作,探索制定了一系列各自工作范畴内个人信息应用的相应规范,作为地方标准实施。

第四节 个人信息保护实践中的立法需求

新时期的个人信息承载了丰富的利益内涵,体现了不同主体在经济交往活动中的多重需求,实现了价值的迭代更新。当然,利益泛化的直接后果就是纠纷与争议的频发,在因个人信息冲突引发的矛盾中,纠纷解决主体在当前面临的最大难题就是如何为涉案权利定性,并在此基础上界定不同主体在其中所享有的权利范围。当前,我国法律实践侧重于采用侵权保护模式应对个人信息纠纷,更多体现的是一种"事后规制"特征。对于平台经济下时刻处在变动中的个人信息而言,这种模式不足以提供完全、有效的保障,而且不同主体权利范围的不明晰同样会影响事后救济的效果,有碍于个人信息多维价值的实现。

一、现行立法未予解决的主要问题

我国目前在个人信息保护领域的立法已初具体系,现行规范对新时期的个人信息保护工作给予了指导和保障。但是,现有立法未能明确回应理论和实务中有关数据确权的问题,新兴技术应用中的个人信息保护规则仍然有待完善,公法的规制性规范和私法的调节性规范也有待进一步协同。

(一)数据确权之问:个人信息立法基础问题

数据作为第五大生产要素,其权属日益受到重视。个人数据是最为关键的基础要素,实现个人数据权属在数据活动相关方之间合理配置是数据开放共享和数据产权市场化运行的前提。但就个人数据的权属问题而言,立法、学术乃至产业界多有不同看法。虽然"数据二十条"提出要"探索建立数据产权制度，推动数据产权结构性分置和有序流通”，但官方在后续解读时却强调“创新数据产权观念，淡化所有权、强调使用权，聚焦数据使用权流通”。[①] 现行其他立法中也未明晰如何落实数据产权制度，没有对个人信息是否构成一项“权利”作出明确规定。在学术界和实务界，对于个人信息的确权问题也存在诸多不同观点。

1. 个人信息权属界定的学术争议

在我国民法典编纂过程中，“权利保护模式论”曾达到高峰。有学者从私权保护的角度出发，提出通过民法路径保护个人信息；[②]有论者侧重于公法与消费者法保护路径的探讨，[③]亦有论者提出综合保护路径的主张。[④] 当然，也有学者提出不应当局限于个人信息的权利论视角，因为从规范逻辑、制度功能、域外经验等维度观察，将个人信息私权化的路径缺乏相应的支撑，并认为公民个人信息获得保护的基础是国家负有保护的义务。[⑤]

有学者认为，对于个人信息进行确权既难以操作，又没有必要。基于网络时代个人信息产生阶段的特点，自然人在非经同意采集的情况下甚至未必能够知道个人信息的存在，更不用说要去占有自己的个人信息。[⑥] 因此，一方面，企业采集的数据既有用户提交的网页数据，也有平台生成的个人数据，还有机器生成的非个人数据，大量内容都是用户在平台上的活动记录，很难清楚界定权属关系；另一方面，坚持进行确权反而会增加作为数据处理者的平台企业的采集成本，最终转嫁给作为消费者的个人。[⑦] 而认为应当通过确权路径对个人信息进行保护的观点，则提出数据所有权就其本质而言乃数据使用权的“母权”，若彻底否定数据所有权，数据使用权将失去根基。因此，在推动数据使用

---

① 徐彬：《稳中求进，构建中国特色数据产权制度》，载国家发展和改革委员会官网 2022 年 12 月 20 日，https://www.ndrc.gov.cn/xxgk/jd/jd/202212/t20221219_1343658.html。

② 参见程啸：《论我国民法典中个人信息权益的性质》，载《政治与法律》2020 年第 8 期。

③ 参见丁晓东：《个人信息私法保护的困境与出路》，载《法学研究》2018 年第 6 期。

④ 参见张新宝：《从隐私到个人信息：利益再衡量的理论与制度安排》，载《中国法学》2015 年第 3 期。

⑤ 参见王锡锌：《个人信息国家保护义务及展开》，载《中国法学》2021 年第 1 期。

⑥ See Lawrence Lessig, The Law of the Horse: What Cyber Law Might Teach, Harvard Law Review, 113(2)(1999).

⑦ 参见周汉华：《数据确权的误区》，载《法学研究》2023 年第 2 期。

权结构性分置前,应当首先解决数据所有权这一前提性问题,特别是个人数据的权属问题。因此,应当根据数据来源者和处理者各自对数据贡献程度的不同,分别赋予其所有权和用益权。[①] 亦有学者认为,个人信息权益是工具性权利与目的性法益的集合,在内容上包含宪法维度、民法维度、行政法维度的三层构造。[②]

2. 新经济下个人信息确权的必要性

近年来,平台经济快速发展,线上商业活动促使个人信息不断流转,不同参与者的加入也丰富了在线个人信息的内容。此时,用户就本人提供的原始信息所享有的权利相应发生变化,以个人信息为客体的保护措施面临如下困境:一是单纯强调用户所有权、"重保障轻利用"的思路存在瑕疵,会制约个人信息在平台经济中的合理应用,从而掣肘经济发展;二是未厘清其他经济参与者的数据权利主体地位,未能清晰界定不同主体对用户个人信息享有的权利种类及权利范围,容易导致平台或商家数据库中的用户个人信息流向失控,形成信息安全威胁。

在信息社会发展的现状下,完全不强调个人对其信息享有的权利并非最适宜方案。具体到当前对个人信息的保护方式,因尚未对个人信息的属性予以明确,所以在挑选保护工具和保护措施时,行政主体常面临困难和障碍。例如,对信息的保护是应当强调其中隐私部分的绝对保密,还是应当在合理的匿名化处理后予以公开和共享;对信息的保护、共享和利用应当如何排序等。当前,社会经济生活的复杂化促使各类信息呈现明显的复合性趋势,个人信息同样具备了集人格利益与财产利益于一体的特征。在此情形下,应当坚持怎样的原则对信息进行保护,在保护过程中又应当如何协调适用不同工具,这在目前信息属性不确定的情况下尚无法作出明确的制度安排,因而不能为个人信息提供及时且精准的保护,在个人信息纠纷发生后,也难以在第一时间提供精准的救济。因此,在当前为了更好地实现信息价值,还是有必要从主体权益的

---

① 参见申卫星、李夏旭:《个人数据所有权的赋权逻辑与制度展开》,载《法学评论》2023 年第 5 期。

② 参见王锡锌:《个人信息权益的三层构造及保护机制》,载《现代法学》2021 年第 5 期。

角度考量信息保护问题。

(二)不同主体的权利内容不明晰

在新经济业态下,实体经济参与者的多元化促进了平台经济主体范围的扩大,不同性质的企业在数据共享中均占据一席之地,各种利益也随之发生碰撞,对数据共享主体全面平衡利益提出较高要求。在这种情况下,保障个人信息安全并促进其多维价值的充分实现,就需要对相应场景中存在的多重利益进行排序和取舍。在这一过程中最重要的,就是合理衡量各种利益,并作出取舍和选择。这里的利益既包括公私利益之间,也包括公权力与公权力、私人利益与私人利益之间。对于平台活动中所涉及的利益主体、利益性质、量化之后的利益"大小"以及不同利益的社会影响程度等因素,若处理偏差则很有可能损害个人权益,或者可能引发社会矛盾。

现行立法回避了个人信息的"权利化"问题,因此没有在信息来源者和信息处理者中对此种权利的行使进行分配。《个人信息保护法》只是在第四章"个人在个人信息处理活动中的权利"中,将自然人对其个人信息享有的权益分解成了知情权、决定权、限制处理权、查阅复制权等。而对于个人信息处理者,更是仅在第五章中规定了其义务,没有对信息处理者权利的完整明确表述。在"数据二十条"区分数据处理者与数据来源者双重权利结构、提出数据来源者权利保护的背景下,前述规定实际上未能给实践提供有力依据。

对此,有学者提出数据确权的内容既包括确认数据处理者的权利,也应当包括确认数据来源者的权利。① 但对于不同主体特别是数据来源者的权利内容应如何界定,却存在明显不同的看法。一种观点认为,数据具有客观实在性、可确定性和作为劳动成果的财产属性,可以作为独立的交易客体进入市场流通,设立财产权性质的数据权因而具有正当性。将数据权初始配置给数据生产者最为合适。原始取得的数据权应为一种总括性权利而非分散性的权利束。② 另一种观点认为,若规定作为数据来源者的自然人享有数据财产权,则

---

① 参见王利明:《论数据来源者权利》,载《法制与社会发展》2023 年第 6 期。

② 参见刘文杰:《数据产权的法律表达》,载《法学研究》2023 年第 3 期。

这种排他性权利的存在很可能在社会中引发大量侵权行为，违背数据公平合理使用。所以，在数据来源者权利法律化的过程中，应当尊重已有成熟立法，即使在法律文本中引入这一权利，也应将其视为提升产品服务、促进数据信任、强化数据治理的程序性、工具性、举报性权利，而非实体性、绝对性、可诉性权利。①

对于数据处理者，《数据安全法》和《个人信息保护法》均侧重于从义务角度作出规定。前者第四章"数据安全保护义务"中规定，"任何组织、个人收集数据，应当采取合法、正当的方式"。后者第五章"个人信息处理者的义务"，则进一步规定了个人信息处理者的合规审计、影响评估等义务。在实践中，较多案件的焦点也在于认定个人信息处理者的义务是否合法且适当地履行，如信息处理者的告知义务、查阅复制义务等。② 现行立法直接提及个人信息处理者权利的规范较少，主要原因可能在于立法者认为数据处理活动中，数据来源者特别是个人信息来源者处于相对弱势的一方，需要强调来源者的权利和处理者的义务。但基于权利和义务的对等性，以及平台经济下数据和个人信息价值的丰富，有必要同等赋权，并进一步厘清不同主体的权利义务内容。

（三）配套规范有待进一步完善

通过前文梳理，可以清晰了解我国目前有关个人信息保护的规范架构。其中，虽然已有《民法典》提供原则指引，有《数据安全法》和《个人信息保护法》作为支柱性规范，但与之相配套的行政法规、部门规章却并不足以支撑起一套完备的信息保护体系。在当前个人信息保护领域中，仍有大量部门规范性文件和标准性文件在发挥重要作用。

伴随信息保护实践的发展，将会有更多现实问题为立法提出需求。而我国《个人信息保护法》在标题和内容上已经呈现统一性立法的趋势与特点，那么就有必要进一步整合分散式的规定，并提升相关配套规范的效力层级。

---

① 参见丁晓东：《论数据来源者权利》，载《比较法研究》2023 年第 3 期。

② 对个人信息处理者是否履行告知义务的认定，司法案例可参考北京互联网法院 2023 年 11 月发布的 8 起个人信息保护纠纷典型案例之一"黄某与深圳某计算机公司等隐私权、个人信息保护纠纷案"。对个人信息处理者是否履行查阅复制义务的认定，司法案例可参考"李某诉某信息公司个人信息保护纠纷案"，载中国法院网 2023 年 12 月 14 日，https://www.chinacourt.org/article/detail/2023/12/id/7702930.shtml。

二、新经济下个人信息权利化的基本思路

（一）个人信息权利的复合性特征

1. 权利主体的多元

在传统经济模式下，个人信息的权利主体当然地从属于产生信息的一方，即自然人个人；但共享经济扩大了经济活动的参与者范围，致使用户个人信息在产生之后，会于多重主体之间进行流转。从信息的加工和存储角度来看，包括平台和各类商家在内的商业行为主体均会对原始信息进行一定的处理，使之所蕴含的价值总量不断叠加。由此观之，初始状态下的信息虽然具备个人主体的原生性，但在很多情况下并不具备较高的社会价值和经济价值。而最终体现多重价值的“成品信息”，多是经过了多次流转，是很多主体贡献了智慧与体力进行加工的产物，所以个人信息上的权利应当由前述主体共同享有。

具体分析，个人信息最核心的主体仍然是自然人个人，这不仅因为个人是信息最主要的产生源，还在于当个人信息遭到泄露或非法买卖时，个人所承受的负面效应相比之下是最大的。在此之外，互联网平台作为信息收集者、电商或物流企业作为信息加工和存储者，同样享有个人信息相关权利。当然，这里的权利与自然人对个人信息的权利不同，不具有显著的排他性，并且仅包括存储权、有条件的流转及交易权，以及在自然人授权范围内的利用权。

2. 权利属性的复合

（1）人格权属性

个人信息的最主要构成部分就是自然人的身份信息，而身份信息又是定位特定主体的最直接要素，所以从法学角度来看，个人信息具备明显的人格权属性，也就是个人信息有显著的“属人特征”。与个人隐私相比，虽然个人信息在私密性上不及前者，但这并不影响个人信息与其来源主体之间的紧密关系，不影响其识别个人社会身份的功能，因而个人信息所具备的最直观也最重要的属性，就是与特定个体相连接的人格权属性。

（2）财产权属性

个人信息数据除了承载人格利益、体现与隐私等内容相关的人格价值之

外,还可能经其他主体(特别是商业活动主体)的利用而创造经济价值或社会价值。特别是在共享经济时代,个人信息经济价值的提升使其具备了较隐私而言更强的开放性,信息来源主体也希望让渡相关信息来获取特定的商品或服务,从而使个人信息在一定程度上具备"交换物"的特征和价值,这更为其财产效能的发挥奠定了基础。20 世纪 60 年代,美国学者米勒(Miller)就曾提出,保护个人信息最直接的途径就是将其界定为数据主体拥有的财产权。① 在我国,虽然有学者认为财产化路径可能导致个人信息的任意流动变得难以控制,②但《民法典》对于数据和网络虚拟财产等无体物的原则性保护规定,③实际上为个人信息数据获得财产性保障提供了依据。除此之外,商业主体因占有信息的总量差异而在竞争中获得不同的经济效益,致使商家或平台开始采用多种手段扩大信息收集范围、强化对信息的存储和保护,从而使其更具财产法上"物"的特征。④

由此可见,共享经济环境下的个人信息已具备明显的属性复合性。与此同时,还呈现利益交织的特征,这对于相关信息行为的开展都提出了较高要求,需要在信息利用、流转、存储与保护的过程中进行综合考量。

3. 社会价值的拓展与丰富

除了经济价值和人格、财产性价值之外,共享经济下的个人信息权利还可能体现出一定的社会公共色彩,即具备一定的"公法法益性"。进一步来说,在不同主体对个人信息进行利用与保护的过程中,"公共性"或"公益性"主要体现如下。其一,与市场活动、公共秩序相关的社会经济价值及管理价值。在共享经济过程中,如果商家或平台仅关注自身经济利益而对收集到的个人信息实施滥用行为,则很有可能扰乱市场秩序,并引发同业经营者实施类似的不正当竞争行为,加剧市场的不稳定性。所以从行业协会、政府部门等监管者角度

---

① See Athur R. Miller, Personal Privacy in the Computer Age: The Challenge of New Technology in an Information-Oriented Society, Michigan Law Review, 67(1969).

② 参见李震山:《人性尊严与人权保障》(第 4 版),台北,元照出版有限公司 2011 年版,第 284 ~ 285 页。

③ 《民法典》第 127 条规定:"法律对数据、网络虚拟财产的保护有规定的,依照其规定。"

④ 参见李帅:《数字化转型社会中的个人信息权研究——以共享经济为场域》,载《西部法学评论》2018 年第 6 期。

来看,其强调个人信息的合法利用与保障,实际上发挥了维护公共秩序、实现社会整体利益的作用。其二,与公共安全和公共福利相关的社会公益价值。除了前述保障功能之外,监管主体还努力促进经济的健康发展和良好营商环境的创建,因此,在监督管理的过程中,政府部门、行业协会以及社会团体等主体一方面防止个人信息资源的浪费,另一方面积极探索个人信息的多重价值,从而在保护信息安全的同时提升社会福祉。[①]

4. 作用场域的不确定性

互联网技术渗透到共享经济领域的最直接表现,就是经济模式的"网络化",具体而言,即为全部或大部分的信息交互行为都是在"线上"完成。相比传统经济模式对线下交易场所的依赖,这种新型信息流转途径的出现在很大程度上便捷了交易行为,提升了交易效率。伴随这种"跨域效果"的实现,个人信息也呈现比以往更为明显的变动特征,这种变动不仅表现为内容的不断丰富,还表现为存在空间和作用场景的不断转换。在当前经济模式下,系统内的每一个代码都可能蕴含大量的用户个人信息,伴随运算效率的提升、存储空间的扩容和交易频次的指数型上升,个人信息作用的场域将会进一步拓展,从而使信息价值的增益或减损频繁发生。以之为背景,共享经济下不同主体对于个人信息保护的需求,呈现复合性与复杂性并存的特征。

具体来说,在传统经济交往模式下,经济活动的参与主体具备有限性,整个经济活动中体现的权利义务关系也相对简单清晰,因此,监管主体对个人信息流转与利用等行为的监督,通常仅需针对特定主体实施即可。当然,这种线下"平面模式"的监管亦不需要复杂的手段和工具,通过常规性的行政许可、处罚及强制就可以实现监督管理的目标。但在互联网共享经济模式下,个人信息的存在场域甚至是作用场域都突破了时空的局限,相应的信息权利也共存于线上网络平台、线下商业实体以及同时在两个空间内实施消费行为的用户个人。可见,在这种复杂模式下,既定的监管思维和固有的监管方式都不足以应对多样化的信息问题,因而需要适当探索监管科技的应用途径,分析

① 参见张新宝:《从隐私到个人信息:利益再衡量的理论与制度安排》,载《中国法学》2015 年第 3 期。

个人信息权的“跨域”特征，并针对不同场域制定不同的保障规则，还可以进一步探索处于不同时间范围内的个人信息保护规范，从而构建完善的信息保护体系。

（二）个人信息的“权利性”论证逻辑及内涵剖析

从法定权利的构成要素来看，主体、客体以及权利义务关系是其中最为核心的内容。而探讨一项潜在的“权利”是否应当被作为法定权利，并获得权利保障，最简单易行的方式就是从权利客体入手。这是因为，相比主体和权利义务关系这两项内容而言，客体直接指向“潜在权利”的对象，如果这一对象符合法律保护的精神，蕴含当前或未来的“法益”，则可以认定其具备法定权利属性。因此，在探讨个人信息是否具备法定权利属性时，应当首先将其假定为一项权利，找出其对应的权利客体，再进行法律性的推理和论述。按照前述思路，可以找出“个人信息”这项假定中的权利客体。从属性上看，个人信息既非严格意义上的有体物，也不能全部视为个人创造的知识成果，因而并不满足传统民事权利中物权和知识产权所指向的对象。

1. 权利主体

从语义解释角度看，个人信息权利主体应当是“个人”，通常意义下指的是自然人，非经特殊表述，一般不包含法人在内。我国《个人信息保护法》和《民法典》均将保护对象界定为“自然人个人信息”，体现了对个人信息的概括式保护。此外，由于个人信息的依托主体在不同事项领域内存在差异，所以相关权利的主体也表现出与之同步的差异性，并表现为对“自然人”主体的限缩。举例来说，《网络安全法》《消费者权益保护法》《电子商务法》等均采用“用户”或“消费者”的表述来指称个人信息主体。从本质来看，不同表述下的保护对象都可以指向新经济参与主体的个人信息，并未对法律的实质性保护产生影响。

2. 权利客体

结合前文对个人信息“权利性”确定逻辑的论述，可知个人信息就是个人信息权所指向的客体。在此，对客体“个人信息”的理解和认知，可以从如下两个方面进行。其一，权利客体的内容，具体涉及自然人（或其他场景下的用户、消费者等)的姓名、出生日期、联系方式、健康状况、学历水平等信息种类。在共享经济下,还应当包含与个人经济活动有关的信息,以及与其他信息结合后可确定个人身份的信息等。其二,权利客体的形态,同样不是一个闭合的范围,包括但不限于文字记录、图片、音频、视频,以及各种实时动态数据等。

3. 权利内容

因个人信息权实则是围绕从属和利用关系展开的权利集合,因而可以在一定程度上类比适用物权法中对所有权内涵的界定,具体来说,就是权利人对其个人信息享有的占有、使用、收益、处分的权利。但需要注意的是,互联网技术的发展丰富了信息获取、保管、利用与流转的模式,传统信息行为的边界也不断发生拓展,故上述权利内涵不再能够对当前共享经济下的个人信息行为实现全部覆盖,有必要从法律角度予以丰富。结合用户、消费者以及各种商业主体在目前实施的行为内容来看,还应当赋予信息来源主体以下权利。第一,访问自身信息的权利。当然,这里“访问”的对象主要是已经提交给商家或平台并经其加工处理的信息内容。第二,修改、删除自身信息的权利,更严谨的表述应当为“申请修改、删除自身信息,并获得允许的权利”。这里所针对的信息,应当是那些内容发生实质性变动的,或者已经过期的信息。第三,许可及禁止的权利。这主要指的是作为信息来源主体的用户或消费者,可以授权相应商业主体收集、利用或共享其信息,但应当保留其在特定情况下撤回授权或提出禁止性要求的权利。

(三)个人信息权利化的合理性

1. 部门法基础

个人信息权之所以能够成为一项权利,核心在于个人信息所蕴含的价值与众多受到现行法律保护的权益密切相关,甚至体现了更为丰富的内涵。虽然我国当前尚未明确公民对其个人信息数据享有的是何种具体权利,但基于个人信息数据涵盖的内容与个人生活基本状态密切相关这一现实,仍然可以从现行法律规范中找到依据:《宪法》中关于保障人权、人格尊严、住宅安全和通信秘密的规定,在一定程度上成为个人信息数据获得权利保障的根本法基础。[①]《民法典》第 111 条明确指出“自然人的个人信息受法律保护”,该原则性规范奠定了个人信息权益的法律地位。[②] 而诸多学者所援引的发源于德国公法的“信息自决权”,则构成行政法秩序下支持个人信息权益法定化的基础。[③] 也就是说,作为行政法上的权利,如果个人信息处理者的处理活动违反了权利束对应的规则要求,也将直接激活行政处罚等行政法上的法律责任机制。[④]

2. 实践基础

在平台经济整个流程中可能涉及的利益种类包括:作为信息来源主体的用户或消费者,对其自身信息的所有权和使用权;作为信息收集主体的商家或平台,对用户信息的加工权和收益权;作为监管主体的行业协会、社会团体、政府部门,对相关个人信息正当利用的监督权等。此外,伴随我国全民所有制内涵的丰富,国营、私营、联营等各种性质的企业开始共同活跃在共享经济场域,也就使信息收集主体层面表现出来的利益更加复杂,从而对个人信息的利用与保护提出较高要求。针对不同经济实体所引发的利益交织现象,在实践中最典型的就是共享经济下的支付环节。例如,在完成线上的商品选购行为之后,用户或消费者有权自主选择具体的支付模式,如果选择通过网络支付,则可以进一步选择是采用第三方支付软件还是通过银行的网上银行通道进行付款。在此过程中,虽然个人信息最终都会流向结算环节,但用户的不同选择将决定信息具体的流经渠道,也就因此改变了占有、保管信息的主体范围。又如,在前述商品或服务的支付环节结束后,消费者个人信息将会由商家提供至物流企业,以实现商品的配送,这一过程同样增加了占有与利用信息的主体数量,客观上使得个人信息面临的风险有所加剧。综上所述,共享经济中可能接触并使用个人信息的主体包括但不限于商家、平台、支付机构、仓储物流企业

---

① 参见《宪法》第 33 条、第 38 ~ 40 条。

② 参见李帅:《数字化转型社会中的个人信息权研究——以共享经济为场域》,载《西部法学评论》2018 年第 6 期。

③ 参见杨芳:《个人信息自决权理论及其检讨——兼论个人信息保护法之保护客体》,载《比较法研究》2015 年第 6 期。

④ 参见王锡锌:《个人信息权益的三层构造及保护机制》,载《现代法学》2021 年第 5 期。

等。相应地，体现的不同利益则主要有商业主体营利的意愿、用户或消费者保护并利用其个人信息的意愿等。其中，因商业主体的身份性质存在差异，故相关利益种类又可分为国有企业经济利益、私营业主营利利益以及公私合营企业的复合性利益等。由此可见，平台经济中个人信息保护工作的开展，需要充分平衡上述各种利益，并在利益发生冲突时作出合理选择。

随着互联网技术与共享经济的充分融合，商家与平台收集、利用个人信息的能力也得到了极大提升，因而整体共享经济场域中的个人信息数量急剧增加，其中所体现的利益种类也在不断丰富。在新时期做好个人信息的保护工作，既要从安全性角度出发，确保信息不被泄露和滥用，同时也要最大限度地实现各方合法权益，从而促进经济的良性发展。在此过程中，就需要全面适用利益衡量策略，首先，正视并尊重不同主体的差异化利益；其次，在科学思想的指导下探索“量化利益”的方式；最后，以利益属性和利益总量为标准进行适当排序，作出取舍决定。

因此，打破传统隐私范式下固有的侵权保障模式，以“权利束”[①]思路审视个人信息及其权利内涵，并适当强调“权利束”中的产权部分，才是新经济下应对个人信息问题的合理路径。首先，应当详细了解个人信息能够成为法定权利的理论基础，并探讨这一权利的法定构成要素；其次，分析新时期个人信息相关权利表现出的新特征，并重点探索其主体的多元化、属性的复合化、价值的交织性以及作用范围的跨域色彩；最后，充分把握个人信息权适用场景和注意事项，促进个人信息法律保护机制的全面构建。

---

① “权利束”理论来源于霍菲尔德（Wesley Hohfeld）对权利的分析，即权利束是由一系列复杂权利，如请求权、特权、权力和豁免构成的关系集合。参见王利明：《论数据权益：以“权利束”为视角》，载《政治与法律》2022 年第 7 期。

第二章　信息不对称:个人信息法律保护的现实基点

当前,经济的运行依赖于互联网平台大规模、高效率的决策。反映在具体商业行为中,就是实时获取消费者线上需求并进行资源分配。就理论而言,网络平台会按照商品或服务性质的差别,以"用户选择、平台协调、就近共享、同质同价"为原则促成交易。然而,在市场数据不断扩容的当下,平台主体依托用户信息进行决策的行为,却在以消费者不易察觉的形式发生着异化。以市场客观存在的信息不对称为研究出发点,定位个人信息公法保护的基点,需要充分把握共享经济的运营模式特征,一方面,引导参与者规范自身实施的信息收集、利用、流转行为,将传统的信息"个人控制模式"转变为"以个人控制为主,社会控制为辅";另一方面,推荐法律规制理念从个人本位上升至社会本位,精准定位个人信息公法保护的出发点与落脚点,充分实现个人信息多维价值。

此外,鉴于存储、流通方式以及受损形式的"线上"特征日趋显著,传统规制手段的不足也开始呈现,因而需求新型的规制方式,并需要逐渐将实践问题数据化,以作为规制的对象和依据。这种客观问题的数据化过程有赖于统计学、计算科学与法学知识的综合运用。在该流程的运转过程中,整个社会的信息保护水平和数据治理能力也将获得提升。

第一节 完全市场下的信息不对称

一、平台经济信息不对称问题溯源

(一)信息不对称现象及其成因

信息不对称(information asymmetry)主要存在于经济学场域或契约理论中,指的是在交易活动中,一方主体拥有比其他主体更为全面、准确的信息。美国经济学家约瑟夫·E.斯蒂格利茨(Joseph E. Stiglitz)曾指出,可以将不对称的信息视为不完全信息(imperfect information),与理论上的完全信息(perfect information)相对。由于以完全信息为基础的有效市场[①]尚未建立,且未来较长时期内也无法形成,因此,信息不对称问题在当前市场中普遍存在。[②]另外,信息不对称并不局限于特定范畴,而是广泛存在于各级各类市场。例如,企业的投资均会造成信息不对称,因为管理人员可以持续观察投资生产率变化,而外部投资者却只能在离散的时间点获得关于投资生产率的高度汇总信息。[③]

当前,各类新业态经济依托互联网平台实现了全新发展,用户的消费行为更加自由,也更加便捷。在这种高数据吞吐量、高信息流转性的模式下,处于中间位置的互联网平台层,是连接消费者层与实体商业行为者层的纽带。用户经客户端上传的信息,最终都会由平台收集整合,再按照时间、地域、价格区间等因素配对给实体经营者,完成交易。这样看来,平台在很大程度上成为信息集散地,掌握绝对的商业数据;相比之下,消费者与依托平台出售商品、提供

---

① 有效市场:出处为"有效市场假说"(Efficient Markets Hypothesis,EMH),系美国芝加哥大学金融学教授尤金·法玛(Eugene Fama)于1965年提出。其认为在法律健全、功能良好、透明度高、竞争充分的股票市场,一切有价值的信息已经及时、准确、充分地反映在股价走势当中,其中包括企业当前和未来的价值。除非存在市场操纵,否则,投资者不可能通过分析以往价格获得高于市场平均水平的超额利润。

② Joseph E. Stiglitz, Information and the Change in the Paradigm in Economics, American Economic Review, 92(3)(2002).

③ See David Aboody & Baruch Lev, Information Asymmetry, R & D. and Insider Gains, The Journal of Finance, 4(6)(2000).

服务的商家,拥有和使用的仅仅是相对数据。

(二)信息不对称问题客观检视

在上述平台经济活动中,存在两对基本的互易关系:其中一对为货币交易关系,包括原始定价与特殊情况下的加价协议;另一对则是信息互易关系,这里的信息以用户个人数据最为主要,且这种互易贯穿交易的全过程。两对互易均基于自愿原则,并遵循合同法基本精神。综观经济共享程度、服务便捷性与信息互易量之间的联系,不难发现前两者与信息互易量间呈明显的正向相关,即消费者与平台或商品/服务提供者互易的信息越多,其需求得以满足的质效就越高。基于此,日益扩大的消费者群体不断将个人基本信息、活动轨迹信息等内容上传至平台,平台也就因此建立起包含既有用户数据与潜在用户数据在内的基础运营数据库。

然而,上述信息互易虽具有双向性,但平台本质上的居中地位却决定了互易的结果必然是信息总量上的不对等。换言之,在互联网平台的经营模式下,无论是消费者还是商品/服务提供者,其与平台之间的信息互易都不会是直线型的"一对一",而是以平台为中心的伞状"一对多"模型。

以此为基础审视共享经济业态下的信息不对称,可知该现象是由平台运营特点所决定的,即为了实现商品/服务与需求者精准配对的目标,且不给用户增加过多选择负担。因此,这种信息不对称具有明显的行业原生性,并非违法或瑕疵,也不是规制行为应当针对的客体。但客观来看,平台接入的商家数量伴随互联网的发展呈几何增长,原本存在的信息不对称被加剧,主流平台与消费者之间的"信息鸿沟"不断扩大,再叠加平台非透明化的资源配置方式,一方面容易滋生消费者选择疑虑,另一方面也可能会引发商业信任危机。

二、应对平台经济信息不对称现象的现行法律措施

(一)多维信息布局

信息布局的概念及做法主要源于产业管理领域,在传统意义上指的是通过信息的聚合分析、选择发布以及定向投递等方式,引导农业、工业或者第三

产业的发展。在社会数字化的背景下,信息技术丰富了信息布局样态,并为多维信息布局提供了更多路径,从而为数据治理工作的开展创设了一种全新且高效的工具。

具体而言,数据治理中的多维信息布局包括以下几种形式。第一,信息的阶段性公开。这指的是数据治理主体制定相关政策规定,要求社会活动参与者将其行为过程中产生的信息,在特定阶段对外公开。这一规定中的“分阶段公开”,充分考虑到信息(特别是过程性信息)可能具有的诸如秘密性、私密性等特征,同时兼顾信息所具有的其他社会价值,从而采用分时间、分步骤的公开方案平衡多种利益。可见,在信息阶段性公开中有必要引入信息数据的价值判断和利益衡量标准,辅助活动主体适时公开数据,辅助治理主体以此标准实施监管。第二,信息的位置性分布。这一形式的主要思路来源于当前互联网产业中的网络界面设置、APP 导航设置方案,类比适用于数据治理中,就是社会活动参与者依据数据治理相关规定,将自身生成、获取或加工的数据按照专有用途或复合用途的差异,分别配置在后续工作的不同模块中。具体来说,即需要将信息数据进行拆分或组合,从而向各个信息需求场所提供最为精准的信息。在此,需要利用信息数据的加密技术或个人信息的脱敏技术,使信息的提供过程不侵害相关主体的合法权益。

(二)不利信息披露

不利信息披露,又称负面信息披露,创建于 20 世纪 90 年代的行政管理领域,并于 21 世纪以来获得迅速发展,从而进入法学研究的范畴。作为一种信息公开手段,不利信息披露实际上具有一种反向促进作用,旨在通过对违法或不当行为的公开或公示,对相应的行为主体起到告诫或警示的效果,使其自觉、自主改变相关行为,符合社会发展规律或满足公众心理预期。

在实践中,不利信息披露作为一种新型管制工具,能够通过非强制性手段改变被监管对象的行为模式。美国联邦环境保护部前首席法律顾问乔纳森·坎农(Jonathan Cannon)认为,不利信息披露是一种对传统监管手段的补充,有时甚至是替代。此外,不利信息披露也可以促进被监管对象严格守法。[①] 在美国的立法及执法领域中,有权实施不利信息披露的行政主体主要包括食品药品监督局、专利与商标局以及消费品安全委员会等。这些主体从事不利信息披露的行为,也在很大程度上改善了被监管对象的违法或不当行为。基于此,我们在数据治理过程中可以首先从这些行政机关推开,继而扩大适用的主体范围,并不断更新治理主体发布负面信息的详细规范,避免行政权力滥用。

第二节　信息不对称下的类型化决策及对个人信息的影响

一、信息不对称环境下商业主体的类型化决策

在平台经济模式中,作为交易初始环节的"要约—承诺"链条关系需要借助网络平台构建,其中最核心的步骤是平台为供求双方进行配对,或者提供配对可能。这种配对行为实际上就是平台决策。从不带有任何偏见的技术角度来看,上述决策结果应当以用户输入的条件为基础,客观反映检索内容。但由于经济活动自身的逐利性,平台决策行为发生了前文提及的异化,主要表现是同一时刻就相同产品或相同服务,因用户的不同而差别定价。对共享经济下的决策模式进行种类划分,最主要的依据就是互联网平台资源配置行为的差异。

(一)直接差别决策

平台对用户个人作出的具有唯一性、直接性的决策行为,因决策内容存在明显的个体差别,故称之为直接差别决策。具体到运营模式,主要发生在以"一对一分配"为特征的资源共享中。如图 2-1 所示,此类模式的运作方式是平台根据用户提交的需求,在拥有的商家数据库中筛选符合条件的主体分配给用户,通常存在于交通工具类共享经济中。若平台筛选所得主体数量大于 1,那

① 参见朱春华:《美国法上的"负面信息披露"》,载《比较法研究》2016 年第 3 期。

么算法会以相对距离最短、使用效率最优为原则，将主体限定为唯一。

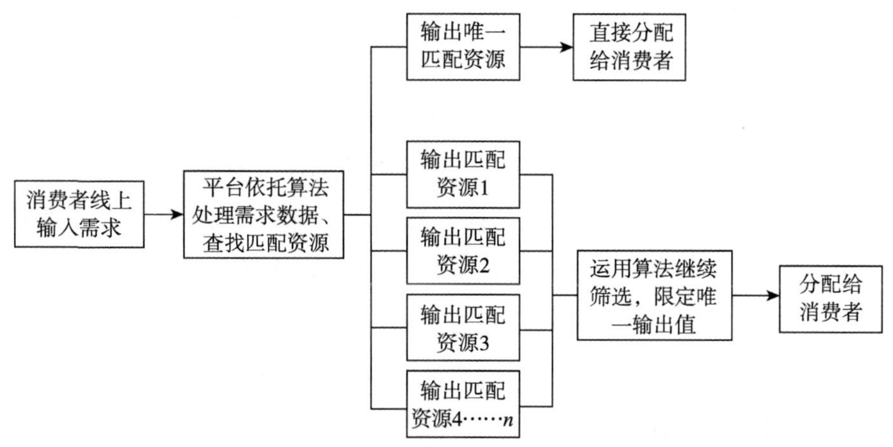

图2－1　平台经济"一对一分配"经营模式

点对点分配中的差别决策主要表现为标的质量差别与价格歧视，[①]并以价格歧视最为普遍。当前，最常见的价格歧视是定价差别和优惠券差别两种。其中，定价差别就是平台直接将标价的商品或服务分配到用户个人，用户只能选择是否接受。例如，在使用某网约车 APP 打车时，同一时刻输入相同起点、终点并选择相同级别的车型（如都是平价车或都是高端车），不同消费者终端所显示的价格却并不相同。经对比，一方面，是日常较多使用高端车型的消费者费用略高；[②]另一方面，是使用苹果手机 IOS 系统的消费者费用略高。[③] 又如，有网购平台将"优惠券差别"适用在不同消费者群体身上。具体来说，就是平台或商家会分析用户的历史消费记录，通过商品价格变动对前述主体消费决定的影响程度，确定"价格敏感人群"，进而将抵扣金额更高或数量更多的代金券分配给这些用户。所以，相比之下，"价格敏感人群"能够更为频繁地享受优惠政策。

---

① 价格歧视（Price Discrimination）：经济学术语，通常指商品或服务的提供者没有正当理由，在提供相同等级、相同质量的商品或服务时，对条件相同的若干买受人实行不同的销售价格或收费标准。

② 参见何鼎鼎：《数据权力如何尊重用户权利》，载央广网 2018 年 3 月 23 日，https://baijiahao.baidu.com/s?id=1595687311778030047&wfr=spider&for=pc。

③ 参见 21 世纪经济报道：《复旦教授花 5 万打车 800 多次！实锤苹果手机打车比安卓贵？记者亲测了》，载上观新闻网 2024 年 3 月 7 日，https://export.shobserver.com/baijiahao/html/347817.html。

(二)间接差别决策

与直接差别决策的唯一性分配不同,间接差别决策的特征在于引导消费方向,大致有两种表现形式。第一,“多对一推送”中的推送排序差别。如图2-2所示,平台依据用户消费水平、消费习惯,或单纯依据广告竞价情况,控制商品或服务的可见性和显示顺序,间接限缩选择范围,使有效率需求或对价格不敏感的用户无法享受最优价格。第二,“一对一分配”中的加价情况差别。最典型的案例发生在付费抢票领域。曾有商业抢票平台在官网票量充足的情况下,利用信息不对称向有使用加价服务习惯的消费者加价售票。而在当前,亦有以办理不同级别“加速套餐”为主要方式的加价购票导向行为,这同样是在引导用户作出特定消费选择。①

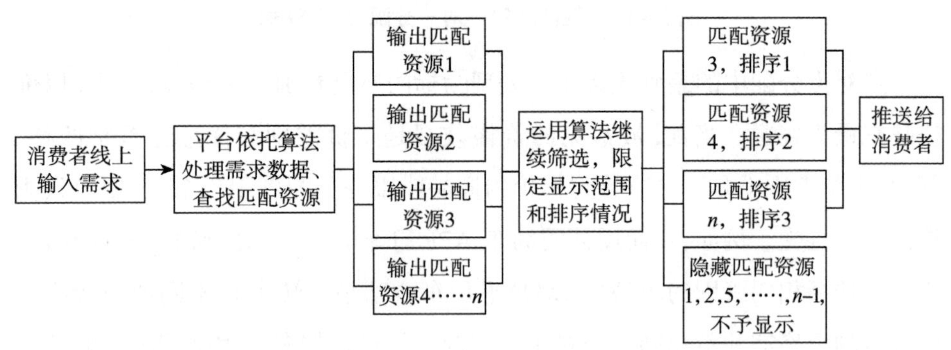

图2-2 平台经济“多对一推送”经营模式

以上两种差别决策的形成,都以平台掌握绝对大量的信息为基础,是信息不对称环境下商业行为走向的典型可能。虽然市场经济尊重价格自由,但如何在市场价值规律与决策的合法合理之间进行权衡,却是共享经济发展必须面对的问题。

---

① 参见马骏:《购票软件“加速包”真能抢到火车票?》,载丹阳新闻网,https://www.dy001.cn/2020/0113/57106.shtml。

二、类型化决策对用户个人信息相关权利的影响

(一)合理调取个人信息背景下平台的后续侵权

以当前的互联网数据技术为基础,不同级别的共享平台在其可调用接口数量和请求次数范围内,尽可能高频地读取用户信息,并借助对信息的分析完成交易或推送。此时,基于收集个人信息时所获得的授权,平台读取和调用数据的行为是合法的。但就其后续利用相关信息的行为,却因糅合了平台利益和商家利益,而表现出一定的瑕疵。具体而言,就是平台运营者通过设计、改变其后台编程算法的行为影响资源的配置结果,从而对消费者或用户的个人信息进行非正当利用,最终给前述主体的合法权益产生各种影响。在共享经济下,多主体的利益交织已成为重要特征,平台经营性质、经营方式、目标效益之间的差异和消费者需求差异普遍存在,因而通过调整资源配置的方式来满足更多用户、扩大市场份额,是不可避免的市场趋势。在此过程中,不同的决策算法将可能给用户权益造成如下负外部效应。

第一,利用算法改变交易价格或价格范围,通过确定性(且多为不利性)的权益影响行为获取经济利益。此类行为的实施主体以商品交易或服务提供型平台为主,具体做法涵盖了前文提及的直接差别决策与间接差别决策。因其对即时消费需求者的选择空间进行了较大限制,存在明确的引导消费之嫌,故认定为对消费者权益产生确定的影响。对此,平台读取用户信息的行为是否经用户本人同意,同意使用的范围是否与实际使用范围吻合,以及在消费者不知情情况下的区别定价是否属于价格歧视等问题,均需要依法判定并规制。

第二,利用算法决定推送内容,通过非确定性的权益影响行为获取经济利益。典型代表即为资讯共享类平台,其赚取浏览量和点击率的经营模式,从表面上看,虽然不涉及对用户利益的直接侵害,且这种“精准推送”在很多情况下得到用户认可,但推送中却包含大量的广告宣传内容。仔细观之,这些广告所涉及的领域与用户近期搜索的内容密切相关,或者是搜索内容的周边服务。从商业推广的角度来看,这些行为并不具备明显的违法或不当性,甚至可以说它们在某种程度上为用户提供了便捷,缩短了其查询相关商品或服务的时间,

但从法律角度看,平台实施大量“引导性”行为是否符合行为的合理性原则,由此引发的纠纷应当如何解决等,在当前确实成为亟须明确的问题。

第三,利用算法深度挖掘相关隐含信息,侵害用户个人隐私。以当前众多的移动手机应用为例,用户在首次注册该APP账号时,客户端往往会以不甚明晰的方式获取用户关于“自动登录”“获取联系人信息”“获取手机短信信息”“允许访问地理位置”等权限,但结合这些APP的实际用途,前述很多权限的开启实则并无必要。在此情况下,用户或者是因为不了解开启权限可能导致的后果,或者是因为个人信息保护意识较差,甚至还有些是因为“没有发现相关选项处于默认勾选状态”,而主动或被动地出让了个人信息。可见,此时虽然平台对用户个人信息的获取具备形式上的合法性,但其实质却违背了用户的真实意愿。在后续利用中,如果平台应用各种算法工具对相关信息进一步挖掘,则很可能会产生诸如“周围的人”等用户关联推荐、“周边的服务”等消费关联推荐,客观上降低了一些用户参与共享经济的舒适度与安全感。

基于此,建议对平台的算法行为进行严格规范。首先,从用户个人信息的收集入手,明确平台在获取信息时必须以显著的明示方式,将获取信息的种类、信息用途、在未来流转过程中可能接触并利用信息的主体及其具体利用范围,告知用户并获得其同意和授权。其次,在前述信息收集环节或后续的信息应用环节中,以显著的明示方式提供选择范围,即设定不同选项,由用户自主选择是否接受平台的广告推送。在技术允许的情况下,还可以由用户选择接受推送的频率和时间段,从而使算法决策真正发挥技术的正面效用。再次,禁止平台依据用户个人消费习惯,在同等条件下进行差别定价。这是从尊重市场交易规律和经济学理论的角度出发,提出的个人合法权益保障措施。当然,用户在提供信息和交付授权的过程中,基本不会允许平台以其消费习惯记录为依据,确定交易价格,但在现实中确有平台违约或越权操作,因而明确这一禁止性规定具备现实必要性。最后,确立责任追究机制,以列举的方式明确平台违法决策和不当决策的具体表现形式,并对违反相关规定的平台追究民事或行政责任。

(二)不合理爬取个人信息背景下平台的链条式侵权

与前文提及的正当读取用户个人信息不同,不合理爬取信息的行为主要发生在多平台之间,呈现明显的跨域特征。在这种情况下,通常是未占有信息的平台希望获得潜在用户信息,但并没有采用合法方式,未经告知、征得同意和授权等环节,从其他平台的网站后台直接爬取信息。在此过程中,侵权平台主要采用的技术手段是网络爬虫程序,即一种自动获取互联网信息的程序或脚本。客观来说,在大数据时代,除直接通过用户采集之外,另一大数据来源就是使用网络爬虫采集公开信息。常见的爬虫手段包括构造合理的HTTP请求头、设置Cookie算法、使用代理等。作为一项互联网技术,爬虫行为本身并不违法,很多信息类网站的基础技术甚至就是爬虫程序。然而,当技术中立受到商业偏好的影响时,诸如"同业爬虫"等非正当行为则对存储在云空间中的各类数据形成安全性冲击。实践中,爬虫行为正当性的判定,要在企业竞争保护和数据权利保护的双重思想指导下展开,从而全面实现数据关联利益。

基于商业目的,爬虫技术的应用不仅局限于获取已公开的数据,在更大程度上是为了得到对方未开放的内部数据或后台数据。在数字经济中,则表现为爬取企业运营所依赖的基础信息。例如,金融爬虫重点获取用户的真实姓名、消费金额记录、信用借贷记录等既关涉个人隐私,又属于商业秘密的信息内容,这与搜索引擎爬取网站界面数据的行为完全不同,其负面性根源于信息来源渠道的不合法或不正当。

此外,《网络安全法》第41条中规定:"网络运营者收集、使用个人信息,应当遵循合法、正当、必要的原则,公开收集、使用规则,明示收集、使用信息的目的、方式和范围,并经被收集者同意。"因此,网络爬虫虽然不是直接从用户手中获取数据,但同样应在事前取得授权。当前,共享经济与电子商务协同发展,互联网实时线上数据体量巨大,用户关注的重心往往与购买商品、享受服务以及获取资讯相关,而对平台上的消费者协议内容一带而过,并通过勾选的方式将"同意"与"授权"一次性交付。实践中,有网络运营商采用各种方式扩大用户信息的获取和使用范围,并以 2018 年年初的“支付宝账单事件”最为典型,其在很大程度上侵害了用户个人信息安全。常规互联网平台在获取授权过程中尚如此,遑论爬虫程序获取用户授权的“表述模糊性”与“方式隐蔽性”。例如,在商业竞争中,有经营者希望获得更多同业商家持有的用户信息,则要求自己平台上的用户提供在其他同类平台注册时的用户名和密码,以便获得更好的服务。这种做法虽然得到了用户授权,但大部分授权人并不知道实际获取信息的主体是爬虫程序,被爬数据的实际范围远大于用户知情范围,且数据的最终用途也与获取授权时告知的内容不符,这既侵犯了信息来源主体的知情权,又使其依托信息而产生的其他权利受到了侵害。

三、个人信息公法保护的思路设计

(一)创新信息共识机制及信任机制

依托互联网的新经济的运作核心——平台——实质就是一个中心化的信息处理端。处于客观存在的信息不对称环境中,很多平台在预设算法时考量了除供求关系、边际成本等要素以外的非市场价值决定因素,并将其作为决策时所考量的核心要件,从而作出可能违背市场规律和消费者意愿的决策,使共享经济参与主体承担了不符合价值规律的价格,或使前述主体的隐私遭到泄露,合法权益严重受损。平台的算法不当利用行为,影响了其自身作为中介主体的中立性和客观性,降低了商业活动主体对平台的信任程度,严重时,还可能危及整个共享经济的良性互动氛围。

客观来看,市场中只要存在单一中心,就有发生共识弱化和信任危机的可能。因此,以去中心化为导向,建立新的信息共识机制和信任机制,就是当前平台算法规制的总体指导精神。区块链通过技术层面的设计,使价值交互过程中人与人的信任转换为人与技术的信任,并基于特定环节的程序自动化执行，使这种首尾相连的模式实现高运行效率和低商业成本。[①] 当然，去中心化也存在需要特别注意的问题，就是当市场没有权威中心代理之后，其内部流通信息的可信度与准确性如何保障？也正是因为前述目标和问题的共同存在，使得以大规模协作和多信任主体为特征的区块链技术，成为决策算法规制的最佳选择。

（二）循序渐进规制算法，创设决策新模型

回到信息不对称环境中，用区块链共识模型来规制平台的后台算法，可以应对差别决策带来的负面效应，这是将技术治理与法律治理相结合的最佳路径。在此过程中，除了协调两种治理模式间的关系外，还要处理可能凸显的公私法规范适用问题，是典型的综合治理行为，具体路径分两步展开。

1. 在保留现有中心的基础上，规范决策算法编程行为，弱化平台中介性质

作为经过长期发展形成并强化的中心地位，互联网平台掌控着社会大众获取信息的关口，因而在共享经济中成为最核心的交易决策者。以区块链共识模型为思路规制前述决策，要立足于双边市场对中心平台的依存现状，将规范算法编程行为作为切入点，有序推进。

第一，运用公法中的强制性方式，明确规定平台在预设算法时的禁止行为，并借助编程技术将法律规则与法律原则代码化，形成平台决策的后台自动限制条件。具体来说，就是列出以下禁止事项，包括但不限于：其一，禁止平台在分配资源、确定价格和推送资讯的过程中考虑市场需求、边际成本等因素之外的内容；其二，禁止平台非法读取并利用用户隐私信息、历史交易记录等。将这些内容通过计算机语言表述，置入平台决策系统，作为前提条件在每次交易初始即开始运行，并持续制约后续交易行为。

第二，遵循私法自治精神，一方面，保留中心平台，尊重其营利属性，并努力使平台成为完全以市场为驱动的自动化决策主体；另一方面，严格监管不正当竞争行为，杜绝商业主体只顾自身经济利益而无视其他主体合法权益，实施

① 参见腾讯区块链（腾讯 TrustSQL）：《腾讯可信区块链方案白皮书 Q&A》，载腾讯云开发者社区 2018 年 3 月 8 日，https://cloud.tencent.com/developer/article/1055436。

有违市场规律和价值规律的商业决策行为。在实际操作中，就是将价值规律作为交易价格的唯一决定因素，摒除广告竞价排名等不正当竞争行为，营造良好的平台运行环境，形成单纯以商品质量、服务水平、消费者个人习惯等为导向的交易自分配模式，而非每笔交易都受到后台人为决策的影响。这样，一方面能够提升用户认可度，另一方面也可以为区块链技术的全面应用奠定社会共识基础。

2. 全面建立“去强中心”交易模型，丰富决策算法规制措施，实现激励相容

实践中对区块链核心特征的认知，多以去中心化为主。在笔者看来，对区块链结构更准确的理解应当是“非单一强中心”，或者“链上的多个弱中心”。这种模式要求规制主体以消减传统中心环节的价值攫取为出发点，通过算法正义实现多主体信息获取能力的平衡，从而保障共享经济的健康运行。这里引入“强中心”与“弱中心”概念，将在以下步骤中具体介绍。

首先，在支付环节实现绝对的去中心化，通过算法保障链内支付安全及用户个人信息安全。当前，各种第三方支付主体的运营模式都是将消费者资金收入之后再转出给商品或服务的提供者，这一中间步骤需要消耗交易自身之外的社会成本与时间成本。虽然双边用户在此类支付中介上的日常流水较为透明，支付平台利用信息不对称作出侵益性决策的可能性较小，但是平台掌握大量用户个人金融信息和信用信息，不可否认地存在不当共享或买卖数据的潜在风险，所以在区块链技术条件下，将支付环节完全去中心化有很大必要。此时，规制主体需要规范链内自动化收支的代码编纂行为，明确收支时间节点、收支有效性等问题的确认标准，保证整个链上的支付安全。

其次，在交易资源的获取环节推行“去强中心”模式，并对此种模式下弱中心的决策算法进行全面规制。以共享经济中的平台为例，强中心与弱中心虽然都是将不同的市场参与主体作为经营资源，在双边市场中进行配置，但因隐含代码的不同导致资源分配的目标、原则和具体方式都存在实质性差别。当前的强中心平台掌握全部的非加密用户信息，并以营利为目的作出各项交易决策，以人为方式对算法进行频繁调整，造成为求经济利益而损害用户合法权益的现象。而弱中心，则是排除人为影响的纯技术平台，是建立在非营利基础

上的资源配置主体。当前,在交易资源获取环节采用“弱中心模式”,一方面符合消费者通过平台查找资源的习惯;另一方面也有利于规制主体进行行业整合与监管。在弱中心模式下,规制主体要规范平台的资源提供行为和交易配对行为,将特定法律规范嵌入算法中,包括但不限于用户个人信息的加密、去不合理竞价行为等,使平台成为以大数据算力和代码化法律为核心的自动化运维主体。

最后,建立并强化参与者共识意识,实现共享经济中的激励相容。在实际运作中,区块链技术对链上所有交易行为均进行持续记录,并将该记录实时分发至每一个客户端,使任意客户端上的用户都可以获取自己及他人的交易记录。当然,他人记录仅表现为一段冗长的乱序字母和数字,需要通过网络公钥与私钥的共同使用方可解密。基于所有参与者都是区块链共享经济中的一环,其个人交易行为、交易安全乃至交易习惯都会对后续链条的内容及走向产生影响,因此,强化参与者共识意识,培养其监督、纠错、报错能力,是最终实现激励相容的关键。①

第三节　基于匿名化算法的算法公平方案探索

我国《个人信息保护法》将匿名化处理后的个人信息排除在适用范围之外,表明立法上认定经过匿名化处理的信息将不能识别到特定自然人。这一规定使信息处理者在特定场景下应用个人信息时,更加关注对匿名化算法的引入。匿名化算法,即通过科技手段隐去线上个人信息的核心字段,以期在保护隐私的基础上实现个人信息的多维价值。然而,以匿名化技术为代表的算法在全面推广的过程中面临如下隐忧:一方面,算法的编制主体和应用主体在算法应用中发现寻租空间,通过人工影响算法的现象开始出现;另一方面,随着机器学习能力提高,“黑箱”之下的算法运算过程变得更加难以解释。在此

① 参见李帅:《共享经济信息不对称环境下的决策算法规制——以区块链共识模型为规制思路》,载《财经法学》2019 年第 2 期。

背景下,“算法公平”和“算法透明”应运而生,并成为域内外实践中具有普遍性的探索尝试。

一、匿名化算法与“算法公平”

在数学和计算科学领域,算法(algorithm)本质上是定义具体计算步骤的序列,[①]多用于数据处理和自动推理中。精确而言,算法是一个表示为有限长度列表的有效方法。由此可知,在平台经济中,决定互联网平台资源配置结果的源代码方程就是算法,它将消费者需求和商家行为数字化,并依托预设指令的运算达到最终输出效果。由于算法生成的结果具有多重价值属性,且与平台经济利益密切相关,因此,单纯依靠平台自治保证算法正义是存在瑕疵的,需要从理论和实践等多维角度予以辅正。

(一)以匿名化为代表的算法及其特征

作为对个人信息脱敏的一种技术措施,匿名化算法具有算法的一般特征,它也是数据处理者履行个人信息保护义务时采取的一种常用手段。实践中,常见的数据匿名化方法包括数据泛化、数据脱敏、数据扰动、数据交换、数据抽样、数据加密、差分隐私等。这些方法通过技术人员编写和操作,以代码形式嵌入各类平台的后台,进而通过运算对平台上数据实现加工处理和分析,最终输出结果。近年来,隐私计算作为一种能够实现“数据可用不可见”的技术,也得到很多商业公司的开发,作为信息匿名化产品进入市场。

随着数字社会的深入发展,各类数据处理者的大量活动都开始依算法方式演进。因而在其他平台经济的应用场景下,算法也几乎无处不在。然而,算法决策的“黑箱”特点,极易导致数据来源者以及用户对算法结果产生质疑,从而引发“算法决策”的合法性危机。

当前,作为行为依据的算法虽与法律具有相似的条件结构,担纲着数据处理行为“形式合法”的渊源,但并不能当然地证成行为的合法性。因为现代行

---

① 参见[美]托马斯·科尔曼等:《算法导论》(原书第3版),殷建平等译,机械工业出版社2013年版,第5页。

政往往依赖政府在不同情境下考虑各种情理、伦理、科学等知识因素,并面向未来的、持续变化的社会状况,而非基于经验规则上的条件和后果。这需要通过良好的“沟通”重构公私主体间的信任,并在算法语境下构建或者变革公私主体及其与自动化决策平台之间的多维信任模式。

(二)算法公平的含义剖析

1. 基于公平理论的概念明晰

“算法公平”包含“算法”和“公平”两层含义,并以“公平”为概念核心。根据《牛津高阶词典》的定义,公平的首要含义是“平等或合理地对待所有人”,侧重于强调某一社会或者某项制度的外部性特征。[①] 通常来讲,社会公平的理论基础一是福利经济学对效率与公平的一般论述,二是罗尔斯在《正义论》中有关机会公平与差异原则的论述。[②] 也就是说,在追求社会发展公平性的过程中,既要尊重效率与公平的辩证统一,[③]又要理性客观地认识形式公平与实质公平之间的差别。

算法公平,是指算法不会根据个体或群体的先天特征或后天特征,对其产生歧视或偏见,[④]从语义角度理解就是追求算法运行效果的公正。结合算法自身机理,则主要讨论以下四个环节中的“公平”问题:算法编制阶段的基础数据收集是否公平、算法训练阶段的学习模型是否公平、算法解释与备案阶段的规则是否公平、算法应用阶段的调试参数是否公平。正如不能在绝对化的语境下理解公平的内涵一样,对于算法公平概念的确定,更需要摆脱概率式、量化式“静态公平”的概念束缚,以社会环境的抽象性与复杂性为前提,更多地关注算法社会化应用中多元利益交织下的相对公平与动态公平。

2. 多元价值属性下的内涵层次

算法作为一种技术,自产生之日起就面临学界有关“技术中立”的“拷

---

① See Oxford Advanced Learner's Dictionary, 2024, https://www. oxfordlearnersdictionaries. com/definition/english/justice?q = justice.

② 参见[美]罗尔斯:《正义论》,何怀宏等译,中国社会科学出版社 1988 年版,第 3 ~7 页。

③ 参见吕文慧:《福利经济学视角下的效率与公平》,载《经济经纬》2007 年第 2 期。

④ 参见范卓娅、孟小峰:《算法公平与公平计算》,载《计算机研究与发展》2023 年第 9 期。

问”。然而,当技术所涉及的连接关系越具有群体性时,技术就越难以保持中立。[①] 因而当前有观点认为,技术处于社会关系之中,牵涉价值判断,技术在法律层面上并不中立;[②]技术是规范秩序的内在物,可辨识的价值内嵌于技术之中,因而技术不是中立的。[③] 在这一判断下讨论算法公平,可以以算法所蕴含的价值为标准,将其中体现的公平划分为三层内涵:群组公平和个体公平、过程公平和结果公平、[④]技术公平和伦理公平。

随着技术的地位从“辅助”逐渐发展成为“主导”,[⑤]算法之于人类社会的影响日益凸显。根据智能算法嵌入人类活动程度的差别,有学者将技术的影响作用总结为支持、取代与重塑三种。[⑥] 本书基于我国的实践发展现状,依据算法在决策中发挥的作用,并按照算法影响程度从强到弱的标准,将其划分为主导性的决策工具、辅助性的决策工具、咨询性的决策工具。那么,当算法作为不同属性决策工具时的公平性倾向,可以如表 2-1 所示。

表 2-1 算法作为不同工具时的“公平”内涵

标准		主导性的决策工具	辅助性的决策工具	咨询性的决策工具
“对象”标准	群组公平	√		√
	个体公平		√	√
“阶段”标准	过程公平		√	√
	结果公平	√		√
“语境”标准	技术公平	√		√
	伦理公平		√	√

首先,算法作为主导性的决策工具,较多适用于互联网经济和自动化行政许可领域,此时的决策行为基本脱离了人为干预,主要以算法的判断为准。这

---

① 参见刘兴华:《数字全球化时代的技术中立:幻象与现实》,载《探索与争鸣》2022 年第 12 期。

② 参见刁佳星:《知识产权领域技术中立论的解构》,载《西安电子科技大学学报(社会科学版)》2017 年第 3 期。

③ See Boaz Miller, Is Technology Value-Neutral?, Science, Technology & Human Values, 46(1)(2021).

④ 参见许可:《算法规制体系的中国建构与理论反思》,载《法律科学(西北政法大学学报)》2022 年第 1 期。

⑤ 参见张凌寒:《智慧司法中技术依赖的隐忧及应对》,载《法制与社会发展》2022 年第 4 期。

⑥ See Tania Sourdin, Judge v. Robot?: Artificial Intelligence and Judicial Decision-making, University of New South Wales Law Journal, 41(4)(2018).

里的基础架构天然具备技术公平的色彩,在价值逻辑上也更侧重于实现群组公平和结果公平。

其次,算法作为辅助性的决策工具,一般适用于需要进行人工个案审查的领域,例如,大数据风控中的人为干预,以及基于电子抓拍证据作出行政处罚等。[①] 由于人为因素的加入和影响,这种模式下的算法公平更多关注的是个体公平和过程公平,是对完全自动化可能造成的不公平的一种匡正。

最后,算法作为咨询性的决策工具,指的是算法对于最终决策内容不产生直接影响,仅具有咨询意义,这种情形主要存在于预测模型的适用中。例如,参考经济发展预测模型、制定经济发展规划等。这种算法更加兼顾不同层次、不同对象的公平,是在理论模型层面对现实需求的一种回应。由于此种模型在一定程度上具有理想化特征,落实到实践应用的程度不及前两者,仅具有咨询和建议的功能。

二、算法公平的认知误区

(一)单一维度、绝对化地看待算法公平

如果说上文中的群组公平和个体公平的分类标准是算法的作用对象,那么在现实中讨论算法公平时,还应当将算法的编制者与应用者纳入公平考量的范畴。

例如,在2016年美国威斯康星州诉卢米斯案(State v. Loomis)中,威斯康星州法院依托“用于替代制裁的惩教罪犯管理分析系统”(Correctional Offender Management Profiling for Alternative Sanctions,以下简称COMPAS算法)对被告卢米斯计算出的风险得分,对其判处6年监禁。[②] 卢米斯认为,州法院使用COMPAS算法模型量刑违反了正当程序原则,侵犯了他根据准确信息被判刑的权利。又由于COMPAS算法依赖于更大群体特征的信息来推断他个人未来犯罪的可能性,所以侵犯了他获得个性化判决的权利。[③] 2017年6

① 参见马颜昕:《自动化行政的分级与法律控制变革》,载《行政法学研究》2019年第1期。

② 参见郭春镇、黄思晗:《刑事司法人工智能信任及其构建》,载《吉林大学社会科学学报》2023年第2期。

③ State v. Loomis,881 N. W. 2d 749 (Wis. 2016).

月,美国联邦最高法院拒绝受理卢米斯的申诉要求,亦即维持了威斯康星州法院支持原判决有效的裁决,默认了 COMPAS 算法的鉴定结果。然而作为导火索,本案引发了法律理论界对于智能算法会否导致不公平现象的讨论。① 其中,较有代表性的一个观点认为,无论技术人员如何调整机器学习的策略和算法,人种和肤色都是无法抹去的高优先识别变量,导致有色人种的犯罪倾向远远高于非有色人种。② 据学者分析,美国司法领域广泛使用的犯罪评估软件 COMPAS 算法对黑人评估的累犯分数高于处于同样情境下的白人。③ 可见,受到适用 COMPAS 算法案件的影响,最初学界较为关注的是算法决策可否在用户之间实现公平。

但是,随后的研究提供了两个新的认知维度,构成对先前观点的批判。

其一,主观评价与客观评价的博弈。一方面,前文所述学界的大讨论,其中观点分歧的原因之一在于公众对 COMPAS 算法所依托技术的不了解,仅仅从自己的学术立场出发去作出评判。道德和法律规范是讨论者首要考虑的问题,其次就是对技术的十全十美的"幻想"。④ 然而从技术自身来看,算法"歧视"与否的根源主要还是训练算法的数据本身是否正确、完整。因此,如果在算法编制时只考虑大多数情况,则很难兼顾少数人群的利益。⑤ 另一方面,人们发现过于追求算法决策的"无偏"可能会导致算法效率降低,不利于算法关系中决策一方的利益实现。也就是说,"公平"一词外延的广泛性,决定了"算法公平"这一命题的周延性。此即在不同语境、不同时间、不同场域,对于不同主体而言,"公平"的内容和具体表现形式都不一样。因此,实践中普遍存在对"公平"覆盖对象的认知片面问题。所以,确定算法公平性所涉及

---

① See Michelle Liu, Supreme Court Refuses to Hear Wisconsin Predictive Crime Assesslent Case, 2017, https://www. jsonline. com/story/news/crime/2017/06/26/supreme-court-refuses-hear-wisconsin-predictive-crime-assessment-case/428240001/.

② 参见李婕:《公共服务领域算法解释权之构建》,载《求是学刊》2021 年第 3 期。

③ See Jeff Larson et al., How We Analyzed the COMPAS Recidivism Algorithm, 2016, https://www. propublica. org/article/how-we-analyzed-the-compas-recidivism-algorithm.

④ 参见张振声:《犯罪人风险行为评估技术新进展——COMPAS 系统评介》,载《辽宁公安司法管理干部学院学报》2022 年第 3 期。

⑤ 参见刘东亮:《技术性正当程序:人工智能时代程序法和算法的双重变奏》,载《比较法研究》2020 年第 5 期。

的主体,合理地处理用户与平台之间的关系,应当成为目前研究中纠偏的关键。

其二,算法的核心特征与技术本质。一方面,正如上文所言,人工智能算法基于训练样本依赖而可能产生某种先天歧视,[①]最终可能使算法背离法律上的“公平”。然而,其反映的实质问题应当是被吸纳的数据在群体代表性上有所偏差,该问题可通过充实原始数据的方式缓解。另一方面,算法的优势在于运算而非情感价值判断,故而还无法对法律案件作出准确裁判,甚至在某些情况下“要么彻底抽空价值判断,要么以事实判断替代价值判断”。[②] 因此,这里就进一步衍生出下一个普遍存在的认知误区——算法公平与算法合理等相关概念的混淆。

（二）混淆算法公平与算法合理的概念

在探讨智能裁判问题的过程中,有学者提出算法的可辩论性理论,认为在算法决策关系中,各方可针对算法的各个维度展开辩论:第一,数学模型的选择是否合理;第二,训练数据的选择以及训练方法是否合理;第三,算法用于解决具体问题的逻辑是否合理;第四,算法存储服务器的公平性。[③] 在这些辩论议题中,“合理”与“公平”作为两个关键词同时出现,引发人们对算法合理与算法公平之间关系的思考。

从差别性角度来看,合理与公平作为价值衡量尺度,本就不是同一语境下的概念。合理更多存在于现实中,是实然状态下对公序良俗的体现、对事物发展规律的遵循;而公平更多存在于理想状态,是应然层面对各种“平等”的追求。相比之下,合理会表现出因时因地而异的特点,而公平则具有普遍意义。

从相关性角度来看,算法合理概念的体系内部同样适用算法公平的类型化思路,可以划分出不同的衡量标准。具体而言,算法选择与程序员选择的合

---

① 参见罗洪洋、李相龙:《智能司法中的伦理问题及其应对》,载《政法论丛》2021 年第 1 期。

② 孙海波:《反思智能化裁判的可能及限度》,载《国家检察官学院学报》2020 年第 5 期。

③ 参见杨延超:《算法裁判的理论建构及路径选择——基于若干人工智能实验的启示》,载《治理研究》2022 年第 4 期。

理性需要根据不同的标准进行评估。虽然要根据“合理程序员”的标准来判断程序员，但也要根据与算法相关的特定领域的合理性标准来判断算法。[①] 例如，为机器人医生或无人驾驶汽车编程的“合理程序员”的标准，与“合理机器人医生”或“合理无人驾驶汽车”的标准是不一致的。[②] 也就是说，程序员遵循“合理编程标准”编写出来的算法，在具体问题领域并不会必然导向合理的结果。以前文提及的医疗领域为例，如果将机器人医生作出的判断（如通过患者眼神推断其所处困境）与人类医生作出的判断相比较，则机器人医生的判断可能会较多地偏离合理性。

（三）小结

由于应然层面和实然层面的算法公平尚存一定差距，社会公众对特定问题的理解也存有误区，因此在面对有关“算法是否公平”的质疑时，有必要探索一种外部的、具备强制性的规制措施，即通过“应为”和“勿为”清单的落实，逐步推进“算法公平”理念的内化。

三、实践中推进算法公平的措施及问题

伴随技术和应用的发展，算法的编制主体和应用主体发现了算法带来的寻租空间，进而通过人工影响算法的现象开始出现。同时，随着机器学习能力提高，“黑箱”之下的运算过程变得更加难以解释。在此背景下，“算法透明”作为保障算法公平的代表性做法应运而生，并成为域内外实践中具有普遍性的探索尝试。

从算法透明的内涵或者核心目标的角度而言，算法透明要实现的目标是在算法服务提供者与被决策者之间建立信任关系，两者之间的信任关系曾因算法等技术的异化而被弱化，甚至因“大数据杀熟”等事件而面临信任丧失的风险，因此，建立或者重构人机之间的信任关系，是实现算法透明所要实现的

---

① See Hubbard F. Patrick, Sophisticated Robots: Balancing Liability, Regulation, and Innovation, Florida Law Review, 66(5)(2014).

② See Chagal-Feferkorn Karni, The Reasonable Algorithm, University of Illinois Journal of Law, Technology & Policy, 1(2018).

价值目标。就具体规制手段而言,算法透明包含告知义务,向主管部门报备参数,向社会公开参数、存档数据和公开源代码等不同实现形式。

通过算法透明保障算法公平,实现该目标所要解决的第一层问题是如何在法律框架内使技术赋能的原理变得“可见”,从而促进“可知”和“可选”。因此,这里的“可见”,不应仅理解为“可视化”或者“可以看见”,而应当是更广泛意义上的可被接触和解读。由此,该语境下所要解决的第二层问题就是如何使“可见”的算法原理被人类理解。具体实现方式包括:通过非专业性的、通俗易懂的语言解释算法原则,回应被决策者有关算法提出的问题等。

(一)“算法透明”的域外实践

围绕如何更好地实现算法透明,域内外长期以来均进行了一定的实践探索。相比之下,域外相关立法起步时间早于中国,相应的立法体系也更为完善。

如表 2-2 所示,欧盟基于《人工智能法案》提出“高风险人工智能系统分类规则”,确立了以事前监管为主的登记备案制,并对需要登记的算法作出了类型化规定。[①] 相比之下,美国则倾向于采用事中和事后相结合的监管方式,将美国联邦贸易委员会(Federal Trade Commission,FTC)确定为算法监管机构,并通过一系列法案规制在线平台的算法问责问题。

表 2-2 欧盟与美国算法透明度相关法律规范梳理

主体	规范名称	颁布时间	相关内容
欧盟	《通用数据保护条例》(GDPR)	2018 年	数据控制者在获取个人数据时,对数据主体负有算法透明的义务,包括提供确保算法合理与透明处理所必要的信息的义务。如向用户披露算法自动化决策的存在,包括用户画像、在此类情形下的算法逻辑,以及算法处理对于数据主体的预期后果等有效信息

① See Article 6 “Classification rules for high-risk AI systems” of Artificial Intelligence Act of European Union.

续表

主体	规范名称	颁布时间	相关内容
欧盟	《关于提高在线平台服务的公平性和透明度规则》(Promoting Fairness and Transparency for Business Users of Online Intermediation Services)	2019年	平台应当以简单易懂的语言告知用户其自动化决策的存在、进行自动化决策需要的信息,以及第三方平台向该网络平台付费而影响自动化决策的程度等,并在其改变排名顺序或影响因素时,及时通知用户,再次就算法予以解释说明
	《人工智能法案》(Artificial Intelligence Act)	2024年	对高风险AI强制性评估+非高风险AI的自愿行为准测
美国	《算法问责法案》(Algorithmic Accountability Act)	2022年	算法自动化决策透明化的程度应结合算法的具体运用场景、处理个人信息的内容等进行相应的风险评级,并根据风险等级来考虑透明度的具体形式
	《过滤气泡透明度法案》(Filter Bubble Transparency Act)	2021年	平台必须披露算法的存在,并给用户提供关闭个性化算法推荐的选项

资料来源:靳雨露:《算法披露的域外经验与启示》,载《情报杂志》2022年第7期。

我国实践也采纳了类似的规制方式,即同时适用说明、告知、解释、备案等制度,按照不同措施应用主体的差异,可以分为监管侧的算法备案和算法影响评估、用户侧的知情同意,以及针对两种主体所通用的算法解释。以上针对算法透明进行的制度设计,均以区分场景为基本思路,对不同影响程度的算法适用不同的透明度标准。

(二)"算法透明"的中国方案

在推进算法透明的过程中,算法解释和算法备案是目前我国实践主要采用的两种做法。

第一,对于算法解释,当前普遍将算法解释权视为被决策者的一种权利。我国《个人信息保护法》第24条从提出拒绝自动化决策的权利以及要求解释说明的权利入手,保障了自然人的算法解释权。对于解释的具体方式,学者按照不同标准将其分为系统解释与个案解释、人工解释与机器解释、事前解释与事后解释等。[①] 这里分类中的事前解释与事后解释,主要是以算法发挥决策作

① 参见丁晓东:《基于信任的自动化决策:算法解释权的原理反思与制度重构》,载《中国法学》2022年第1期。

用为时间节点,即在算法正式生效之前的解释为事前解释,生效之后或者产生实际影响后的解释为事后解释。但是,如果以算法的生成为节点,则无论哪种解释所处的阶段都位于算法生成之后。

第二,对于算法备案,其主要思路来源于行政管理领域的备案审查制。2022 年 8 月,国家互联网信息办公室发布《境内互联网信息服务算法备案清单》(以下简称《备案清单》),要求相关企业提供算法名称、算法类别、应用产品、主要用途等信息,通过此种方式实现算法解释内容的可查可知。至于备案制度的核心要求,应当是由算法提供者或实际使用者在算法编制完成、正式投入使用之前向主管部门履行备案义务。但由于前述《备案清单》是我国算法备案制度化的首次尝试,因此,目前已完成的备案算法基本都是已经落地的,甚至实施已久的算法。伴随算法备案的发展和完善,未来将会以新算法的登记备案为主。

(三)现行规制方案的"程序性"特征分析

结合上文所述,若将规制措施视为变量,将算法公平的实现效果视为函数,则根据变量对函数的影响作用,可以将规制措施分为内生性措施与外生性措施两类。[①] 由于算法透明通常被理解为辅助算法问责与改进算法设计的工具,因此具备外生性的显著特点。具体来说,一方面,在反歧视与反垄断案件中,算法透明有助于识别算法歧视与算法共谋,为执法机关的处罚提供证据;[②] 在算法侵权案件中,算法透明有助于查明损害后果与算法决策之间的因果关系,为责任分配寻找依据。另一方面,算法透明还有助于洞悉算法系统的运作机理,提升算法模型的泛化能力与运算效率,进而优化算法系统的预测精度。[③]

参照内生变量和外生变量在经济模型中的作用,可以将在算法机理变革中产生影响的规制措施分为实体性和程序性两类。其中,实体性措施指的是

---

① 该分类的理论基础是经济学上的理论模型,其中,内部的变量就是内生变量,内生变量之间往往相互影响,即体现互为变量与函数的关系;而外生变量来自模型之外,往往表现为参数系数,不会从模型内部得到。在该理论模型中,对经济产生决定性影响的、主要的经济变量就是内生变量,如需求理论中的价格因素;而对经济起次要作用的变量是外生变量,如需求理论中的偏好、预期等。

② 参见李成:《人工智能歧视的法律治理》,载《中国法学》2021 年第 2 期。

③ 参见安晋城:《算法透明层次论》,载《法学研究》2023 年第 2 期。

直接作用于算法编制、为代码编写提出明确要求的监管措施;相比之下,程序性措施则更类似于一种间接规制,通过对已经形成,甚至已经投入使用的代码课以备案、解释等义务,间接地促使算法主体调整或者修改算法内容。

从当前实践来看,算法解释和算法备案是落实算法透明的两项主要制度。其出发点都是保障被决策者的知情权,或者在一定程度上保障被决策者面对算法适用时的选择权。相对于不解释和不备案,这种尝试在实现透明度上有很大进步。但不可否认,透明度的实现只是一种途径或者是一个阶段性目标,其最终目的在于促使算法提供者改变或调整算法内容,使之符合社会需求,接近实体正义。从这一维度来看,无论解释还是备案,其直接效果均不能作用于处于初次编写过程中的算法。或者说,待实践中的算法解释与算法备案真正反作用于算法实质内容的修改时,至少也需要等到"算法影响评估"的环节后。甚至在很多情况下,唯有待纠纷确实发生,启动算法备案查询或者算法事后解释程序之后,才能真正发挥以上制度设计的作用。因而从实现透明度的最终目标,以及手段与目标之间的关系角度来看,在当前实践中推行的算法解释和备案,都属于一种外部的、程序性的控制措施,而非真正意义上的内部的、能够产生直接且实质性影响的控制方案。

当下,算法即便能够为我们指引方向甚至决定诸多事项,但算法社会只是人的智性单向度发展的最新成果。[①] 因此,在充分利用算法、防止算法异化的同时,其实应当更多地回归对人主观能动性的关注。也就是说,当我们讨论算法透明的时候,重要的不是探讨算法和"黑箱"做了什么,而是算法背后的人类做了什么,人类的行为才是监管开始的地方。

(四)程序性规制方案的潜在问题

通过程序性措施规制算法透明度问题,在提升被监管企业算法责任感的同时,仍然存在较为突出的制度隐忧,这种隐忧集中体现在社会效果、经济收益以及治理难度等层面,导致难以达到良好成本—收益比。

---

① 参见於兴中:《算法社会与人的秉性》,载《中国法律评论》2018 年第 2 期。

1. 实际收益与方案预期尚存差距

在我国，算法解释和算法备案在实践中均已落实。2021 年的《互联网信息服务算法推荐管理规定》《关于加强互联网信息服务算法综合治理的指导意见》等规范性文件是推进算法透明的重要依据，2022 年 8 月版《备案清单》进一步明确了企业算法备案的标准和形式。两种程序性控制措施对于明确企业技术标准、督促其履行算法披露义务具有重要意义，但一项方案的设置，其目的绝不仅仅局限于形式上满足多少项规定，而是在于该方案的落实能够带来多少实质性效果。

具体到实现算法透明的两项现行方案中，其一，公众关注程度较低。当前公众对于算法解释和算法备案的了解尚不深入，多数用户甚至不知道自己有权拒绝算法的决策，更不明悉如何要求算法提供者对算法进行解释。这距离达到程序性措施的方案预期，还有较大的空间。其二，实际规制效果有待考量。例如，在实践中，监管部门要求算法服务提供者设置“个性化广告”开关，在对相关算法进行基本解释的基础上，为用户规避算法在地域上的操控提供可能。但实际情况是，在现实中仍有大量用户在关闭相关服务后，依然持续收到针对其个体的精准广告推送，这不免使人对前述“解释”和“选择”的有效性产生质疑。

2. 企业面临额外的程序负担

面对当前不断完善、持续更新的算法透明程序规则，企业作为算法的提供者或者使用者，需要依规则制定、调整算法解释或算法备案方案，形成长效机制。这对企业满足监管合规要求，以及促进整个社会的算法透明度建设都具有积极作用，因而付出一定的成本建立相关机制具有必要性。这里提到的企业成本应当是可预期的，且在合理范围内应当是可控的。

然而实践中，一方面，当企业面对政府、公民等不同对象进行算法解释时，由于对象身份和职能上的差异，客观上要求企业披露算法的方式和程度均有不同，因而在很多情况下企业必须制定两套甚至更多的解释方案，加重了企业经营以外的负担；另一方面，对于涉及企业知识产权、商业秘密的算法，需要进行特殊处理之后方可“透明化”，这又需要企业付出额外的成本研究“匿名化”

方案，成为企业落实算法透明程序化要求又一重负担。

3."反治理风险"的产生

无论是初期探索时提出的算法披露、告知用户，还是目前已经落地的算法解释、算法备案、算法影响评估，其作为监管算法行为、防范技术异化的手段，都在社会治理中发挥了正向的积极作用，具体包括：避免被决策者因不知情而遭受算法不公正对待，缓和用户与算法服务提供者或者算法最终使用者之间的紧张关系，减少"反算法"现象的发生以充分发挥技术治理的高效性优势。

但是，人类行为普遍具有双向性。因此，治理行为不仅会产生治理者对治理对象的正向作用，同时也会引发治理对象对治理者的反向作用。以上程序性控制手段，就存在诱发反治理风险的可能。具体而言，首先，提供算法服务的企业为了满足监管部门的要求，需要形成算法透明的内部机制体系，但难以避免有些企业在实施监管合规的过程中落入片面追求程序合法、忽视实体正义的窠臼。例如，仅关注是否按照最低标准对算法进行了备案，是否按照最低要求对算法原理进行了相关解释，即仅以不违反现行规定为目标，而不问能否真正解决用户或者社会公众基于算法产生的疑问。其次，对技术的监管容易诱使技术攻击者研发并使用新的应对技术，从而在形式上规避法律责任。例如，在个人信息保护场域，为了应对监管侧匿名化的要求，供给侧提出隐私计算的概念以及多项具体操作方案。但实践证明，当前的隐私计算的结果并不具备绝对的不可逆性，非授权主体依然可以通过"多次尝试输入数据生成特定关系的结果"倒推原始数据，①这就形成了治理对象给治理者带来的风险。最后，在法律规范具有一定滞后性，且法律仅规定最低行为标准的大前提下，上述反治理风险在当前，甚至在未来一段时期内可能难以得到直接规制，需要法律和技术的进一步协作，因此，其极有可能成为未来社会发展中的一种主要风险。

---

① 参见赵精武：《破除隐私计算的迷思：治理科技的安全风险与规制逻辑》，载《华东政法大学学报》2022 年第 3 期。

四、基于程序性规制的监管路径探索

(一)明确算法公平的基本思路

实现算法公平的关键在于建立或重构社会信任,因而不论通过何种方式追求算法的透明,都应当围绕信任感的强化、信任机制的创设展开。进入科技时代后,社会信任模式在更多场景下已经由人与人之间的信任,转变成人与机器之间的信任,这种信任虽然是双向互动的,但仍然以人对机器的信任为主。

由于信任感具备较强的主观性,不同主体产生信任的标准存在差异,因此,在建立或重构社会信任的过程中,需要制度设计者考虑更多、更为个性化的问题,具体到实现步骤,包括以下两点。

第一,明确构筑信任感的最低标准,以原则性规定的形式加以明确。例如,规定算法透明方案的直接目标是提升社会信任度;衡量该信任是否达成的标准,是公众普遍认知之下的信赖,或者是即将产生信赖的意愿表达。

第二,探索信任机制的内涵,促进信任培育工作的落实。首先,明确信任关系中的主体,厘清其内部互动关系;其次,罗列可能影响前述主体之间信任关系的行为,并进行分类;最后,摘出对信任感产生负面影响的行为,将其规定为算法服务提供者/被决策者的禁止性行为。

(二)改良程序性规制的方式

在探索算法原理"可见"的过程中,程序性控制固然是一种可操作性较强的方案,但鉴于存在上述不足,对程序性控制的具体操作方式进行变革,就成为完善算法透明的重要举措。基于算法备案和算法解释这两项现行措施,变革方式应围绕如何更加清晰地落实相关程序性要求展开。

首先,在算法生成并正式投入使用后设定告知环节,以明示且容易被人关注的方式,运用通俗易懂的语言告知用户其正在或将要被算法所影响,并在合理范围内赋予用户拒绝受算法决策的权利,如关闭推送按钮等。

其次,对于算法备案,建议监管部门在发布备案通知时附上更为详细的备案内容说明。关于备案表,可以以清单方式列明表格每一部分需要填写的内容,以及填写的详细程度,必要时可以建议备案企业以表格或流程图的形式进行备案，方便用户端的查阅与理解。

最后，对于算法解释，同样建议以清单形式列出需要算法服务提供者加以解释的具体内容，规定最低解释标准，并在现有解释方案的基础上探索效果更好的解释措施。结合目前的技术发展水平，可以尝试推行的解释方式包括：将事前主动的系统解释与事后相对被动的个案解释相结合，坚持以人工解释为主、机器解释为辅的解释方式，在程序上充分保障被决策者的知情权。此外，完善以概念激活向量测试技术（Testing with Concept Activation Vectors，以下简称 TCAV 技术）为支持的算法解释模型，即通过概念激活向量测试的方法，将支撑模型的变量以人类能够理解的高级概念表现出来，取代现行解释中简单以二进制数字或源代码进行公开的方式，充分发挥其作为“人类的翻译”的作用。具体而言，采用 TCAV 技术进行解释的算法，将以描述特征、数量、颜色等内容的关键词或者关键句对被决策者作出说明，使之更加容易理解。

（三）构建基于博弈论的监管互动模式

学者朔尔茨（Scholz）在一个传统的博弈理论框架中引入了监管互动的概念。如表 2－3 所示，在典型的监管者—被监管者体制中，被监管者往往在两种策略中作出选择：遵从或者规避。

表 2－3 监管互动的博弈理论框架

被监管者（企业）的反应	监管者的反应	
	协作性监管	强制性监管
遵从	自愿遵守；监管性自由裁量；原则性结果	调查和强制执行成本；规则性结果
规避	监管目标落空	高代价的调查和法律行动；附加性合规责任和处罚

具体到算法应用和监管规制的场景中，被监管者的规避行为可能包含遵守法律的字面含义却违背法律的精神，或者完全不遵从具体要求。企业希望规避合规成本并免遭监管处罚，而行政主体想要在实现执法成本最小化的同时让监管决定得到遵从。相应地，监管者可以在“协作性监管”和“强制性监

管"之间作出选择。采取协作性监管意味着监管者在符合监管精神的基础上采取一种灵活的、协作的手段，包括就行动和时间进行协商。这种方式赋予了更多的监管裁量权，并且假设企业有激励进行合规经营——出于内在化的激励而非外部的强制性要求时，合规最有效。在此时，更需要防范的是监管俘获的发生。①

可见，在实现算法透明、保障算法公平的监管中，作为监管者的行政机关及其他组织应当致力于构建监管互动关系，具体步骤包括：首先，明确算法监管所要实现的目标；其次，以监管目标为导向，确定协作性监管中的利益协调范围；最后，选择适当的监管工具，依托科技监管与法律监管的协同，逐步推进算法公平的实现。

---

① 参见［荷］乔安妮·凯勒曼等编著：《21 世纪金融监管》，张晓朴译，中信出版集团股份有限公司 2016 年版，第 66～67 页。

第三章　人身价值与财产价值的协同：基于个人金融信息的研究

新经济时代,个人信息蕴含着多维价值。利益复合型个人信息已成为当前社会的重要信息种类。对此种信息的保护,既体现了公私法调控目标之间的协调,又有利于处理好共享经济中多重主体的诉求,具有重要的社会经济意义。探索此类信息的公法保护路径,有效方法就是选择利益复合型信息集中存在的场域进行专项研究。当然,新经济时代多维利益的交织现象并非少见,但互联网金融行业不仅具备参与主体的身份多元化和蕴含利益的种类复杂性,还体现着利益诉求的迫切性,因而可以作为研究复合型个人信息公法保护较为合适的切入点。

第一节　互联网金融与个人金融信息

金融活动涉及参与人的经济利益和国家的经济安全,且不同参与人的利益又不尽相同,所以具备明显的利益交织色彩。在科技进步、平台能力拓展的背景下,互联网金融产业扩大了参与者主体范围,使相关活动影响的权益边界更加宽泛。作为金融活动参与者的公民个人,只有在提交身份信息并创建金融账户之后方可实施相关行为,因而既“主动”又“被动”地成为此类金融信息的产生源头,具备信息主体地位。基于生成领域、所涉内容以及承载价值均体现明显的金融活动色彩,可以将前述信息称为个人金融信息。如今,互联网金融活动普遍展开,个人投资主体对外提交的金融信息数量直线上升,虽然享有信息权利主体的身份,但因不具备机构投资者的较强专业性和抗风险能力,在整个链条中仍然处于相对弱势地位。当前,行政主体不断加强对金融机构开展投融资行为的监督管理,提升对个人信息的保障力度,在维护市场秩序的同时进一步丰富了个人金融信息所关涉的利益主体,使个人金融信息呈现更为明显的利益复合特征。

一、系统性金融风险对信息保护的影响

(一)传统金融业经营模式

金融活动范畴宽泛、内容丰富,包括但不限于金融机构参与者、个人参与者等多重主体从事的买卖、经纪、顾问等具体行为。从金融机构的经营范围角度,可以将金融业务划分为存款贷款、有价证券、信托、保险、金融衍生品等。从经营所依托的渠道和借助的具体形式来看,传统金融多采用柜台交易,是一种面对面式的买卖或委托行为,受交易场所的限制较大。

在行业特征上,基于国家政策变化、市场周期波动、利率及汇率风险的影响,前述金融行为在发生单一性变动的同时也呈现较强的传导性,即一方面,金融行为能否实施、实施的盈利情况以及法律合规状况等,在很大程度上可能受到其他先前行为或相关行为的影响;另一方面,不同行为所面临的风险也会依次传递,从而在较大范围内诱发负面效应。基于金融活动的这些特征,行政主体在实施监管行为时通常以防范系统性金融风险为重要目标。

(二)互联网金融及其系统性风险

1. 互联网金融的兴起与业务范围

金融的核心是跨时间、跨空间的价值交换,然而在现实中客观存在的信息不对称、市场化条件限制以及顺周期等特点,致使传统金融供需资源易出现结构性失衡、金融资源不匹配的现象,这容易造成金融资源配置效率较低的弊端。此外,区域之间由于要素禀赋的差异也导致金融资源流向存在不均衡性,传统金融的经营模式不能满足金融跨域作业的内在精神要求,所以一种更有益于资源交换与优化配置的经济模式——互联网金融——逐渐兴起。由于共

享金融模式的构建与发展离不开互联网技术的辅助,所以这种金融新业态的出现也是科技进步带给金融产业的直接影响之一。

随着资源共享理念的不断深入和共享经济模式的日臻成熟,互联网金融成为未来金融业的发展趋势。这种金融模式强调了金融资源的互补与整合,从而有利于推进各类金融资产的交易,并提升相应的交易效率,最终达到共享式发展。进一步从理论角度认知,共享金融的基本运作原理就是借助互联网、云计算等工具搭建金融资源互易平台,从而实现金融存贷款、财富管理、保险业务等传统金融活动的便捷化与高效性,并促进诸如网络贷款、众筹等新兴金融模式的发展。因此,共享金融不是仅局限于互联网金融,而是囊括了众多以资源交互为内涵的金融模式。

立足于互联网金融中的用户个人信息问题,可知共享金融依托互联网技术、大数据风控、智能应用等技术对传统金融资源进行配置,其中就包括对于信息流的整合与处理,以提升金融信息的规范化与体系化,从而实现后续的应用与保障。由此可见,金融信息与金融数据的共享应当被视为共享金融的题中之义,而且在很多情况下,亦是互联网金融业务领域内的核心部分之一。但需要注意的是,共享金融在变革传统金融活动模式、提升资金融通效率的同时,也不可避免地蕴含着风险性因素。

2. 互联网金融系统性风险的负面影响

按照风险能否被分散这一标准,可以将金融领域的潜在风险分为非系统性风险和系统性风险两类。从风险的表现形式来看,非系统性金融风险以信用危机、竞争异化、资本的非正常损耗为主要外化形态,其产生原因与市场信用环境和金融活动效率密切相关,所以具备信用和效率优势的共享金融模式有助于缓和非系统性风险。那么相比之下,系统性风险将可能给整个共享金融产业带来较大冲击。系统性风险的发生背景,主要是国家政策、利率发生变化,或整体的经济形势发生周期性波动,这类风险并不能通过分散投资进行避免,具有不可分散性。即使共享金融可以借助大数据技术预测风险,但仍然无法完全避免此类风险,特别是在金融危机发生的背景下,共享金融作为金融产业的构成部分,同样无法幸免。而且,互联网潜藏着系统漏洞、黑客攻击等风险,这些都会给共享金融及其系统内的信息数据带来巨大的负面效应。

具体到金融行为中的信息数据层面,这种系统性和关联性风险产生并外化的原因主要在于以下几点。首先,共享金融产业链条内存储着海量的信息数据,这些数据伴随金融行为的开展而不断实现利用与再利用。因不同金融行为对同一信息均有使用需求,所以信息数据的存储范围和知悉主体范围都在不断扩大,这就导致信息的“跨域记录”与“多域存储”现象。其次,在嵌套式金融行为开展过程中,信息数据被打包流转或重复利用,由于这种嵌套行为的不透明性,导致信息最终流向和用途不甚明晰,影响监管主体的跟踪、监督及追责。最后,一旦发生系统性金融风险,包括用户个人信息在内的各类信息数据将随之泄露,或者遭到不当利用。伴随共享金融产品涉众范围广、风险传播速度快、传染性强等特征,信息主体的权益将面临难以估量的损毁。

(三)互联网金融中信息保护的现实困境

在全面应用互联网技术的背景下,互联网金融拓宽了金融活动的开展范围。与此同时,也丰富了金融活动参与主体,使企业投融资渠道更加多元、中介机构的居间经纪业务更加便捷,也打破了个人参与金融活动的场所限制,大大提升了各类金融交易的效率。但不可否认,在当前发展阶段,共享金融仍然面临诸多困境。除了客观存在的市场风险和盈亏风险外,与个人投资者联系最密切的就是用户个人信息的安全性问题。

结合金融机构当前的硬件建设状况和主观心理因素,可将其面临的信息保护困境总结为以下几个方面。第一,金融服务平台之间的配合性较弱,尚未实现金融信息的有效共享。当前,中央和地方行政机关正在致力于创建综合性的信用信息共享平台,并从设立区域级平台入手,努力将金融信息的共享提升到较高水平。但在实践中,不同金融服务平台之间往往因利益的不一致而对信息的共享不予配合,导致金融机构占有的信息在很大程度上具有封闭性,实际上阻碍了互联网金融的全面发展。第二,互联网金融模式下的信息保护规范不全面,配套机制及其相应的措施体系有待完善。特别是在互联网金融领域,金融企业往往更多关注的是技术开发,而在一定程度上忽视了内部的制度建设与外部的合规发展,不仅容易造成金融系统中的信息安全漏洞,还不利于互联网金融在法律框架下的长效发展。第三,对用户信息的保障力度不足。这一风险实则是从前两项风险中引申而来。可以说,用户金融活动信息的共享与保护在理论上本就存在一定的矛盾,所以在关注信息共享的过程中如果把握不好限度,很可能会因不当共享而造成信息泄露。另外,共享金融中信息保护配套规范的欠缺,会造成包括个人信息在内所有金融活动体系内信息的安全风险,因而可能给用户信息带来负面效应。

二、个人金融信息

(一)个人金融信息的内涵与外延

根据中国人民银行《关于发布金融行业标准做好个人金融信息保护技术管理工作的通知》(银发〔2020〕45 号),个人金融信息是金融业机构通过提供金融产品和服务或者其他渠道获取、加工和保存的个人信息,具体包括账户信息、鉴别信息、金融交易信息、个人身份信息、财产信息、借贷信息及其他反映特定个人某些情况的信息。可见,个人金融信息是个人信息在前述领域内的扩展与细化,是金融业机构在提供金融产品和服务的过程中积累的重要基础数据。[①] 因此,互联网金融中的用户个人信息,构成了个人金融信息的重要组成部分。该通知还采用列举的方式,进一步明确了个人金融信息的具体内涵,主要可以划分为如下七类。

1. 账户信息:账户及账户相关信息,包括但不限于支付账号、银行卡磁道数据(或芯片等效信息)、银行卡有效期、证券账户、保险账户、账户开立时间、开户机构、账户余额以及基于上述信息产生的支付标记信息等。

2. 鉴别信息:用于验证主体是否具有访问或使用权限的信息,包括但不限于银行卡密码、预付卡支付密码;个人金融信息主体登录密码、账户查询密码、交易密码;卡片验证码(CVN 和 CVN2)、动态口令、短信验证码、密码提示问题答案等。

---

① 参见中国人民银行《关于发布金融行业标准做好个人金融信息保护技术管理工作的通知》"引言"第 3.2 条。

3. 金融交易信息：个人金融信息主体在交易过程中产生的各类信息，包括但不限于交易金额、支付记录、透支记录、交易日志、交易凭证；证券委托、成交、持仓信息；保单信息、理赔信息等。

4. 个人身份信息：个人基本信息、个人生物识别信息等。个人基本信息包括但不限于客户法定名称、性别、国籍、民族、职业、婚姻状况、家庭状况、收入情况、身份证和护照等证件类信息、手机号码、固定电话号码、电子邮箱、工作及家庭地址，以及在提供产品和服务过程中收集的照片、音视频等信息；个人生物识别信息包括但不限于指纹、人脸、虹膜、耳纹、掌纹、静脉、声纹、眼纹、步态、笔迹等生物特征样本数据、特征值与模板。

5. 财产信息：金融业机构在提供金融产品和服务过程中，收集或生成的个人金融信息主体财产信息，包括但不限于个人收入状况、拥有的不动产状况、拥有的车辆状况、纳税额、公积金存缴金额等。

6. 借贷信息：个人金融信息主体在金融业机构发生借贷业务产生的信息，包括但不限于授信、信用卡和贷款的发放及还款、担保情况等。

7. 其他信息：对原始数据进行处理、分析形成的，能够反映特定个人某些情况的信息，包括但不限于特定个人金融信息主体的消费意愿、支付习惯和其他衍生信息；在提供金融产品与服务过程中获取、保存的其他个人信息。[①]

在此基础上，根据信息遭到未经授权的查看或未经授权的变更后所产生的影响和危害，该通知又进一步将个人金融信息按敏感程度从高到低分为C3、C2、C1 三个类别，从而规定了对应不同类别信息的收集、传输、存储和使用规则。[②]

综上所述，个人金融信息具有种类丰富、与用户个人联系紧密、私密性较强、经手主体较多等特征。这些特征体现了个人金融信息承载的复合性利益，以及利益主体的多元化，还间接表明在个人金融信息的利用与保护过程中可能存在复杂的利益冲突。所以，不仅是用户或消费者个体会关注其自身信息

---

① 参见中国人民银行《关于发布金融行业标准做好个人金融信息保护技术管理工作的通知》第 4.1 条。

② 参见中国人民银行《关于发布金融行业标准做好个人金融信息保护技术管理工作的通知》第 4.2 条、第 6 条。

的利用情况,包括金融机构、监管机构等在内的多种主体都会参与到个人金融信息的配置过程中。

(二)互联网金融中个人金融信息的动态变化

资金与资产的流转是共享金融实现资源配置的重要方式,也是互联网金融创造经济价值的主要手段。作为金融资源流转过程中的产物,个人金融信息也随着财物的转移而不断发生变化,这种变化主要包括内容的调整和所处环节的位移。

第一,附着在金融交易过程中的用户个人信息,因用户本人、金融机构及监管机构的外部行为而持续变化,其内容可能发生增减或调整。在用户层面,其针对金融账户的开立、销毁或修改行为,针对自身所持金融产品的买卖、委托交易行为等,都会引起个人金融信息的改变。如果说前一种层面下个人金融信息的变化多具备主观特征,那么后两者则多带有被动色彩。例如,在金融机构层面,其产品收益率变化导致用户数量增减,从而引起个人投资行为信息的变化,就属于外力作用下个人金融信息的动态变迁。在监管机构层面,诸如政策调整导致监管力度变化,进而引起用户进入或退出相关金融市场,这种个人金融信息的变化同样属于具有被动色彩的改变。在这种情况下,不论是何种原因引起的个人金融信息内容变动,相应金融机构和有权监管部门都应当及时调整其系统中的信息备份,除了对变动的内容进行及时更改外,有条件时还应当记录信息变动的原因,确保个人金融信息动态变化路径的可追溯性。

第二,个人金融信息发挥作用的时空范围是受到限制的。换言之,个人金融信息自生成之后并非永久有效,也不是在所有场域、所有金融交易环节中都存在价值。所以,根据金融活动中个人信息收集的必要性原则,应当对那些永久失效的或不继续在本环节发生效用的个人金融信息进行转移、删除或者更为彻底的数据清洗。例如,用户通过证券公司的网络平台购买股票,其按网站要求提交的个人信息及后续的选股购买信息首先会经证券公司汇总和分类,进而打包转移至证券交易所,证券交易所完成集中受理后再将处理信息反馈至证券公司,用户最终从券商平台获知交易结果。在我国当前的证券交易模式下,发挥中介作用的券商主体连接交易两端,在每一步骤中均能获悉用户的个人金融信息。在相应步骤完成后,有关信息已然存留在券商主体的数据系统中,并未随着交易的终结而删除或灭失。这从工作信息存档、证据材料留存的角度来看具备一定的合理性,但在信息安全和信息存储必要性层面,却有待进一步商榷。笔者认为,更为合理的方式应当是,允许金融中介机构在行为实时过程中和行为结束后的特定时间段内占有相关个人信息,自该期限届满后应当主动将用户个人金融信息予以删除并做彻底的数据清洗。这种做法既认可并尊重了个人金融信息的动态变化性,又提升了此类信息的安全性程度,对于未来的制度完善具备参考意义。

三、个人金融信息体现的利益复合性

互联网金融的发展过程深刻体现着多方共赢的思想。从供给方角度来看,这种资源共享式的金融模式降低了供给门槛,使金融活动更加大众化与平民化;从需求方角度来看,共享金融能满足小微投融资者需求、降低交易成本、促进公平竞争。因此,共享金融能够提升金融市场透明度,分散金融风险,实现利益共享、风险共担,并构筑"人人为我,我为人人"的金融新格局。[①] 在这样一种格局下,个人金融信息所承载的利益呈现非常明显的复合特征。而且,除了前述供给方和需求方之外,个人金融信息中的复合利益主体还包括承担行业发展促进职责的行业协会和履行行政监管义务的政府部门。

(一)用户对个人信息的保护与利用意愿

平台经济时代,用户对其个人信息所持有的态度不断变化,最核心的转变就是开始意识到个人信息在特定场合可能具备经济效益,合理利用后能够产生经济价值甚至是社会价值。因此,公民不再单纯强调个人信息的保密与不公开,而转变为既希望保护自己的敏感信息,又同意让渡非敏感信息以获得相应对价。此处的"对价"虽然以商业对价(或称"经济对价")为主,例如,获得网购商品派送、社会公共服务等,但并不局限于这一类别,而是呈现更为丰富的时代性内涵,如希望凭借良好的金融征信记录积累信用口碑,从而有利于自

① 参见周炜、赵大伟:《共享金融的风险与监管》,载《清华金融评论》2018 年第 6 期。

身其他社会行为的开展。

但是,用户往往难以把握个人信息让渡与保护的界限,在参与共享经济特别是共享金融活动时,容易在商家或机构主体的引导下无条件地出让个人信息占有权和使用权,在特殊情况下还可能不当转让基于个人信息所产生的收益权,造成违背其初始意愿的结果。究其原因,除了公民个人尚不具备成熟的个人信息权利意识之外,也在于个人金融信息还承载着金融机构的潜在利益,因此,其在很大程度上影响着其他参与者的行为。

(二)金融机构对个人信息的流转、利用与保护意愿

根据前文所述,个人金融信息的价值不仅体现在个人参与者可以由此获利,各类金融机构和其他集体性的机构参与者亦可通过相关信息获取经济利益。因此,金融机构在收集和保管个人信息时的出发点,一方面是基于法律法规、行业规范所明确的保护义务;另一方面就是最大化利用相关信息的意愿。

相比公民对其个人信息的利用意愿,金融机构对该信息的利用意愿更多表现为以盈利为目的的批量化应用,其利用行为的主要目标在于开辟更多共享金融模式。从对企业(To B)的角度来说,就是在最大限度挖掘个人数据的基础上,为其划分不同层次的用户范围,以及提供更具吸引力的金融产品建议,在特殊情况下还会促进个人信息在不同企业间的共享与流转,收取信息交易费用。从对个人(To C)的角度来说,则更多的是分析其风险承受能力,从而推荐更为合适的金融产品。可见,金融机构对用户个人信息所持态度以促进流转和推动利用为主,保护意愿相对较弱,甚至可以将保护意愿理解为法定义务下的产物。

(三)监管主体对个人信息行为的服务、引导与监督意愿

在互联网金融中,以行政机关和行业协会为主的监管主体主要履行法定监督义务,以保障金融市场的有序健康运行和公民个人金融信息的安全。相比之下,行业协会在监督之外要承担更多的服务与引导职责,并探索个人金融信息发挥综合效用的方式与途径。因此,前述两类主体在监管金融活动合法合规、保障个人信息的流转不给公民造成合法权利减损的同时,还有引导信息合理利用,并为信息利用行为提供服务的意愿。当然,在传统公法规制体系

下，这种引导与服务的意愿多从属于行业协会或者相关社会团体，但在当前多元共治、服务型政府构建的过程中，引导与服务意愿也逐步渗透至行政主体内部，并内化为其日常工作的准则。

综上所述，三类主体对个人金融信息持有的态度和利用与否的意愿在较大程度上存在差异。一方面，这使得利益复合型个人信息具备了调控的复杂性，给监管主体带来挑战；另一方面，这也为此类个人信息的安全性埋下风险和隐患。

第二节　个人金融信息的潜在风险与相应制度措施

一、技术失控与业务的连续性管理

（一）技术中立性弱化引发隐私泄露风险

技术本身具备中立性。但当市场主体的商业偏好影响技术应用时，就会诱发交易安全、数据隐私、身份认证等方面的金融科技风险。结合上文所述，共享金融中的个人信息具备明显的利益复合特征，多重主体不可避免地实施利于自身的金融行为。对用户个人信息或个人隐私而言，就是尽可能地实施有利于自身获利的数据行为。例如，在区块链应用背景下，虽然金融机构承诺每一环节均可回溯，但当用户在匿名操作情况下发生密码丢失等意外时，已经上传的个人信息却较难再予收回，相关权益难以获得有效保障。此外，金融机构的线上客户端蕴含风险，既可能遭受黑客攻击，也可能出于系统操作不当而导致数据丢失。如果说前述两种情形属于当前技术条件下的不可抗力，那么金融机构自身调整算法、获取不必要的用户信息，或者利用隐蔽方式不当获取用户知情同意的行为，则毫无例外属于利益诱导下的技术失控现象。同样，大数据、云计算、人工智能等技术亦可诱发诸如内部人员滥用数据、金融资产损失、用户隐私泄露等严重后果。

如果将前述风险类型化，大致可以分为计算机应用的风险、网络安全的技术风险以及平台规范风险和恶意竞争风险。就前两种风险而言，相对来说，其更具备客观性色彩，主要指的是由于计算机硬件设备损坏、操作系统崩溃造成的金融信息泄露或损毁,以及因防火墙漏洞或指令错误导致的账户信息灭失。在后两种风险即平台规范风险和恶意竞争风险情形下,信息泄露和损失的原因主要可以总结为:第一,非法集资组织借助平台实施不法活动,通过虚假平台骗取用户资金及个人信息;第二,处于运营初期的平台,为争夺市场份额而实施过度补贴、过度降低投融资门槛等违背市场规律的恶性竞争行为,亦可能在不当竞争中损害用户的个人信息。[①]

(二)通过业务连续性管理实现信息安全保护

针对技术中立性弱化甚至丧失所导致的不利后果,当前金融市场中可行性较强的监管路径,就是实施个人信息安全保护和金融业务连续性管理。具体措施包括:制定明确的行业准入及退出机制,推行强制性的风险安全防控政策,并严格规制各主体互联网系统的基础算法,防止信息红利的异化。这一过程体现了典型的综合治理精神,既有技术治理与法律治理的功能性协调,也有公私法理念与规范的相互作用。在此,进一步分析公私法原则在算法规制中发挥作用的形式。其一,运用公法强制性手段,明确金融中介机构预设算法的禁止行为,形成平台决策的后台自动限制条件。这里的禁止行为包括但不限于:禁止平台在分配资源、确定价格和推送资讯的过程中考虑市场需求、边际成本等因素之外的内容;禁止平台非法读取并利用用户隐私信息、历史交易记录等。其二,遵循私法自治精神,促使金融中介机构成为完全以市场为驱动的决策主体。在实际操作中,就是摒除内幕交易等不正当行为,形成以企业盈利、供求关系等价值因素为导向的交易自分配模式,从而在提升用户认可度的同时保障其合法权益、营造证券交易市场的良好环境及共识基础。

此外,由于起步较晚且仍处于发展初期,我国立法对于互联网金融的监管尚不完备,相关监管规定较为分散,且以民事基本法和金融类法律法规为主,可操作性不强,规章和规范性文件在数量和质量上均有待增强。鉴于此,笔者提出健全监管法律法规重点:一是进一步协调不同部门法规范在个人金融信息保护领域的力量配比,增强规章和行政规范性文件的规范性;二是调动行业

---

① 参见周炜、赵大伟:《共享金融的风险与监管》,载《清华金融评论》2018 年第 6 期。

协会、社会团体等组织在个人金融信息保护中的作用,为多元共治奠定基础。

二、跨域经营负外部性的扩大与强化多主体协作

(一)金融脱媒趋势下行为的回溯难度增大

信息时代,互联网金融呈现明显的全球化特征,金融活动跨越时空、跨越区域的色彩越来越浓厚。与此相伴,共享金融领域潜在的风险也越来越大,传播速度日益加快,"金融脱媒"[①]愈演愈烈。从社会发展趋势和金融市场规律来看,虽然金融脱媒能够较好地适应金融跨域发展的特征,是未来之必然,但在当前发展阶段,过度追求金融脱媒却容易引发行业混乱和监管的困难。例如,金融活动的开展无须通过任何中介机构,而是直接从投资方连接至融资方,虽然解决了效率问题,但却导致监管和追责的困难。具体而言,在纠纷发生后,如果融资方否认金融行为的存在并销毁相关证据,仅凭投资方提供的证据又不足以还原事实时,若无中介机构的存在则很难再回溯相应的交易流程,极有可能造成信息主体的权利损害。

以共享金融的跨域经营为背景,一旦发生上述问题,由于金融活动双方可能存在于不同地域范围,更加大了追责难度。尽管未来可能通过新兴科技手段解决这一问题,但在当前的社会经济环境下,因金融脱媒所诱发的信息风险和责任追究困难是确实存在的负外部性。

(二)强化国际协作与监管制度的顶层设计

在现行有效的个人信息规范中,缺乏对个人信息出境的详细规定,导致信息通过网络流出境外之后便失去有效的保护,相关金融企业也难以找到法律法规作为对外交流时的行为依据。因此,在跨域经营扩大背景下,个人信息保护面临的负外部性包括但不限于:信息权利损害结果的波及范围广与影响时间长;个人信息受损后恢复原来状态的难度大;个人信息跨时间、跨区域交互流转时的规则缺失;金融脱媒背景下个人信息相关权利受损的法律保障缺

① 金融脱媒(Financial Disintermediation):又称"金融非中介化",指在金融管制的情况下,资金供给绕开商业银行体系等金融媒介,直接输送给需求方和融资方,完成资金的体外循环。

失等。

在以金融活动跨域诱发个人信息损害“跨域”的背景下，可以考虑选择以下两条路径作为强化信息公法保护的措施。第一，不断推进并强化国际交流与协作。充分了解域外在金融活动监管方面的监管框架和制度措施，结合我国实际情况探索适应国情的个人金融信息保护策略。同时，借鉴国际组织制定的金融信息监管标准，并与相关主体就风险防控、信息利用等问题进行合作，重点借鉴其制度中有关个人金融信息流转与保护的内容，从而推进我国对相关标准的探索。第二，进一步强化个人金融信息保护方面的顶层设计。2023 年 3 月，中共中央、国务院印发《党和国家机构改革方案》，全面深化金融监管体制改革，组建中央金融委员会和国家金融监督管理总局。当前，我国“一行一总局一会一局”（中国人民银行、国家金融监督管理总局、中国证券管理监督委员会、国家外汇管理局）的金融监管架构正式确立，将充分探索并制定有针对性的个人金融信息利用与保护规范，制定实施共享金融活动的微观指标和详细步骤，从而构建个人金融信息的源头性、体系化保障制度。

三、混业经营带来的法律监管压力与穿透式监管

（一）混业模式加大信息流转的不透明性

金融科技的发展进一步加快了金融机构和非金融企业开展混业经营业务的步伐，典型模式即金融控股集团的成立。这种混业经营本身存在复杂性，金融科技能够将混业模式包装得不易察觉，从而使参与共享金融的散户难以了解其资金真实去向，监管部门也无法准确把握相关产品的结构和风险状况。因而在共享金融中，前述混业经营最主要的风险表现为信息流转的不透明。由此所导致的直接后果，就是个人参与者在不知情的情况下遭受经济利益损害。从理论角度来看，则是个人对其金融信息所享有的知情权受到侵害。

个人金融信息流转渠道和具体应用领域的不明确，既有悖于个人作为金融活动参与主体对自身信息的知情同意原则，又与我国政务公开中“以公开为原则，以不公开为例外”的指导精神不相契合。与行政事务相比，虽然金融活动并不具备完全意义上的公共属性，但由于金融行为特别是共享金融的关涉

主体多、影响范围大,确也带有明显的公共色彩;加之特定金融活动的结果对国家经济发展甚至经济安全有重要影响,因此,将“公开”视为共享金融中的基本原则,并用于指导非涉国家秘密、商业秘密类的信息公开具备理论基础和现实可行性。

(二)穿透式监管与强制信息披露制度的探索应用

混业经营的发展叠加金融科技的全面适用,使已经存在的金融监管权责不对称、监管标准与监管规则不完备等问题更加突出,由此引发的负面效应有扩大化趋势。因此,采用力度较强的穿透式金融监管,成为防范混业经营风险的有效措施。第一,坚持总体分业经营为主的基本框架,对已经存在的混业经营加强监管。当然,分业模式下从事不同经营内容的金融市场主体间存在公平竞争和规则一致性的问题,单纯的分业监管模式并不足以应对其经营风险,因而不论对于分业经营还是混业经营,均应坚持综合监管思路。第二,持续发展监管科技,丰富金融监管手段,提升跨行业、跨市场交叉性金融风险的甄别、防范和化解能力。具体到实践中,就是搭建金融科技统计监测和风险监测体系,使金融监管能够在多业态、多领域的复杂链条中实现穿透,直接定位个人信息的流向和用途。以互联网私募拆分的监管为例,就是要对私募打包销售多类金融产品的行为进行穿透式拆分,从发现个人投资资金的去向开始,实现个人金融信息的“全穿透”。

此外,强制性的信息披露同样可以作为应对信息不透明的有效举措。当然,需要注意的是,强制性披露是有例外的,比如,对国家秘密、商业秘密和个人隐私信息的合理排除。对于个人信息或个人隐私,根据具体情况决定进行强制性披露、匿名化处理后的披露或者不披露。当然,在作出不披露决定的同时需要说明原因。

第三节　个人金融信息的法律保护思路

一、适用金融科技与监管科技提升个人信息安全度

社会的数字化发展使科技创新迎来爆发式增长，新兴金融科技企业利用以“数字”为核心的信息技术为消费者提供服务，开启了金融科技新革命。在共享金融领域，区块链应用场景、智能投顾服务及大数据风控模式的构建和推广，正在影响投资主体、经营主体、经纪主体以及监管主体间的关系。这种相互关系的变化会在金融交易过程中演绎并传递，从而发生法律效果，形成不同于传统形态的新型金融法律关系。以人工智能技术的应用为例，类智性服务提供者拓宽了市场主体范围，对人工智能主体地位的研究也使传统法律框架向多维度延伸，金融监管的思路和范式面临更新与调整。如何在法律原则与法律规则的范围内应用金融科技，如何合理预测并防范金融科技可能诱发的风险，如何借鉴境外市场对金融科技的监管和规制经验，将成为新时期个人金融信息保护的题中之义。

(一)智能投资顾问(智能投顾)业务及其信息收集限制

1.智能投顾业务的运行方式及特征

在人工智能背景下，智能投顾成为以资产管理为核心的新型投资顾问模式。具体而言，智能投顾是指通过在线调查问卷获取投资者信息以了解投资者的风险偏好以及投资偏好，从而结合算法模型为用户制定个性化的资产配置方案，包括动态调仓、实时监控等功能。该模式基于大数据分析、量化金融模型以及智能化算法，根据投资者风险承受水平、财务状况、预期收益目标及投资风格偏好等要求，为其提供智能化和自动化的资产配置建议。

与传统投资顾问模式相比，智能投顾试图为投资者提供更具性价比的投顾服务，在相同的服务等级下，资金门槛更低。另外，智能投顾建议的提出依赖于大数据分析，数据越多、数据跨越的时间段越长，其参考价值则越大。基于人工算力与计算机算力之间的差别，智能投顾模式下所需个人金融信息的

数量往往更大。

2. 智能投顾业务对法律主体责任范围的拓展

在智能投顾行为中，投顾机器人虽然增加了市场参与者的数量，但本质仅是运营者提供服务的工具，并不具有主体地位，亦未改变投资者与证券服务机构之间的法律关系，因此，由投顾服务所引发的法律责任应由运营者承担。在此，运营者作为投顾服务提供方，应履行忠实义务与勤勉义务，不过，此时的忠实与勤勉义务在具体内容上应当有所更新，即运营者须对算法中的利益冲突进行披露，从而使系统出具的电子问卷在内容上具备合理性，从而准确定位目标客户的风险承受能力；此外，运营者还需要对智能系统的自动化运行进行实时监督与定期维护，防止因系统漏洞引发各类风险。最后，运营者违反忠实义务与勤勉义务须依法承担相应的民事责任，该责任属法定责任，责任的构成须具备"存在智能投顾法律关系"、"违反信义义务之行为"和"投资者因信义义务之违反而受有损害"这三个基本要件。[①] 2020 年中国证券监督管理委员会发布修正后的《证券投资顾问业务暂行规定》，明确规定了投资顾问服务机构的信义义务体系，[②]在证券服务机构的道德义务之上附加了法律强制性的义务内容，从而为投资者权益提供明确的法律保障。

3. 明确智能投顾实施过程中的信息收集限制

在明确智能投顾责任承担规则的基础上，可以进一步对其运营者（多数情况下为金融中介机构）的信息收集行为作出规范和限制：首先，运营者应当以"满足正常工作需求"和"最小范围获取用户个人信息"为指导原则，杜绝不加说明地概括式获取用户授权的行为，杜绝出于"怕麻烦"心理而一次性获取用户授权的行为。其次，获取的信息应当与投顾业务范围具备关联性，这同样是为了避免运营者借"顾问"之名行不当获取信息之实。最后，要求智能投顾主体收集个人信息时，必须遵循更为严格的告知程序。这是因为，金融投资行为本身具备风险性，在当前国家提出"破刚兑"的环境下，投资者需要以自身风险

---

① 参见郑佳宁：《论智能投顾运营者的民事责任——以信义义务为中心的展开》，载《法学杂志》2018 年第 10 期。

② 参见《证券投资顾问业务暂行规定》（2020 年第二次修正）第 4 ~ 5 条。

承受能力为基础谨慎作出决定。虽然智能投顾业务会在综合分析各种数据之后给出投资建议,但同样需要个人投资者自行考量与判断。加之投资者提供信息的真实性和完整性也会影响大数据分析结果,从而影响投顾建议。所以,运营者的告知内容应当包括以下几项:其一,个人投资者应当保证所提供信息真实、完整;其二,所收集个人金融信息的具体用途、使用方式及使用时限;其三,有必要将投资建议的风险性予以告知和说明,促进个人投资者理性决策。

(二)大数据风控技术对异常信息的监控

1. 大数据风控体系的特征

传统风控体系对风险的定性往往以主观规则和客户评级为主,存在数据获取维度窄、定量分析能力弱、难以精确化等缺陷。例如,风险评级模型的构建多以客户历史行为数据为基础,无法前瞻性地预测未来风险情况,从而导致风险管理滞后。在数字化转型背景下,传统风控模式已无法满足全面风险管控的需求,而以大数据、人工智能为代表的新技术,则为风控领域相关痛点的解决提供了良好契机。在此背景下,金融机构可以利用大数据技术整合用户全息数据,进行多维度交易风险评测,不仅能够提升评估精准度,还有利于将传统模式下难以度量的风险显性化,提升风控能力。此外,大数据与人工智能技术的应用还可以使监管主体实时监测交易行为、定位异常账户、及时采取管控措施,从而改变事后分析方式,建立主动的实时响应机制,提高风控效率。

2. 异常信息的定性及其处理方式

在实施大数据风险监测的过程中,由监管科技捕获到的异常信息以金融交易信息为主,但也不排除有伪造身份信息、账户信息等内容。对金融机构和监管机构来说,对前者异常交易信息的处理,应当采用查实情况、约谈相关责任主体的方式处理,目的在于消除违法违规交易;对后者伪造信息的处理,则应当在查实情况后,采取注销账户、限制相关责任人开户或交易的方式处理,预期到达的效果是维护金融交易中账户信息的真实与安全,保障金融活动参与者个人信息的合法权益。

3. 大数据风控中传统举证责任内涵的丰富

针对风控流程中相关行为所引发的纠纷,法定解决途径必然会涉及举证责任问题。传统法治理念要求行为主体为自身行为承担举证责任，举证范围包括行为的法律依据和事实根据，即金融机构和监管主体，应当在确有证据表明危险存在或将要发生时，方可采取排除或防止危险的措施。然而，在金融活动中，对各类风险的防范更多针对潜在危害，在当前知识无法充分解释因果关系的条件下，要求金融活动主体证明金融危害必将发生，可能性极弱。特别是对于系统性金融风险，如果必须等危害事实发生方可采取措施，实际是从根本上取消了对风险的防范。

因此，面对因个人金融信息风险防控所产生的纠纷，传统的举证责任分配及各主体承担举证责任程度相关的规定，应当变通适用。其一，传统“谁主张，谁举证”或“举证责任倒置”原则不能直接适用。英国行政法学者伊丽莎白·费雪(Elizabeth Fisher)曾指出，举证责任本身能否用于风险预防领域是有疑问的。因为在风险预防当中，待证事实并非已经发生的确定风险，而是对未来的预测。在这样的领域，所谓举证责任无论分配给谁都是不可承受之重。[①] 其二，智能风控纠纷中的举证责任强度应当合理弱化。例如，遵循“举证责任减轻”思路，就可以避免极端立场而安全地转入技术性问题，如重新确定证券监管机构所负证明责任的范围多大为宜、不同主体证明标准应达到什么程度、司法审查中法院应在多大程度上尊重监管机构依据不充分证据所作事实判断等。

(三)监管沙盒制度下的信息保护新规测试

1. 监管沙盒的内涵及特征

“沙盒”(Sand Box)一词原本是计算机安全领域的术语，指的是一个与外界环境相对隔离的空间，可以使内部代码或算法在相对不受限制的场域内进行运作，是计算机程序运行中一种特殊的安全机制。沙盒模式被引入法学领域后，主要被应用于监管场景中，并以调和制度创新和法律规范之间的关系为关键测试目标。在金融领域创设“监管沙盒”，其意义在于平衡金融创新与风险规制，并对拟实施的法律制度进行试点试验。其一，监管者在沙盒中可以改

① See Elizabeth Fisher, Risk Regulation and Administrative Constitutionalism, Hart Publishing, 2007, p. 44 - 46.

进传统的“一事一授权”模式，将事前审核、事中监督以及事后的随访评估引入其中，并充分关注投资者意愿。这样，不仅有利于测试传统规制手段能否继续在新兴事务领域发挥作用，还可以探索规制与监管的创新路径，一举多得。其二，监管者可以通过对沙盒环境中的企业进行全流程观察，了解并认知金融企业创新机制的思路来源、潜在风险和应对措施，从而有效提升监管行为的针对性，有利于降低金融产品真正面世之后的监管成本。其三，监管者可以通过对沙盒内部环境的监控和分析，保持对金融科技的敏感度，在此基础上精准定位消费者需求和企业发展动因，从而对现行法律规范中不具备适应性的条文内容进行修订和删改，进一步发掘新的监管视角和监管方向。①

2. 信息保护义务主体在沙盒制度下的行为模式

在监管沙盒运作过程中，主要的参与主体就是金融机构和监管机构，那么对于金融机构来说，为保障其新开拓产品的及时面世，并在今后能够合法合规运行，应当积极报名参与沙盒试验，在此虚拟空间中创新产品、享受有条件的法定责任豁免，提升金融创新的市场转化率。当然，不得忽视对个人参与者金融信息的保护，如果有自身适用效果较好的保护措施，或者有创设新的保护措施的意愿，都可以在沙盒环境中进行尝试，从而在试验结束后决定是否将其作为一项长效机制。从监管机构角度来看，其职责则在于选定试验区域、试验对象，并创设相对封闭的沙盒环境供企业实施金融创新行为。同时，监管主体还可以将未正式颁布或未正式实施的个人信息保护规范在沙盒中试用，观测其作用效果，为日后是否推行此项制度提供实证依据。此外，在监管沙盒模式中，双方主体还应充分关注自身与对方之间的互动关系，致力于在监管者与被监管者之间形成良性互动。当前，我国监管部门正在借鉴英国金融行为管理局实施的圆桌会议、非正式会谈等方式，构建监管沟通机制。在此环境下，有望实现金融产业发展与个人金融信息保护的“双赢”。

---

① 参见张红：《监管沙盒及与我国行政法体系的兼容》，载《浙江学刊》2018 年第 1 期。

3. 监管沙盒中行为主体法定责任的有条件豁免

在监管沙盒模式下,出于试验政策、培育创新等目的,被监管者基于现行规范所应承担的法律责任被有条件地豁免。从审慎监管的角度看,其本质就是有限度地放松监管。具体而言,被监管者在沙盒模式下能够享受的责任豁免及政策优惠主要如下。第一,可以实施一些现行法律规范所禁止的金融行为,或者在法律存在空白的领域进行行为尝试和探索。在实践中,如果金融企业的创新产品可能违背现行法律规范时,应当允许其申请进入监管沙盒,在一定的时间和空间范围内享受法律责任的豁免,从而获得试验新品的机会,也给监管者以研判的机会,减少因产品存在潜在风险而被监管者延迟面世的情形,提升金融创新的市场转化率。例如,金融机构新开拓的产品可能存在用户个人信息泄露的风险,或者可能在运作过程中发生技术异化而导致个人金融信息被不当利用,那么沙盒就为这种新产品的先行先试提供了可能,从而提前了解其实施之后的可能结果,作出是否予以全面推行的决定。第二,沙盒中可以建立起政府监管机构与企业之间的有效沟通机制,强化监管者与被监管者之间的理解与合作。一方面,行业协会、社会组织以及政府部门等监管主体,可以在第一时间为金融机构等被监管者提供法律咨询建议,进行有效的合规指导;另一方面,如果金融机构因自身的创新行为而存在违法违规风险时,可以第一时间向监管机构咨询,从而得到合规建议。就个人金融信息的保护而言,因此类信息综合体现了多方主体的权益,所以沙盒也同时为这些利益相关方提供了一个交谈与协商的场所,从而使监管主体和金融机构可以在政策出台或产品面世前,通过充分沟通而互相了解行为意愿,这将有利于公法规制与金融行为的协调发展,从而提升个人金融信息的保护质效。

当然,此处被监管主体法定责任的豁免,仅可以在监管沙盒这个特定空间中享有,离开沙盒环境后则必须接受现行法律规范的调整。由此可见,沙盒制度在一定程度上具有法律规范的性质,所以其确立方式也应当采用法律规范的基本制定模式。在此,笔者建议由全国人大常委会就实施监管沙盒制度作出决定,并授权国务院或其职能部门制定沙盒内部的具体运作规范。当然,前述具体规范的制定,需要充分参考我国在银行、证券、电子商务等方面的现行法律法规。

二、规范金融活动流程以实现个人信息多维价值

(一)资金来源端:个性化服务汇集碎片式信息

以证券行业为例,传统券商销售渠道是面向个人用户销售股票基金等产品的过程。在共享金融全面发展的背景下,证券交易的场所不再受限,投资主体更加分散,本来就存在的个人投资者数量多于机构投资者的现象进一步加剧。这对券商主体的影响主要表现在:一方面,交易过程中收集的碎片式信息数量剧增,这些信息包括但不限于投资者个人身份信息、个人金融信息,且个人金融信息又可继续划分为静态的金融账户信息、历史交易信息以及动态的实时交易信息和资产变动信息等,在客观上增加了金融机构整合信息的压力;另一方面,受“存款替代”“委外出表”等现实需求的影响,券商主体为追求经营规模和提升收入,提供的服务在一定程度上呈现同质化特征,虽然金融机构获得的个人金融信息数量庞大,但却集中于某一个或某几个特定的投资领域。这些领域往往以面向机构销售的资管产品委外配置、出表、绕监管等服务为主导,因而会过度强调信息管理和保护成本的压缩,其直接后果就是导致个人金融信息存储、流转与利用的乱象,不仅对个人投资者而言存在潜在风险,严重时还可能危及国家金融体系的稳定和健康。

综上所述,强化资金来源端的个人金融信息保护,既有利于保障个人投资者的合法权益,又能够促进金融机构非合理化经营模式的转变,一举多得。以共享金融为背景,结合金融科技的全面适用,建议将以下几个环节作为着眼点,探索碎片式个人金融信息的保护路径,并时刻以提升资金端个性化服务质量、完善公法监管机制为指导思想。

1. 推行智能获客,提升系统性获取个人信息的能力

传统金融模式多采用面对面获客的方式,但囿于记录工具、存储空间与更新能力的限制,致使所得用户个人信息出现内容不规范、格式不统一等问题,因而在安全性和经济效益转化率上都存在障碍。这一方面降低了用户参与金融活动的满意度,另一方面也使金融机构的经营积极性受到负面影响,在经济

效益驱使下,有可能通过非法买卖的方式取得更多的用户个人信息。因此,自共享金融模式出现以来,金融机构不断探索依托互联网的智能获客途径,努力建设统一的数据规范、统一的数据平台、性能强大的分布式计算集群,在简化信息收集方式的基础上,扩大对用户个人信息的收集数量,这种数量的扩大主要体现在以下两个层面。

第一,在信息种类上,完整收集金融活动所需的个人信息。在这一思路下,可以按照特定金融活动的特征,将个人信息进一步划分为身份信息、收入信息、关系数据、消费数据、网络行为数据等多个层次,形成个人金融相关信息的网络图谱。接下来,以"满足金融活动开展之必要"为原则,通过线上或线下的形式收集相关个人信息,并就信息用途履行相应的解释、告知义务,征求用户同意和授权。在获得前述信息的基础上,通过神经网络等技术进行特征表达和转化,建立刻画全面、定位精准、触达实时的金融画像,建立立体刻画个人用户的风险模型和需求模型。这对于金融机构的意义在于,能够在收集到信息之后的较短时间内,确定不同的价格偏好型人群并为其推荐合适的金融产品,提升金融服务效率和直接经济效益;对于个人用户来说,则能够清晰了解自身金融信息的用途,并以此为基础,逐步培育自身应用金融信息、保护金融信息的意识和能力。

第二,在人数范围上,完整收集金融活动所涉群体的个人信息。基于金融活动的系统性和关联性,某一项金融活动的开展很可能与其他金融行为密切相关,这一特征在金融活动参与主体中同样存在。也就是说,以某特定个人为主体的金融活动,其涉及的对象往往不局限于该个人本身,很可能会关涉其他相关主体。因此,金融信息的收集也应考虑这一方面的因素,将收集对象的范围确定为"与金融活动存在必要联系的个人"。当然,这里会涉及对"必要联系"的判定问题,建议相关金融业协会制定判定标准,或行政监管部门出台指导性意见,明确如何在首次收集信息时确定收集对象的范围,明确在后续补充收集信息时的必要性条件等。

通过以上两种方式,智能化、体系化的个人金融信息收集机制得以构建。这种模式,首先,充分整合了碎片化的个人金融信息,使其按照金融活动的内在逻辑进行排列,便于实现个人对自身金融信息的利用和保护意愿;其次,可以减少后续的信息补充收集频率,有利于实现金融机构利用相关信息进行盈利的意愿;最后,其坚持"满足金融活动开展之必要"的原则,并推行完善的信息用途告知制度,可以有效减少因信息不当获取、不当利用诱发的纠纷,能够实现监管主体服务金融交易、保障个人金融信息安全的意愿。

2. 打造智能客服,实现个人信息价值的高效转化

金融业务对安全性有着很高的要求,其严格的身份验证就是最典型的体现。在传统金融模式下,身份验证作为准入环节,主要依赖于线下的人工校验,不仅效率偏低,而且无法完全嫁接到互联网线上服务流程中,在一定程度上掣肘了金融业务的发展。当前,人工智能技术的发展使用户可以通过面部识别、指纹识别等方式通过系统验证并登入自己的金融账户,这相比人工校验而言,既具备识别的准确性,又提升了工作效率。

这种智能化客户服务模式的构建,实现了用户个人信息上传、处理、流转及应用等全流程的便捷化,其核心价值体现在:其一,以技术手段替代传统的人工处理,大大缩短了信息格式调整、内容筛选的时间,使个人信息在收集后便可发挥效用;其二,电子化处理流程节约人力资源,无须再设置不必要的中间人工环节,这在客观上有利于信息的无障碍流转,更加有利于其价值的实现。可以说,金融机构通过提升运算效率、促进信息价值的高速转化,从而改善了工作质效,这也体现了个人金融信息保护的核心目标:保护与利用并重。

3. 构建智能反欺诈系统,确保个人金融信息的闭合性监管

在金融活动中存在一定的欺诈现象,以证券交易为例,投机交易者可能以各种不易察觉的形式实施买入卖出,违背市场规律,破坏证券金融安全。当前,已有众多券商企业开始对异常交易实施技术监控,例如,在交易后台置入实时监测程序,将有效账户比重、有效交易数量以及账户短期流失率等作为重点监测项目,并采用"机防 + 人防"的方式监控信息异动,隔离欺诈风险。具体来说,就是对用户的开户时段、所在区域、无效交易数量等内容进行大数据筛查,发现其中的明显异常值,在通过系统定位相关账户的基础上,进行人工回访与跟踪。

这种融合了智能技术在内的反欺诈系统,在实现上述风险防控的基础上,对于用户个人金融信息的监管与保障,也同样有着积极作用。一方面,金融业实时监测系统中的预设条件,有很大比重是针对账户信息设定的。而实际上,不论是开户地域、有效户资产还是有效户的注销情况,本质都属于证券投资者的个人金融信息。因而这种全息式的监管,形成了对个人金融信息异动情况的实时把控。另一方面,人工回访与交易限制,阻断了相关主体对个人金融信息的非法利用。结合前述实时监测措施,构成了对个人金融信息的闭合式监管。在这一机制体系下,个人金融信息的安全流转与合法利用能够获得有效保障,金融机构通过个人信息盈利的路径也具备了充分的合规性,即同时实现了个人金融信息的复合利益。

(二)资产配置端:规范化管理保障系统内信息

金融行业以资金的融通为主要业务内容,在当前国家提出“去杠杆”“破刚兑”的大环境下,各类金融机构在提升自身投研能力与资产管理能力的同时,回归金融活动本源成为资产端迫在眉睫的任务。对于业务流程中的用户个人金融信息来说,应当坚持以保障为前提的原则,促进信息辅助决策机制的构建。

2017 年以来,金融监管的顶层组织架构开始进行调整。2018 年国务院机构改革,在监管领域内形成“一体三翼”的风险防控格局。[①] 2023 年国务院机构改革中组建国家金融监督管理总局,强化机构监管、行为监管、功能监管、穿透式监管和持续监管,加强风险管理和防范处置。在此背景下,金融监管开始重点关注业务的实质内涵,以系统内金融信息为导向,减少监管不统一导致的监管套利,防范跨市场和跨行业风险。以证券交易为例,券商主体在逐步强化对资产管理风险传递途径的监测,明确自身在监管链条中的作用,实现对业务流程中用户金融信息的实时穿透。具体到信息保护领域,其目标在于把握用户资产的实际流向,优化信息利用模式并打通信息反馈渠道。具体措施包括但不限于以下内容。

---

① 以监管部门为主体,行业自律、市场约束、安全保障为辅助的“一体三翼”风险防控格局。

1. 转变资产管理核心策略,构建灵敏有效的信用体系

在资产配置层面,个人金融信息既体现着用户个人的资产状况,又能反映国家在特定时期内的整体经济水平,具有明显的价值复合性。面对当前日益收紧的金融政策,资管行业唯有不断变革其核心策略,方可实现平稳式发展,方可获得持续保障个人金融信息的动力。信息保护的本质之一是风险防控,那么结合金融合规与风控的内涵,可以将资产管理业务核心策略的转变总结为:一是将风控能力"模型化"和"系统化",全面启动对风险信息的实时监控;二是在信息碎片化时代,发掘信息的广度、深度、关联性,构建灵敏有效的信用体系。

第一,构建以风控为核心的资产管理策略体系。在当前共享金融模式下,资产管理已逐步成为各类金融机构着力发展的业务内容。对于资管活动而言,其核心能力是风险处理能力,具体到个人金融信息的保护上,就是需要具备对信息的风险管理能力。在此过程中,承担自我监管职责的金融主体除了严控资金来源与流向、保障资管产品合规运行以外,还应定期向监管行政主体上报和备案,将一定时期内的资管工作内容和已对外公开的研究报告整合后提交,详述在监管用户个人信息过程中实施的具体行为和达到的相关结果。最终,将这种主动配合式的监管行为内化为金融机构保障个人信息的核心措施,从而提升新时期券商工作的合规质效。

第二,全面构建共享金融领域的信用体系。信用体系建设是金融发展的基础,我国现存金融资源错配问题很多都是因为信用体系的不完善。传统的信用建设只能利用银行数据、尽职调查等有限手段,而共享金融借助于互联网大数据、人工智能等技术的应用推动信用体系的完善,尤其是对难以使用传统信用评估进行界定的个人或商业主体来说,大数据化的信用评估模式将更全面、迅速和有效,成本也更低。以此为基础,将金融机构的个人信息数据库与国家统一的信用平台对接,并制定个人金融信息进入信用平台的条件,一方面,使用户明确自身信息的信用价值;另一方面,也能起到警示作用,预防潜在的不当金融行为。此外,在共享金融当中引入共识机制,可保证网络上各个客户间对账户和资金进行相互监督,使传统金融监管难以覆盖的"盲区"受到公

共金融规则约束。此外，还可在互联网上构造共享账户信息系统，增加金融机构间、金融机构与客户账户间的信息链接，促进商品交易链和资金交易链的透明循环，实现“人人参与”的新模式。[①] 这样，信用记录、信用评价及信用调取的全流程都能够得到广泛的社会监督，从而更加公开、真实和客观。

2. 提升智能投研能力，建设体系完备的资产信息管理系统

金融机构资产管理（以下简称资管）的对象除了货币与非货币性资产外，另一部分重要内容是反映资产总量、资产流动情况的信息和数据。当前，金融科技在投资领域获得普遍应用，金融机构的资管方式也发生了一定转型，资管行为体系中的个人金融信息将面临两个明显的趋势：一是伴随资管参与者数量的增加，与之相关的个人信息数量也将呈现显著的上升趋势；二是金融机构在开展资管业务时可能从自身利益出发，有选择地公开一些信息而回避另一些信息，从而引发信息的二次不对称，使个人投资者在信息安全、信息利用等领域均处于劣势地位。

为了应对上述问题，开展资产管理业务的金融机构应当借助金融科技，努力提升自身的科学资管能力。其主要可采用的方式包括：应用云计算技术开发面向业务全生命周期管理的、可灵活部署的资产管理平台，并以此为依托，全面提升资产信息管理系统的完备性。在这样的信息管理系统中，个人金融信息处于核心且基础的地位，这是因为个人金融信息是金融资管得以开展的源头，它是金融机构决定资管规模及选择资管模式的主要依据，同时也是个人获得资管服务的基础。因此，不论是从投资者的角度还是金融机构的角度，个人金融信息都应排在优先保护顺位。所以资产信息管理系统的构建，可以借鉴如下步骤进行。首先，明确“资产信息”的内涵与外延，笔者建议将其范围确定为“开展金融资产管理业务所需的各类信息，以及资产管理活动中产生的各类信息的总和”。以之为基础，筛选符合条件的信息构建初始信息库。其次，丰富数据库中的信息种类和信息数量，并对已有信息进行优先级排序，排序依据主要包括与资管活动的密切程度、对投资者及金融机构的重要性程度以及不当泄露之后可能造成的社会危害程度等。最后，充分应用包括大数据、云计

① 参见周炜、赵大伟：《共享金融的风险与监管》，载《清华金融评论》2018 年第 6 期。

算、人工智能等在内的技术手段,将前述数据库打造成一个信息实时流动、往来交互有序、流转应用合法的良性管理系统。在该系统内,所有信息都能够实现定期的更新与完善,个人金融信息,特别是与资产管理业务相关的信息得到优先且充分的保护,并在获得保护的基础上,不断促进其综合价值的发挥。[①]

3. 完善金融信息赋能,打造信息辅助决策的长效机制

依托于金融资产的不同流向,相应金融信息所承载的内涵均有差别。采用技术分析手段对这些信息进行挖掘与分析,基本可以推知相应产业领域的发展情况并预测一定时期内该领域的发展前景。因此,金融信息背后所蕴含的内容极其丰富,在很多情况下可以作为相应经济甚至政治决策的辅助性依据。在未来一段时期,刚性兑付的打破将可能给众多金融子领域带来系统性冲击,如何科学防范冲击并化解风险,成为各大金融主体如今所考虑的重要问题。以之为考量,金融信息的预测功能就发挥出关键性的效用。

完善金融信息赋能,其主要内涵就是增加并维系金融信息,特别是个人金融信息和资产管理类信息所能够承载和反映实质问题的数量,从而在适用科技手段"解锁"信息时,能够得出更为丰富和精准的行为指导。具体到操作层面,可以通过强制性的程序规定,要求金融活动参与者在实施每一步行为时,均进行充分的记录,记录的内容不受实体性与程序性的限制,即只要是与资管行为相关均予以记载。在金融信息的后续流转中,这些记录也将随之一同移动。经过这样的"赋能化"流程,相应个人金融信息将具备更强的决策辅助能力,辅助金融机构、行业协会、监管部门等主体作出多种决策。

综合本章所述可知,利益复合型信息的保护与利用实际是相互促进的。因此,个人金融信息的公法保护应当遵循这一普遍价值规律:一方面,关注信息保护与利用的合理限度;另一方面,注意不同主体权益实现程度的调节与配比,在此基础上,真正实现个人金融信息所复合的多维利益,同时促进我国金融体系的健康发展。

---

① 参见李帅:《证券业适用金融科技与监管科技的衔接问题研究——以资管业务领域为研究对象》,载郭锋主编:《证券法律评论》2019 年卷,中国法制出版社 2019 年版。

第四章　个人利益与公共利益的平衡：医疗健康信息保护引发的思考

大数据在医疗领域的应用能够使医疗保健和疾病治疗更个性化与精准化，并为患者制定精准合理的治疗方案，[①]而互联网与医疗的深度结合也导致医疗数据的指数级增长。当前，医疗数据被广泛应用于临床决策支持、药物研发、远程病人数据分析、公共卫生领域等方面，[②]医疗系统也逐渐开始全面推进大数据的获取、管理、应用与流转：一方面，旨在指导医疗从业者的日常工作；另一方面，也有利于实现全行业诊疗能力的提升。可见，医疗健康信息既具备个人信息的私密性，又具备医学、科研信息的公益性，同时，还表现出疾控信息所具有的社会性，在信息属性上相对特殊。与第三章金融信息相比，医疗健康信息虽然也融合了多主体利益，且都强调信息安全的保障，但后者的侧重点更多在于“发挥信息功能”而非“实现信息利益”，所以选择个人健康信息作为“特殊属性信息”的代表进行研究，具有准确性与适格性。

如今，健康医疗产业的发展逐步迈向体系化。伴随互联网医疗的发展，医疗机构收集与获取患者健康信息的途径进一步丰富，医疗信息的共享与共用也逐步成为一种趋势。当前，互联网的高效性和高风险性同时作用于医疗健康信息，使医疗大数据应用中的问题逐渐凸显，主要表现为：信息多源性、多样

① 参见黎春萌：《大数据时代医疗质量管理与制度建设的探索》，载《中国管理信息化》2018 年第 23 期。

② 参见李国杰、程学旗：《大数据研究：未来科技及经济社会发展的重大战略领域——大数据的研究现状与科学思考》，载《中国科学院院刊》2012 年第 6 期；张国明、陈安琪：《基于区域健康信息平台的医疗大数据利用探索》，载《中国卫生信息管理杂志》2016 年第 3 期。

性带来的收集标准不统一问题,在信息获取过程中患者对医疗主体的不可信问题等。[①] 这些问题固然可以通过一些技术手段得到一定的改善,但在根本上还是需要生成、流转和利用主体对相应信息属性有明确的认知和合理的定位,[②]并通过法律手段明确个人健康信息的权属及应用规则,从而在发挥医疗大数据复合价值的同时,对较为敏感的个人信息实现良好保护。

第一节 互联网医疗中个人信息的特殊属性

一、互联网医疗产业与个人健康信息

(一)互联网医疗产业及其面临的问题

1. 互联网医疗模式的兴起与发展

互联网医疗的基本构建思路来自互联网经济,即创建一种全新的医疗资源交互与利用模式。从特征来看,互联网医疗为提升各类医疗资源的流动性创造了可能,并且提供了通畅的交互渠道保障医疗资源的共享与共用。在此,可以将互联网医疗的目标理解为:平衡地区之间的医疗资源差异,为更多患者提供精准治疗,从而在此基础上提升医院的综合水平、保障医生收入待遇,最终有利于促进患者和其他医疗活动参与者的健康权。目前,医疗共享的应用大致可以划分为线上和线下两种。线上医疗共享以在线问诊为主,在市场中已涌现出大量的在线问诊功能产品。依据不同标准,可以将我国当前较为常用的线上问诊平台划分为如下两类,即综合性的疾病问诊平台与特定诊疗方式(如中医等)的问诊平台,日常保健咨询平台与诊疗后的效果反馈与随访平台。线下医疗共享方式则主要包括医疗机构之间的远程会诊、医疗商场、多点执业、医生集团、医疗设施分享等具体模式。

---

① 参见刘晓亮、王坤、马军:《大数据时代的卫生信息化建设思考》,载《中国卫生信息管理杂志》2014 年第 1 期;孟群、毕丹、张一鸣等:《健康医疗大数据的发展现状与应用模式研究》,载《中国卫生信息管理杂志》2016 年第 6 期。

② 参见费晓璐、李嘉、黄跃等:《医疗大数据应用中的数据治理实践》,载《中国卫生信息管理杂志》2018 年第 5 期。

2016 年,国务院办公厅发布《关于促进和规范健康医疗大数据应用发展的指导意见》(国办发〔2016〕47 号),整个行业内掀起了开展大数据医疗的热潮。2018 年国务院办公厅《关于促进"互联网 + 医疗健康"发展的意见》(国办发〔2018〕26 号)的出台,进一步为共享医疗的发展明确了方式和路径,并强调应用互联网技术促进医疗资源共享的渠道重要性。

2020 年是国家医疗卫生立法的关键一年。2 月,国家卫生健康委员会办公厅《关于在疫情防控中做好互联网诊疗咨询服务工作的通知》(国卫办医函〔2020〕112 号)出台,为疫情防控期间如何利用"互联网 + 医疗"的形式提供便捷的诊疗咨询服务作出规定。6 月 1 日,《基本医疗卫生与健康促进法》正式实施,明确提出"国家推进全民健康信息化,推动健康医疗大数据、人工智能等的应用发展,加快医疗卫生信息基础设施建设,制定健康医疗数据采集、存储、分析和应用的技术标准,运用信息技术促进优质医疗卫生资源的普及与共享"。[①] 12 月,国家卫生健康委员会、国家医疗保障局、国家中医药管理局发布《关于深入推进"互联网 + 医疗健康""五个一"服务行动的通知》(国卫规划发〔2020〕22 号),进一步提出"坚持线上线下一体融合""优化智慧医疗服务流程""推动区域信息共享互认"的原则和要求,[②]标志着互联网大数据和医疗的结合已经成为医疗行业发展的重要趋势。

2. 互联网医疗产业面临的现实障碍

虽然有以上立法文件支持,但作为一种新兴模式,互联网医疗产业的发展仍然面临严峻的现实问题。例如,传统医疗概念与新兴概念的交织可能在一定程度上影响医疗效率,而新技术的发展又可能给传统产业带来一些当前尚无法解决的问题,这都加剧了共享医疗向更广泛地区推广的困难。此外,还必须予以关注的是,依托医疗行为的进行,各类信息不断的生成和流转,在互联网医疗中亦成为关键的资源之一。在这些信息中,来自患者方的个人信息相比之下蕴含着更多隐私色彩,但同时又能够对医疗活动的效果产生决定性作

---

① 参见《基本医疗卫生与健康促进法》第 49 条第 1 款。

② 参见国家卫生健康委员会、国家医疗保障局、国家中医药管理局《关于深入推进"互联网 + 医疗健康""五个一"服务行动的通知》第一部分。

用,所以并不具备单纯的个人信息属性,而是包含医学研究等公益性内涵,具有较为特殊的性质。但综观我国当前的医疗行业,医疗机构虽然占有大量的医疗个人信息,但其来源途径、授权使用的范围以及有效期限往往都不甚明晰。特别是对于那些并非来自患者本人,但又与其本人相关的医疗信息,其真实性与准确性如何判定,其后续流转和利用应当遵循怎样的规则,都是当前亟待解决的重要问题。从市场角度来看,对经济效益的追求必然会导致共享医疗产业将盈利作为首要目标,但基于医疗活动中个人信息的特殊属性,仅关注商业利益而忽视伦理价值或社会价值的做法并不具备合理性,因此,应当充分关注并探索健康医疗大数据共享应用和安全的平衡。这既是整个共享医疗产业健康发展的核心,也是个人信息公法保护中不可忽视的重要内容。

(二)个人健康信息的学理定义与实践内涵

1. 个人健康信息的学理定义

个人健康信息是个人信息的组成部分,主要是指在体检、诊断、治疗、疾病控制、医学研究过程中涉及的个人肌体特征、健康状况、人际接触、遗传基因、病史病历等方面的信息。[①]

共享医疗产业中,与患者或其他医疗活动参与者相关的信息,都可以被视为个人健康信息。实践中,还有“医疗个人信息”与“个人健康医疗信息”的用法。在此,由于医疗活动包含疾病诊疗、日常保健、母婴健康等多重内容,所以医疗活动参与者的范围大于患者群体范围,故基于指称范围的广泛性和准确性,本书采“个人健康信息”的表述,将所有自然人均视为潜在的个人健康信息主体。从具体范围来看,个人健康信息主要包括以下两方面内容。第一,也是最主要的部分,即与患者个人身份相关的信息,或者在疾病诊疗过程中形成的个人医疗资料。诸如患者姓名、性别、过往病史、医学影像资料以及住院记录等内容,都属于患者的个人健康信息。第二,与健康体检、母婴保健活动参与者个人身份相关的信息,或者在前述行为过程中形成的与该个人相关的记录。

在规范层面,目前我国尚未就个人健康信息给出统一的权威性定义。

① 参见汤啸天:《个人健康医疗信息和隐私权保护》,载《同济大学学报(社会科学版)》2006 年第 3 期。

2014 年出台的《人口健康信息管理办法（试行）》（国卫规划发〔2014〕24 号）中提出“人口健康信息”的概念，并将其定义为“依据国家法律法规和工作职责，各级各类医疗卫生计生服务机构在服务和管理过程中产生的人口基本信息、医疗卫生服务信息等人口健康信息”。[①] 2020 年国家卫生健康委员会办公厅、国家中医药局办公室发布的《关于加强全民健康信息标准化体系建设的意见》（国卫办规划发〔2020〕14 号），指出全民健康信息与公共卫生、人口健康、医疗服务、医疗保障、药品供应保障和综合管理等业务密切相关。[②] 在此基础上，涉及卫生健康信息的行业标准相继出台，从技术和法律相结合的层面规范个人健康信息的应用与流转。

随着信息技术与医疗健康领域的不断融合，健康医疗信息所涉及的外延范围和内涵定义都将不断发生变化，这也促使个人健康信息所包含的内容不断丰富。

2. 个人健康信息的时代新解

传统意义上认为，个人健康信息是由数据主体主动参与而生成，并能据此直接或间接地识别特定主体的数据。在数字化社会，个人健康信息主要在以下两个方面发生变化：一是生成与存储方式。当前的个人健康信息主要来源于电子健康档案，并以字节或代码的形式长期存储于线上数据库中，构成对个人健康相关活动的电子化记录。二是涵盖的具体内容。很多情况下，在结合之后能够判定个人健康状况的多个相关子信息，也应当被认为是个人健康信息，而不再局限于直接体现个人健康或病理内容的信息。综上所述，法律意义上的个人健康信息，其基本内涵应当包括如下四个方面。第一，个人健康信息的控制权。基于生成主体和加工主体的复合性特征，此类信息应当由不同主体基于各自的贡献程度，按比例共同享有。第二，个人健康信息的身份识别功能。与传统意义上的个人信息相似，个人健康信息也具备识别与定位自然人个体的能力，具备显著的目标导向功能。第三，个人健康信息的收集和利用应

---

① 参见《人口健康信息管理办法（试行）》第 3 条。

② 参见国家卫生健康委员会办公厅、国家中医药局办公室《关于加强全民健康信息标准化体系建设的意见》第一部分。

当遵循知情同意原则。对于已故者的医疗健康信息,确有收集利用必要的,应当征求其亲属的同意。第四,个人健康信息性质特殊。此类信息既是信息来源主体的重要个人资料,又是疾病诊疗与防控工作的重要依据,在特殊情况下还能够对医学研究起到重要的作用。[①]

(三)个人健康信息的争议焦点汇总

1. 个人健康信息的判定问题

当前,学界虽已对个人健康信息的定义、内涵及特征作出概括,但具体到实践案例中,如何准确判定个人健康信息还是存在一定障碍。特别是互联网技术能够在很大程度上扩大信息传播范围,从而使一些"非个人健康信息"或"类个人健康信息"在与特定传播方式的结合下,发生性质上的转变。

英国一家医院就曾发生这样一件案例:该医院研发出一种新的艾滋病诊疗方法,希望将这种方法在曾经有过艾滋病就诊记录的患者中推广试用,故选择发送邮件的方式告知。但相关工作人员错用"公开抄送"(Carbon Copy, CC)取代"秘密抄送"(Blind Carbon Copy,BCC),其结果就是将邮件内容与抄送名单相结合,可以定位到艾滋病患者个人。对此,英国数据保护官判定该医院向所有抄送名单中的患者进行赔偿,原因在于侵犯了患者的个人隐私。数据保护官的判定理由在于:虽然邮件内容是介绍艾滋病诊疗技术,从信息内容来看仅属于事实描述,并非个人信息;但与发送名单相结合则形成了个人健康信息。

在欧美最新实践中,行政主体基本都将结合之后可以反映公民健康情况的信息认定为个人健康信息,从而按照健康信息的类型加以保护。我国当前尚未明确此类"结合信息"组成部分的性质,也没有制定相关个人健康信息的具体判定标准,因而实践中仅仅是将产生地点是否是医疗机构、产生原因是否是医疗健康活动、加工主体是否是医疗活动参与者等直观因素作为认定信息性质的参考内容,缺乏更为科学、合理且全面的判定标准和具有实际操作性的判定方法。

---

① 参见汤啸天:《个人健康医疗信息和隐私权保护》,载《同济大学学报(社会科学版)》2006年第3期。

2. 个人健康信息的所有权问题

从个人健康信息的形成过程来看，数据个体提供了自身的健康信息，医疗机构及其工作人员起到收集、录入信息以及特定条件下加工信息的作用，对于公民个人健康信息的最终形成同样不可或缺。但在当前，个人健康信息的所有权及其在传统物权概念项下分解出的诸如控制权、使用权、管理权等权利，尚没有法律规范对其权利主体加以明确，无论是欧盟最新通过的 GDPR，还是我国《网络安全法》，其中均未对个人信息的所有权主体作出明确限定。

基于所有权暂不明晰的现实状态，个人健康信息在公开与流转方面所面临的问题与障碍主要体现在如下两个方面。第一，医疗行政机构出于管理需要公开公民个人健康信息，其权利来源如何认定？当前，发达国家多采用“个人健康信息授权发布”的做法，我国卫生健康委员会也借鉴并基本采纳了健康信息公开需要征求信息主体本人同意的做法。但其中的问题在于，经过“匿名化”的个人健康信息，其公开是否就能对信息主体不产生任何负面影响，以及在告知信息主体时，需要将相关信息的未来用途在何种程度上进行解释？在此基础上，也就引发对于个人健康信息脱敏程度、脱敏标准、对“去匿名化”“去识别化”问题的探讨，以及对医疗知识和法律规范的适配性、因应性进行深入研究等。第二，医疗机构自身对公民个人健康信息的共享和流转，应当在怎样的范围内展开。由于医疗活动参与主体对相关个人健康信息享有的权利不甚相同，且其中很多权利并不完整，所以并不能行使物权项下之占有、使用、收益、处分等全部内容，而是需要分情况具体考量。但在实践中，出于利益趋向性以及相关利用标准的缺失，大量的医疗机构还是在持有患者“授权同意书”的基础上将其个人健康信息在不同主体间流转，甚至以此获取经济利益。可见，当前急需法律规范来调整多方参与主体，特别是医疗机构对公民个人健康信息的共享与流转。

3. 特殊个人健康信息的使用限度问题

2018 年 11 月，一则“世界首例免疫艾滋病的基因编辑婴儿出生”的新闻引发包括医学、伦理学等在内的学界广泛探讨。该案的重要争议焦点之一，就是对基因科技应用范围的探讨。从理论研究角度来看，基因科技的应用可以在一定程度上改变生物体的遗传特征或繁衍程序。当前,基因科技在实践中的应用已催生了诸如人工授精、试管婴儿等有利于人类发展的项目。但是,由于基因疗法现在还处于初期发展阶段,更进一步的诊疗内容还不具备稳定的疗效和完全安全性,因而在实践推进中需要受到来自法学领域的监管和调控。

从法理角度来看,基因编辑不当将会引发民事、刑事等多个领域的法律责任,而其中涉及的核心问题之一,是基因信息的性质及其法律定位问题。鉴于此类信息关乎个人生命健康及未来发展,严重时还与人类伦理相关,所以首先应当将其认定为一种特殊的个人健康信息,并在法律上给予更为严格的保障。目前,我国调控基因技术应用的法律规范还不甚完善,在实践中尚未制定出台有关基因疗法或基因技术试验的法律法规,只有一些相对零散的内容散见于以下两部规范中,即原卫生部药政管理局 1993 年公布的《人的体细胞治疗及基因治疗临床研究质控要点》(卫药政发〔1993〕第 205 号),国务院 1998 年公布的《人类遗传资源管理暂行办法》(国办发〔1998〕36 号)。前述规范不论是在颁布时间上还是具体内容上,都无法适应当前的社会发展现状,亦不足以继续调控基因技术相关行为,所以就该事项领域中的个人健康信息保护问题,应当进一步探索新的规范和措施。

二、个人健康信息的类型化研究

(一)原生信息、加工信息与携带信息

以个人健康信息的生成主体及生成过程为标准,可以将健康信息划分为原生信息、加工信息与携带信息三类。从主体、内涵、信息价值以及利用规则的差异等方面,可以将这三类信息做如下区分。

原生信息,其依托对象是患者或其他医疗活动的参与者,产生于这些主体自身,或者伴随这些主体进入医疗活动中。在内涵与外延方面,原生信息以个人的生理、病理情况为主要内容,医疗行为主体或医疗辅助主体可以从患者处直接获得,具体的获得方式包括录入基本生理信息、询问病情等,因流程简洁清晰、经手主体范围较小,所以属性更为“纯粹”,利用规则也相对简单,这将在本章第五节论及个人健康信息的保护措施时进行详细介绍。

加工信息，指以医疗行为主体或医疗辅助主体实施“处理”行为为基础所产生的信息。这里提到的处理行为，包括但不限于对患者进行医疗检查、对患者临床症状进行记录、对患者病情进行会诊以及对患者需求进行区域性配置等。因此，最典型的加工信息就是病历。[①] 与原生信息相比，此类信息的生成过程消耗了更多医疗主体的精力，因而在信息原本所能承载的价值之上，又附加了医疗投入、企业投入、社会投入等更为丰富的价值。所以，加工信息的收集、流转、共享与利用，需要考虑更多主体的意愿，因而“知情同意”的获取规则也更为复杂。

携带信息，其“携带”主体主要包括两类：一是个人主体，包括患者或其他医疗活动参与者；二是医疗主体，以医疗行为主体和医疗辅助主体为最主要代表。首先，在个人主体维度，虽然这种情况下的携带信息须经由患者或其他医疗活动参与者的提供方可进入医疗程序，但由于“二次医疗”现象的存在，则不得不深入审视其中实际关涉的主体范围。具体来说，这些“携带信息”并非在当前环节中询问、检查所得，而是先前一次医疗活动的产物。个人主体携带这些信息进入后续医疗环节，最主要的目的在于进一步确诊或治愈自身疾病，因而侧重于追求信息促进诊疗与研究的价值。其次，在医疗主体维度，其携带信息的原因主要是基于先前的医疗活动。医疗机构或从事医疗资源整合的平台机构，在初次收集信息结束之后都会对信息进行保管和存储，形成医疗档案。若这些档案能够进入二次医疗领域，或者能够进入相关的医疗科学研究中，则医疗主体在促进诊疗与研究的意愿之外，还在一定程度上追求由信息共享与流转所能带来的经济效益或社会效益。综上可知，携带信息在内容上既包括原生信息，也包括加工信息；在种类上，以患者病历为主要表现形式；在共享规则上，需要充分考量多方主体的意愿并征得其同意，因此在以上三种信息中最

---

① 病历，指的是医务人员在医疗活动过程中形成的文字、符号、图表、影像、切片等资料的总和。病历具体可以分为门（急）诊病历和住院病历两类。门（急）诊病历内容包括门诊病历首页（门诊手册封面）、病历记录、化验单（检验报告）、医学影像检查资料等；住院病历内容包括住院病历首页、住院志、体温单、医嘱单、化验单（检验报告）、医学影像检查资料、特殊检查（治疗）同意书、手术同意书、麻醉记录单、手术及手术护理记录单、病理资料、护理记录、出院记录（或死亡记录）、病程记录（含抢救记录）、疑难病例讨论记录、会诊意见、上级医师查房记录、死亡病历讨论记录等。参见古津贤、陈玮玮：《论病历所有权归属》，载《法律与医学杂志》2006 年第 3 期。

为特殊。

（二）一般信息与特殊信息

以信息关涉内容的性质为分类标准，可以将个人健康信息分为一般信息与特殊信息。正如上文提及的第三个争议焦点“特殊个人健康信息的使用限度问题”中所述，依据个人健康信息关涉内容的性质差异，可以将健康信息分为不同种类，这也关系相关信息在秘密等级、可用范围以及保管方式上的差别。这一分类标准的意义在于：可以以个人同意为前提，提升非敏感类、非高密级信息的流转频率，发挥个人健康信息在构建社会健康信息网络中的作用，从而为社会保险、医疗保险信息的统一系统建设奠定基础；另外，保障敏感类医疗信息的安全，减少因医疗机构及政府监管部门不当行为给患者带来的合法利益减损，同时也有利于维护社会公序良俗，防止特殊个人健康信息遭到泄露或被不当利用。

具言之，一般信息，主要是指那些反映个人基本健康状况、所患常见疾病、疾病的治疗方案及治愈情况等内容的信息。之所以将其界定为非敏感类信息，主要因为这些信息具有普遍性，其内容的流转甚至公开，并不能影响社会对信息主体的已有认知或评判。从医学研究角度来看，一般信息在通常情况下不具备过高的科研价值，其反映的内容在医学领域有“通识”特征，不存在频繁遭受侵犯的风险。然而在当前共享经济背景下，医疗健康信息在诊疗与科研价值之外呈现出更为明显的社会经济价值，即通过对海量的一般健康信息进行大数据分析，可能会得出患者就不同疾病在选择医疗机构时的偏好，从而使医疗主体特别是发挥平台作用的医疗辅助主体调整相关行为，扩大医疗机构的影响力与医疗服务平台的市场占有量。所以当前对于一般信息，既要以前文所述的提升流转频率、合理发挥效用为监管核心原则，又要关注共享医疗模式下的信息保护，不可因其非敏感或密级低而不予关注，从而导致个人健康信息被违法或不当利用。

特殊信息，其内容主要涉及患者较为敏感的疾病，如严重传染病、非传染性重大疾病。此外，还有人体生物组织、个人基因图谱等信息。相较一般信息，特殊信息因关涉敏感内容，所以隐私性更强，患者对信息的保密要求也相应更高。例如,基于惠民服务这一出发点,曾有医疗机构尝试将患者的健康信息或诊断信息直接推送至手机客户端,但在意见征求环节中,却有很多患者家属提出反对意见,称如果诊断结果是恶性疾病,那么直接将其内容告知患者本人很可能会产生负面效果。可见,对于此类信息而言,法定知情权的实现方式如果加以变通,如减少告知内容、改变告知对象等,相较不加区分地全部告知,可能会实现更好的社会效果。但对于患者来说,其知情权受限的情况是否应当由法律作出明确规定,是否仅凭家属的决定就可以调整告知范围,其知情权的具体内涵是否不再完整等问题,都是有待进一步研究的。对此,笔者认为,知情权的内涵应当是法定的,即非经法律明文规定不得作出改变。但可以将重大疾病这种较为敏感的信息内容作为法定例外事由,由法律法规规定其获取及流转的方式。当然,在设定这种例外模式下的特殊规则时,应当坚持公平公正等法律基本精神,以比例原则、信赖利益保护原则等内容为指导思想,正面列举属于例外情况的敏感信息种类,制定相应的信息规则,并为后续可能发生的变化留出制度空间。

但在此需要注意的是,特殊信息中的严重传染病信息在性质上表现出与同类其他信息的差异,即此种信息对国家特定时期内的公共卫生安全甚至社会稳定都具有重大影响,对国家整体的医疗疾控建设有关键作用,所以不仅承载着个人利益与医疗机构的集体利益,还蕴含着国家利益;同时,此类疾病具有高速传染性,如果不加区分地进行保密很有可能造成更多人的感染,从社会群众个体权益角度来看也是存在损益风险的。因此,患者的严重传染病信息应当通过合理的途径和方式实现共享与公开。

(三)传统医疗信息与类医疗信息

以涵盖事项的领域为分类标准,可以将个人健康信息分为传统医疗信息与类医疗信息。这一标准主要是指,在健康信息涵盖的事项中,哪些与医疗卫生事务直接相关,哪些并非直接或紧密相关。现今,市场中存在很多不同于医院诊疗活动的“类医疗活动”,与传统医疗之间的界线并不明晰。那么,是否可以将两种场域下产生的信息都定义为健康信息或医疗信息,是值得进一步探讨和商榷的。举例来说,美国当前正在探讨何谓医疗服务的“真正提供者”,也就是在当前医疗活动流程体系化、覆盖环节全面化的背景下，除了公私立医院之外，其他满足患者健康需求的医疗行为主体是否应当被纳入宏观上的医疗机构范畴，以及这些主体在医疗相关活动中生成的与患者相关的信息是否应当被视为个人健康信息。针对第二个问题，美国的法律实务界目前将前述两种信息数据都纳入监管范围，即不论是医院、社区诊所生成的患者信息，体检中心生成的个人健康信息，还是与可穿戴设备、复健活动等相关的信息都作为管理对象，并在一定范围内要求相关数据的保管主体将信息上传至统一管理平台。

综上可知，传统医疗信息主要包括公私立医院、社区诊所、体检中心等传统常规医疗机构在疾病诊疗、健康检查过程中形成的与个人身体状况相关的信息。相比之下，类医疗信息则指的是由康复机构、医学鉴定机构、医疗美容机构等主体在工作过程中形成的与个人身体状况相关的信息。可见，类医疗信息的内涵丰富了传统医疗健康信息的种类，实质上也是对个人健康信息定义的一种更新和完善。

对于类医疗信息的保护，我国尚未出台明确规定。实践中，是应当借鉴欧美国家做法，将两类信息全部囊括其中并制定宽严相济的管理措施，还是仅监管严格意义上的健康信息，对于其他信息暂时不予法律规制，这是在未来发展过程中需要重点考量的问题。笔者认为，伴随医疗科技的发展，与医疗器械、仪器等相关的非传统意义上的健康信息数据将会日益普遍，其数量也会逐渐庞大，所以基于对个人健康信息的保障这一出发点，应当将两类信息都归纳在健康信息范畴之中。在此可以采取欧洲式的立法模式，对不同子类别下的信息实施不同的管理与保障规则，具体内容包括但不限于：对类医疗信息采取全部上传至云平台的做法，而对医疗健康信息实施选择性上传或匿名化之后再予上传；对类医疗信息的流转与利用实施宽松监管，不需要定时向数据治理主体进行报备，而对医疗健康信息的流转和利用则需要严格监管，并要求信息保管者定期将相关信息数据的流转、共享以及使用情况进行报备，并对超过信息主体授权范围之外的利用与交易情况进行解释。这样规定的目的在于，一方面，充分保护个人健康信息；另一方面，促进医疗信息在合理范围内最大限度地发挥经济效用。

（四）商业信息与非商业信息

以信息用途为分类标准，可以将个人健康信息分为商业信息与非商业信息，这一分类也符合医疗服务市场化的发展特征。具言之，生成之后仅被用于诊疗、科研或管理的信息，属于非商业性的健康信息；当然，被赋予国家安全价值的个人健康信息，也当然地属于非商业性信息。相比之下，被附加价格用于商业交易，供其他市场主体获取并使用的信息，则属于商业性健康信息。当前，各医疗机构将患者个人健康信息用于商业用途之前，基本都会通过一定的技术手段对其实施匿名化或者脱敏处理，以保障相应交易不会泄露患者隐私。

对于上述两类个人健康信息的应用与保护，笔者建议应按照以下两个步骤开展。第一，应当明确商业健康信息与非商业健康信息的界定标准。具体到操作层面，可以通过行业规范的形式，明确两类信息的关键区别点，并规定在此过程中的利益衡量标准和衡量方式。以此为指导，医疗活动参与主体可以将其占有的个人健康数据进行分类，对于非商业信息坚持以保护和公益性利用为主的策略精神，对商业信息则可以在征求信息主体同意并隐去敏感性身份信息的前提下，通过与第三方数据公司合作等形式发挥其经济价值。第二，医疗监管主体应当出台相关规定，明确在不同种类信息流转与利用中，如何界分并处理各种法定权限问题。也就是说，在处理商业健康信息时，可以将各类盈利型医疗机构以及法定的第三方数据公司作为有交易权限的主体，并明确规定这些主体在交易信息数据时应当遵循的原则。在处理非商业健康信息时，则应当将所有参与医疗活动的主体都视为有权主体，其所享有的权利和应当履行的义务主要包括，按照法律强制性规定保护、转移、共享相关健康信息。在这一过程中，如果非商业信息的使用结果将会影响国家安全、社会稳定，或者将会给信息主体造成重大不利益时，前述主体还应当采取适当的风险防控手段，控制这种不利后果的影响范围。

第二节　医疗健康信息法律保护的核心问题

一、信息保护出发点的协调

(一)信息保护出发点的差异化

个人健康信息,特别是生物遗传代码、疑难病症案例等信息,对于医学科研实验的开展及医疗科研的进步具有重要意义,但这些信息在通常情况下涉及个人隐私,是信息主体或患者不愿对外公开、为人所知的内容。因而,医疗机构,特别是公立医院在日常工作中承担着很多安全管理义务,包括但不限于对前述信息的保管、保密、使用监管以及删除等。由此可见,如果将"管理"或者说行政事务管理作为个人健康信息保障行为的出发点,那么其管理目标和预期达到的结果必然是以保护个人信息为主,辅之以促进医疗事业的发展。然而,医学新疗法的推进离不开个人健康信息在医疗科研中的应用,这也从另一侧面凸显了个人信息在当前社会的综合价值。所以,个人健康信息发挥的作用,在此时则变成了以促进医疗事业发展为主,以保护个人信息为辅。

综上可见,基于信息占有主体的身份差异、特定时期内个人健康信息价值的侧重点差异等因素,信息保护行为所蕴含的利益出发点是处于动态变化之中的。因此,对个人健康信息进行保护,需要持续关注被保护信息所蕴含的价值,协调信息保护行为所立足的出发点,实现社会利益、个人权益以及医疗机构组织利益的协同发展。换言之,就是要平衡个人健康信息保护领域中的治理基点,使科研和管理两个目标并重,并能够根据不同情形调整二者的重要性排序。

(二)利益差异化体现的信息权属复杂性

关于个人健康信息下所汇集的具体权利种类,诸如欧盟这类对个人信息实施严格保护的域外主体,在当前亦尚未明确其所有权的归属,所以对于我国来说,应当在直面这一问题的前提下循序渐进地探索个人健康信息的复合属性。

1. 占有权、管理权和控制权是个人健康信息领域的常见权利种类

作为健康信息领域的常规性权利,这些权利的具体内容与个人、机构以及相关组织均不可分离。一般来说,患者本人或者提供其他健康信息的个人是个人健康信息的绝对主体,享有信息的使用权、获取权、知情权以及授权其他主体使用信息的权利。相应地,医疗机构、类医疗服务提供机构则依据其加工信息的行为或前述个人的授权行为,享有包括有限的使用权、转让权等权利。进一步而言,拥有健康信息的机构无论是医院还是商业应用第三方公司,在行使前述权利时应当充分保障信息的安全,防止泄露,并保证信息数据的真实性不受影响、完整性不受破坏。

2. 监督权和管理权是医疗活动监管主体的法定权利

对于以卫生健康委员会为主的监管机关来说,其行使权利的具体内容主要包括两方面。

第一,允许从事医疗健康服务的机构合理利用患者信息。当前在我国范围内,以公立医院为主的医疗机构,其责任医生是默认可以获取患者医疗健康信息的,这些信息包括但不限于患者的个人基本情况、家族病史、过往病例以及临床反应现象等。对于这种授权利用的模式,其出发点实际上就是考量了个人健康信息的公益属性,即满足个人对于治愈疾病的需要,并能够在一定程度上促进医疗卫生事业的发展。例如,可以根据一段时期内集中暴发病症的患者相关信息,准确预测并防控传染病。

第二,允许特定的医疗活动参与主体对相关信息进行商业化利用或非商业化的利用。当然,这种利用应当在合理的外部监管下进行。在此,外部监管可以从以下几个角度理解。首先,应当坚持促进信息利用的原则。也就是在明确外部监管目的的前提下,最大限度地促进信息发挥作用。例如,对于具备科学研究价值的个人健康信息,就应当保障信息从占有主体向科研机构的无障碍流动,并监督其研究转化情况;对有利于公众健康保障的个人信息来说,则应当监督该信息的公开利用情况,严禁通过此类信息谋取不法利益的现象。其次,应当将相关主体获取信息的方式作为首要监管内容。也就是说,医疗活动的参与主体是否有权收集个人健康信息和医疗信息,获取信息时是否以明

示方式履行了告知义务,是否就可能产生的负面效果向个人予以说明等,均应成为监管主体保障个人健康信息安全的关注重点。最后,应当重点探索个人健康信息的脱敏问题。结合上文分析可知,个人健康信息的应用场景多元,而且在很多情况下是出于公益目的,所以此时,一方面,无须将其中涉及个人身份的内容公开;另一方面,虽然患者同意将相关信息交给特定主体使用,但并不希望自己的身份信息被公开,这就对相关信息的脱敏提出了需求。信息脱敏,或者说信息匿名化的目的在于,既不影响相关信息的内核,使其能够继续发挥社会价值,又切断该信息与特定个体的关联性,从而保障患者或医疗活动参与者的信息安全。当前,我国还未出台明确的法律规范调整信息脱敏行为,对信息的脱敏也尚无标准可依,这不仅会影响信息需求方后续工作的开展,也容易造成数据清洗行业的乱象。所以建议将技术治理与法律治理相结合,制定个人健康信息的脱敏规范标准,以促进医疗健康信息真正且全面地作用于医疗事业发展领域。

(三)信息保护出发点的统一化路径

个人健康信息在属性上具备复合特征,其所蕴含的价值和利益也难以在短时期内完全一致化。因而保护此类信息,其出发点的统一,应当建立在不同利益主体实现联合作业的基础上。具体到实践中,就是逐步推进医联体平台的构建,并通过该平台将协作医院、医疗机构的患者个人健康信息统一收集,进而建立大数据目录体系,分门别类地进行保存和管理。另外,基于科研所需数据数量庞大、子项目繁多的特征,在管理过程中还可以进一步对基础数据进行细化,按照科研需求进行编号,以便于科研调用。在构建统一医疗数据平台的过程中,特别需要关注的一点是对电子病历数据编写标准的确立。当前,医疗系统内部缺乏统一的“数据规范化字典”,即平台收集到的基础医疗数据存在书写、用词、语义等多方面的不一致,从而使数据的互联互通面临困难。

因此,建议在构建统一医疗数据平台的同时,从如下两个方面促进不同主体行为统一度的提升:第一,充分利用科技手段,探索不同领域、不同环节中个人健康信息的共同特点,从而制定诸如信息生成时的统一用语标准、信息流转时的统一程序标准等规范,打破原有的信息壁垒,提升不同主体就信息存储、共享与利用的便捷度。第二,寻找不同主体的利益统一区间,如在患者和医疗机构之间,治愈疾病就是其共同的利益诉求;而在医疗机构和医疗监管部门之间,通过个人健康信息保障全社会的卫生健康状况就是其共同目标。以此为指导,可以利用大数据技术手段逐层推进,最终确定出一个或几个共同性最强的出发点,作为不同主体行为的统一出发点。这样,个人健康信息在个人疾病治疗、行政事务管理、医疗科学研究、社会风险防范等领域的作用均能得以发挥,信息保护出发点与落脚点也会实现较大程度的统一化。

二、信息主体的分类及具体权利义务

在医疗活动中,不同主体的权利地位在很大程度上与医疗数据的来源或获取方式有关。换言之,就是医疗数据占有者或保管者是基于怎样的授权、通过何种方式得到公民的个人健康信息。以此为标准,并结合共享医疗活动中的参与主体种类,可以将个人健康信息可能的接触者或利用者分为以下四类。

(一)个人健康信息来源主体

参与医疗活动,并以自身健康状况为主要活动依据的个人,即为个人健康信息的来源主体,这里提到的医疗活动包括但不限于疾病就诊、健康体检、日常保健、康复训练、新生儿护理等。其中,产生于疾病就诊环节的健康数据与其他数据相比具备更为重要的临床研究意义,因而医疗机构对此类数据往往有较大的留存与利用需求。在我国实践中,通常情况下患者会在重大的手术治疗或长期性治疗开始之前与医院之间签署授权协议,承诺个人所提供信息的真实性与完整性,并同意将个体组织样本、病例信息等交就诊的医疗机构所有及使用,当然,其使用范围局限在特定的公用事业领域,主要包括疾病会诊、科学研究等。

就前述主体对个人健康信息所享有权利而言,可以借鉴美国《健康保险携带与责任法案》(HIPAA)中有关个人健康信息主体权利的规定,主要如下。

1.获取权。患者或其他医疗活动参与人(以下统称为患者),有权要求查看与其自身相关的病历记录或其他医疗健康档案。医疗服务提供者经审核认定主体身份适格的,应当在30个工作日内将前述信息的复印件交给申请人。

2. 知情权。患者有权提出查阅自身健康信息的全部记录。保管前述信息的医疗服务提供者应当保障患者对信息的知情和查阅。

3. 修改权。当患者的个人健康信息在内容上发生变更时,其有权要求保管相应信息的医疗机构对信息内容进行修改或增删。接受申请的医疗服务提供者应当在60个工作日内实施上述修改行为。

4. 选择共享权。患者有权选择共享其个人健康信息的主体范围,有权拒绝向特定的主体共享相关信息。

5. 投诉权。针对个人健康信息未获得保护的情形,患者有权向相关的信息安全保护机构进行投诉,其投诉应当获得受理。

结合如上规范内容可知,在法律范畴内,作为数据来源的个人对其健康数据享有所有权,能够行使占有、使用、收益、处分等行为权利。但基于医疗活动的特殊性,即健康信息的占有和使用主体更多是医院或其他医疗服务提供机构,个人虽然是数据来源主体,但对于数据的依赖度并不高,其需求更多表现为治愈疾病的愿望,而非对个人健康信息的掌控。因此,可以将信息来源主体的权利概括表述为一种不完全的所有权。也就是说,这里的使用权内涵更多呈现为占有、使用、修改以及决定其用途的一系列权能。相比权利,个人健康信息来源主体的义务则具备较强的单一性色彩,即以保证所提供信息的真实有效为主要内容,并及时将信息的变动情况及必要的变动理由告知相应保管主体。

(二)医疗行为主体

在美国HIPAA法案中,所有医疗行为主体被统称为“医疗服务提供者”(medical provider)。在处理患者或医疗活动参与人的个人健康信息时,法案中明确了其应当坚持的基本原则,具体如下。第一,安全保护原则。给予患者或参与医疗活动的个人以合理保护,确保其信息的保密性、完整性与可及性。第二,事故通知原则。涉及信息采集或变更时,需向所有人出示《隐私权政策通知》,对信息的共享方式、使用途径、可能造成的权利损害以及投诉方式进行说明。如有信息泄露事故发生,需马上通知信息当事人,如泄露范围超过500

人,则需向政府部门通报。第三,可更正原则。应向信息来源主体提供可随时修改个人健康医疗信息的途径。第四,公开和透明原则。保证与个人健康信息相关的政策和活动流程完全公开透明。第五,最低限度必要准则。因特定目的而进行的个人健康信息采集、使用或披露行为,应将使用范围控制在最小范围内。第六,责任性原则。保障上述所有原则的落实,并给予恰当的监管保障。

在原则的指导下,HIPAA 法案进一步规定了医疗机构主体的具体义务内容,并对其非法披露或使用个人健康信息的行为制定了较为严格的处罚措施。其一,对于医疗服务提供者实施的符合 HIPAA 法案要求的行为,如果在无意识情况下造成个人健康信息泄露,则需要承担单条泄露信息 100 ~ 50000 美元的罚款;如果信息的泄露系故意所为,那么则提高处罚额度,由有责任的医疗服务提供者承担单条泄露信息 1000 ~ 50000 美元的罚款。其二,对于医疗服务提供者实施的不符合 HIPAA 法案要求的行为,如果个人信息泄露现象系无意识造成,则应由医疗服务提供者就每条信息的泄露承担 10000 ~ 50000 美元的罚款,其负责人还需承担 1 ~ 5 年的有期徒刑;如果泄露信息的后果系故意所致,则需要由医疗服务提供者就每条信息的泄露承担 50000 美元的罚款,其负责人还需承担 5 ~ 10 年的有期徒刑。在前述所有情形中,罚款金额的上限均为每年 150 万美元。当然,医疗服务提供主体也享有一定的法定权利,例如,在个人信息来源主体的授权范围内合理使用信息等。但因其在共享医疗产业处于信息集成中心的特殊地位,还是应当更强调义务的履行,并以履行义务为前提和保障,全面实现前述权利。

结合我国医疗服务现状,可以将前文提及的“医疗服务提供者”进一步划分为两种:医疗机构主体和类医疗服务提供主体。以 HIPAA 法案中提及的信息处理原则与强制性信息义务为指导,可以对这两类主体获取、加工和利用个人健康信息的行为进行具体探讨。

1. 医疗机构

这类主体主要包括公私立医院、社区诊所、乡镇卫生服务站等提供疾病诊疗服务的机构。在医疗活动中,这些机构承担着信息的提取和加工任务,是个人健康信息由初始形式转变为可用形式的关键环节。但由于健康信息能够体现医疗活动参与者或患者的个体特征,且这些特征可能会影响相关个人的家庭生活、工作就业甚至社会评价,所以医疗机构主体在对此类数据进行流转和利用前,必须征求数据来源者的同意和授权。

因此,医疗机构主体在个人健康信息权利体系中,处于与来源主体重要性基本等同的地位,虽然权利种类不甚相同,但二者对数据行使的权利都系所有权分支,具有明显的权利排他性。当个人与医疗机构的所有权相对抗时,应当将可能影响的利益进行重要性排序,再区分不同情形作具体考量,基本原则是国家利益、公共利益应当居于首位,但如果对健康信息的利用可能给数据来源个人造成不可弥补的负面影响或不利益,应当在征求个人同意的基础上再予脱敏之后利用。

2. 类医疗机构

类医疗行为指的是健康检测、医学诊疗之外,其他与个人健康事项相关的产业或服务。在当前“大健康”概念提出的背景下,①类医疗服务的发展在很大程度上正是这一理念的体现。也就是说,在传统的疾病诊治行为之外,类医疗服务重点关注的是个人的保健行为或就诊之后的复健行为。从宏观角度来看,类医疗服务不仅呵护身体健康,同时也将心理健康状态作为重要的监测和保障对象。由此可见,实践中的类医疗机构包括但不限于康复训练中心、心理咨询中心、母婴保健机构、健康体检机构等。因此,在类医疗行为过程中产生的与个体相关的信息,既涉及该个体的健康状况,又包含各类组织为满足健康需求所提供的服务内容,所以在性质上突破了隐私的范畴,是多种属性信息的融合。

具言之,对于单纯体现个人健康情况,或者经结合之后可以判定个人健康情况的信息,监管主体应当要求类医疗服务机构严格按照个人健康信息的标准处理并加以保护,利用时也应遵循相关规定;对于反映个人卫生健康习惯的信息或者健康消费信息的内容,可适当放宽保护标准,并允许类医疗服务主体

① 大健康是根据时代发展、社会需求与疾病谱的改变,提出的一种全局的理念。

在特定范围内从事信息的交易和流转。

（三）医疗辅助主体

作为共享经济的具体形式之一，共享医疗活动的开展同样离不开发挥中介作用的第三方平台。在互联网商品买卖、互联网金融等模式的带动下，共享医疗中的中介主体身份也开始从传统以各类医疗机构为主，转向以线下机构为主、线上平台为辅的新型模式。2017 年 8 月，杭州全程国际医疗综合体（Medical Mall）的诞生，标志着医疗服务开始注重医生资源的集合与优化配置，并依托一家医疗机构的场所和设备，引入多家机构的医生入驻，大大降低了设备投入和运营成本。作为医疗辅助主体的 Medical Mall，则在统一管理前述医疗资源的同时，在医生们不擅长的运营、获客、营销等领域发挥优势，实现市场、客户、品牌形象、物业等多重资源的共享，通过打包管理使医生能够真正专注于医疗工作。[①] 基于业务的中介性，此类主体在很多情况下成为患者与医疗机构之间的信息传递者，享有对初始健康信息的占有权与保管权，并承担保障信息安全、依据双方要求定向传递信息的职责。由于这种共享医疗模式尚处于发展初期，所以对于中介主体更多的权利和义务还有待在实践中进一步发掘。但是，不论线下的实体性中介还是线上的平台性中介，二者性质相同，所以应当享有基本相同的权利和义务内容。

除了中介主体之外，另一类辅助机构所从事的工作主要是帮助医疗服务提供主体处理特定信息。以 Deepmind 为典型代表的第三方商业公司，就是此类主体的典型代表，其权利边界以授权主体或委托主体的同意范围为准。例如，数据清洗公司需要按照委托主体的委托事项完成隐私类医疗信息的脱敏，它享有的仅是对数据的加工权与处理权，并不能将委托主体交付的信息作其他用途。又如，数据分析公司仅可以在患者、医疗机构或类医疗机构知情同意的范围内进行健康信息的挖掘与分析，并按照约定将数据分析结果反馈给授

---

① 参见郑莹：《颠覆传统医疗模式　全国首家 Medical Mall 大透视》，载微信公众号“看医界”2018 年 11 月 5 日，https://mp.weixin.qq.com/s?__biz=MzA3NDA0NDExNA==&mid=2659241569&idx=1&sn=095aab80874d4837d7091ecc9d168f5f&chksm=8471a9dcb30620ca02298d2f876cc031a4a8fed7e9efcbd3c4fb0972efc64a6e5110d805e5d2&scene=27。

权主体,不能越权处理相应数据。当然,数据治理机构还应密切关注数据来源主体的意愿变化,即允许患者或医疗机构在合理情形下收回授权。

(四)监管主体

在共享医疗产业发展过程中,行使监管职责的主体主要包括政府部门和医疗业协会两类。在政府监管主体层面,主要强调的是一种规则制定和安全保障的职责,即在数据流转与利用的过程中,政府主体通过制定个人健康信息的利用与保护细则,为前述医疗服务提供者施以行为的外部引导,从而保证患者或其他医疗活动参与个人的隐私不被泄露,保证这些信息的真实性和完整性。在法律属性方面,监管主体的上述权利更多表现为一种管理权的特征,其行使需要得到信息来源主体、医疗服务提供主体的有效配合,体现了共享经济多元共治的特点。

后者医疗业协会行使的相关信息监管职责,则更多强调的是对行业发展的良性促进作用,因而这种监管的强制性与政府部门监管相比明显较弱,表现出对行为的显著引导性。例如,行业协会可以就下列行为制定规则:医疗服务提供主体获取自然人健康信息时,要求其坚持信息使用的必要性原则;不同主体之间就信息共享或利用产生分歧时,要求其选用合理的利益分析工具与分析方法等。在相关信息争议发生后,行业协会还有提供建议、化解纠纷的职责,并通过纠纷反映的客观情况进一步完善其监管策略。因此可以说,医疗业协会的监管方式具有更为明显的柔性特征,既能独立发挥促进行业发展的功能,又是政府监管的有效辅助。

三、信息的跨部门交流与共享

前文论及个人健康数据的相关主体,虽然作为来源方的患者或医疗活动参与个人,其个体是元数据主体,但在整个医疗活动流程中,医疗机构才是最为核心和关键的单位。所以,数据治理应当关注信息在医疗机构中的交流与共享,即关注个人健康信息在不同医疗服务提供者之间、在同一医疗主体不同部门或科室之间的流转与使用规则。可见,信息的跨部门交流与共享既与信息所承载的利益、所蕴含的价值密切相关,又反映着以部门或机构为单位的主体意愿，故推进个人健康信息的跨部门交流与共享，应当确立适于实现个体追求、能够促进医疗事业发展并促进社会稳定的共享原则、共享行为标准及相应的实施规则。

（一）信息跨部门共享的原则

个人健康信息具备多重价值，只有合理流动起来才能充分发挥其应有的效用。所以在医疗服务提供者范围内，相关信息的跨部门共享是必不可少的。以医疗服务提供主体当前的内部组织架构为基础，信息的跨部门共享主要可以划分为两种情形。第一，不同医疗服务提供者之间的信息数据共享。对于不同的医疗机构或者类医疗服务提供机构，因客观存在的主体身份差异，其经营所追求的利益必然难以完全统一，所以应当在保障各主体对已有信息行使法定权利的基础上，贯彻促进综合诊疗和科学研究的目标，从而打破传统数据壁垒，提升不同主体间的信息共享数量。当然，还应不断完善这一过程中的数据共享规则，杜绝提供不实信息、不完整信息或者故意隐去关键有效信息的现象，以行业规范的形式制定前述规则，明确违反规则所应承担的具体责任。第二，同一医疗服务提供者内部不同部门之间的信息数据共享。在这种情况下，基本不存在共享信息不真实、不完整的情况，但应当重点防止利益的小集体化与责任的推诿，实现信息的无障碍流转。此外，两种共享模式都应当以保障患者隐私、促进病症解决为最基本的原则和出发点。在实践中，患者与医疗机构签署的授权同意书通常属于概括授权，其中并未载明其个人健康信息具体将会在医院的哪些部门或科室进行流转与利用。从医疗机构角度来看，患者并无必要知悉相关内容，但基于法律保障个人信息的出发点，患者个人应当对此享有明确的知情权。

对于第三方监管主体，其共享个人健康信息所应坚持的原则在此主要包括：促进个人健康信息发挥社会、科研等综合效用，保障数据来源主体不因相关信息的不当共享遭受法定权益的减损，促进医疗主体交流的流畅性从而推进医疗科研的发展。当前，包括疾控、药监等部门在内的监管主体数据库均未实现互通，由不同主体所有和保管的个人健康信息无法协同作用，不能起到最佳的监管作用。因而应当坚持前述原则的指导，促进个人健康信息在监管工作中的合理共享。

(二)信息脱敏的标准与规则

前文所述需要对个人健康信息进行脱敏之后,再进行跨部门流转与共享,这里就涉及信息的脱敏标准问题,即应当在何种程度上对信息进行匿名化处理,才可使其满足跨部门共享的条件。理论上,脱敏的方式主要有两种,一是随时间推移的自然脱敏,二是技术适用下的快速脱敏。前者由于所需时间太长会使健康信息失去价值,故在实践中采用的多为第二种方法。

在此需要考虑的问题主要在于,应当选用何种方式进行信息脱敏,信息脱敏应当进行到何种程度,如何应对“去匿名化”等行为,并充分论证是否经过脱敏的信息就能不再区分情形地绝对适用,对于基因信息等不可能被完全“脱敏”的信息又应当如何利用等。在此基础上,进而可以衍生出关于脱敏信息利用时的收费问题。当同一医疗机构内部不同科室之间共享利用时,几乎不涉及收费问题;但在不同医疗机构之间,相关数据的共享利用应当如何收费,就需要结合脱敏工作中的时间成本、劳动量等因素综合考量确定。此处,有观点认为,公共事业背景下的个人健康数据利用应当去商业化,然而实践中又确实存在医疗机构委托第三方商业主体为患者信息进行专业化的脱敏处理,并对此支付费用的情况。所以笔者认为,法律应当综合公共利益与基本商业价值理念,作出适当的收费规定。此外,对于脱敏后的信息,监管部门还有责任进一步规定其适用环境;或者说可以根据具体适用环境的差异,决定对特定信息的脱敏程度。例如,对于继续留存在医疗服务体系内的信息,可以仅对体现患者身份、能够以此定位到具体个人的信息内容予以隐藏,其他部分的内容可以不予脱敏处理。如果信息将被用于防范传染病,并进入国家公共健康行政部门,或者将被用于跨域医学研究,因而发生信息出境等情况时,对相关信息的脱敏就应当适用更为严格标准,须删除或隐去除身份信息之外更多可能影响国家安全、社会稳定的内容。

综上,完整的医疗健康信息应用规则中应当包含科学的信息脱敏标准、脱敏规则,以及按照不同标准脱敏之后的信息适用范围,从而保障脱敏行为真正有意义,也使脱敏后的信息发挥制度的预设作用。

第三节　电子病历应用中个人信息权的谦抑与扩张

一、电子病历运用中的信息权属之问

电子病历，是对以电子方式存储的患者健康信息进行的系统化整合，通过数字形式呈现。[①] 信息化时代，电子病历承载的内容发生了前所未有的扩张，因而逐步与更广义的“电子健康记录”（electronic health record，EHR）趋同。该记录覆盖一系列数据，例如，人口统计、病史、药物和过敏情况、免疫状态、实验室测试结果、放射图像、生命体征、年龄和体重等个人统计数据甚至就医过程中的账单数据等。伴随此类电子病历的推广与普及，其应用模式与应用场景也实现了较传统时期的重大变革：自 2010 年原卫生部印发《电子病历基本规范（试行）》（卫医政发〔2010〕24 号）的通知以来，新型医院信息系统（Hospital Information System，HIS）在我国公立医院日益普及，至国务院办公厅 2016 年制定发布《关于促进和规范健康医疗大数据应用发展的指导意见》（国办发〔2016〕47 号）明确“大力推进互联网健康咨询、网上预约分诊、移动支付和检查检验结果查询、随访跟踪等应用”，电子病历的适用范围和公众接受程度均再次得到拓展与深化。

2017 年原国家卫生计生委办公厅、国家中医药管理局办公室发布的《电子病历应用管理规范（试行）》（国卫办医发〔2017〕8 号）规定了电子病历的存储与使用规则，并提出电子病历查阅权与复制权的概念。[②] 但该规范没有对电子病历的所有权予以明确，也未厘清整个过程中可能存在的权利主体类型，所以在实践中因占有、使用、收益、处分等权限分离所致的纠纷也就必然存在。相比之下，域外对于患者医疗信息的保护相对起步较早，欧盟、美国等地区/国家已制定了医疗数据保护方面的立法规范，开始关注患者或医疗活动参与人

① Gunter T. D.，Terry N. P.，The Emergence of National Electronic Health Record Architectures in the United States and Australia：Models，Costs，and Questions，Journal of Medical Internet Research，7（1）（2005）.

② 参见《电子病历应用管理规范（试行）》第三章“电子病历的书写与存储”、第四章“电子病历的使用”。

在医疗健康信息利用中的权利归属及其个人意愿问题。

实践中,电子病历的内涵和外延逐步扩展,在当前已经表现为以患者医疗健康信息为主要内容的数字化记录。由于医疗健康信息具有较其他信息更明显的隐私化特征,因而电子病历的使用也面临着对其中所含信息的分类、定性,从而确定利用方式的问题,特别是应当以怎样的原则指导信息利用,在突发公共卫生事件情况下信息主体权限是否有所限制等,成为受到较多关注的内容。在此过程中,知情同意的获取作为主要环节,离不开权利主体确定规则与确定标准的制定,这就引发了理论和实践对电子病历及其承载的医疗健康信息进行分类思路、确权模式、权利利用与保护路径的全面探讨。

二、信息权利边界及其利用方式的确定范式

实践中,医疗健康信息范围的确定直接影响相关主体权益的行使,前文仅在理论层面对相关信息进行了分类和定性,而在应然状态下此类信息的确定标准和确定方式却存在一定争议。世界范围内不同国家的数据立法实践采用了差异化的确权模型,体现了数据权保护与利用之间价值选择的多元路径。相比之下,三种模式在医疗健康信息范围的划定上差异较小,区别主要存在于信息的利用场景,即应用电子病历及相关信息时应在何种程度上获取信息主体的知情同意。

(一)谦抑型模式

谦抑型确权模式,即立法中虽规定了信息主体对其医疗健康信息所享有的法定权限,但同时也明确了可以不征求其意见而使用相关信息的特定情形。正是由于这种规定方式在一定程度上限制了信息主体的权利边界,故而属于信息应用场景下的谦抑模型,在实践中以我国《医疗机构病历管理规定(2013年版)》(国卫医发〔2013〕31号)和英国《健康和社会保障法》(Health and Care Act 2022)①为典型代表。我国《医疗机构病历管理规定(2013年版)》第四章

① UK Parliament, Health and Care Act, 2022, https://www.legislation.gov.uk/ukpga/2022/31/enacted.

"病历的借阅与复制"规定了无须患者同意即可获取其医疗健康信息的几种情形,并将此时的行为主体规定为公安、司法、人力资源社会保障以及负责医疗事故技术鉴定等部门,赋予公职部门以较大的信息获取权。当然,该规定也对医疗健康信息的商业化应用进行了一定限制,明确了当保险机构因商业保险审核等需要,提出审核、查阅或者复制病历资料要求的,还应当提供保险合同复印件、患者本人或者其代理人同意的法定证明材料。相比之下,英国《健康和社会保障法》则授予国家医疗服务体系数字服务部(NHS Digital)直接从全英国的家庭医生处收集其掌握的健康医疗数据的权力,并最终由数字服务部负责该信息的对外开放和利用,赋予了公共部门以更为广泛的信息利用权。

我国《个人信息保护法》确立了以"告知—同意"为核心的个人信息处理规则,要求处理个人信息应当在事先充分告知的前提下取得个人同意且个人有权撤回同意,重要事项发生变更的应当重新取得个人同意,不得以个人不同意为由拒绝提供产品或者服务。[①] 而英国《数据共享行为守则(征求意见稿)》(Data Sharing Code of Practice,Draft Code for Consultation)同样要求数据利用主体应当确保个人知道他们的数据正在如何被共享、处理,哪些组织在共享或获取、访问这些数据。[②] 可见,虽然两国在其通行的数据立法相关规范或草案中采取了对个人信息的扩张式保护,但对于涉及公共权益的医疗健康信息或者电子病历时,却选择了相对限权式的立法精神,或者说在公私权益的衡量中更加倾向于实现公共利益。

(二)扩张型模式

相较于谦抑型模式,扩张型模式下的立法精神更加关注信息主体的意愿,所规定的非经主体同意即可使用其医疗健康信息的情形也相对较少,可以视为对个人医疗健康信息权利的一种扩张式保护。这种模式的代表性立法为欧盟《通用数据保护条例》(GDPR)和德国《改善健康数据利用法》(Health Data

① 参见《个人信息保护法》第13~17条。

② See Information Commissioner's Office of UK, Data Sharing Code of Practice (Draft Code for Consultation), 2019.

Usage Act)[①]。

欧盟 GDPR 将个人数据权规定为公民的基本权利,扩大了欧盟信息安全保护法律规范的适用范围,在既有属地原则的基础上增加了属人原则,[②]并将该标准适用于个人医疗健康信息的规制,即不论收费与否,只要在提供产品或者服务的过程中处理了欧盟境内个体的个人信息,都应遵守 GDPR 规则的约束。对于何为“合法处理医疗健康信息”,GDPR 序言第(45)条、第(46)条、第(52)条规定了六种具体情形,包括:信息主体同意为特定目的处理其信息;为签订或履行合同所需;为遵守法定义务所需;为了保护信息主体或其他自然人至关重要的利益;为了公共利益或行使政府授予的权力;为追求信息控制者的合理利益,但不得损害信息主体的利益。可见,GDPR 虽然提出在特定条件下允许直接使用此类信息,但与采用谦抑型模式的国家相比限缩了不征求个人同意即可使用其医疗健康信息的情形,即更加尊重信息主体的意见。

德国 2024 年 1 月 1 日起生效的《改善健康数据利用法》规定了“电子处方”(e-prescription)和患者电子健康档案(electronic patient records)制度,卫生健康机构可以通过数字化技术共享患者病历信息。电子健康档案将患者的疫苗、诊断、治疗、用药等所有健康信息打包存储在一起,由患者通过相应的 APP 管理其中的内容和使用权限,除法律允许的必要基本数据和医疗人员读取急救信息外,相关数据的提供、存储、修改和传递应由参保人自主或授权操作。可见,以欧盟及其成员国为代表的立法模式属于对医疗健康信息的扩张式保护,这一思路也广泛地体现在欧盟近年来的一系列数据保护法规中。

(三)折中型模式

在总结前两种模式特征并进行对比的基础上,可得出与之均有所不同的第三种形态——折中型信息保护模式,此种模式试图在公益性使用和私益性保护之间寻求最优平衡。在实践中以美国 HIPAA 法案最为典型。

---

① 参见刘霞:《数实融合,现代生活更智能——2023 年世界科技发展回顾 · 数字技术篇》,载中国科技网 2024 年 1 月 3 日,http://stdaily.com/index/kejixinwen/202401/3bae975d973e447aa1883ff2e666cbb5.shtml。

② 鲁冰婉:《大数据背景下域外信息隐私权的困境及应对——以个人信息控制为切入点》,载《情报杂志》2020 年第 12 期。

HIPAA 法案提出了使用和披露个人健康信息（Personal Health Information，PHI）时必须取得个人的书面授权。经过多轮的修改和补充，最新版 HIPAA 明确提出在以下六种情况下允许直接使用 PHI：PHI 当事人自己需要从受限实体处调取隐私信息；受限实体为 PHI 当事人提供医疗健康服务及相应财务支付服务；征得当事人同意，或当事人无法同意的情况之下，使用 PHI 对其最有益；在采取适当信息保护措施的前提下，对 PHI 进行可控的使用或披露；涉及国家安全或社会公众利益；去掉可辨识身份的信息后，用于研究、诊疗、提供公共服务等目的。可见，HIPAA 仅规定了在关乎国家安全或社会公众利益一种情形时可以不征求权利人同意而获取其病历或医疗健康信息；此外，对于 PHI 的流转或利用还是需要遵循权利人主观意愿，除非因客观因素导致其无法同意。这种在较大程度上寻求保护与利用相平衡的做法，体现了立法者于公私法益间进行折中处理的思想。

近年来，美国法上相继制定出台诸如《加州消费者隐私法案》（CCPA）、《线上数据保护法案》（Online Privacy Act of 2019）等规制个人信息利用行为的立法，特别是后者法案第 106 节中提到"行为个性化"（Behavioral Personalization）及在此基础上产生的"个人自治的权利"（right to individual autonomy），体现出其对自然人个人信息控制权的保障力度在逐步增强。[①] 但对于医疗健康信息这类特殊且敏感的个人信息，在美国当前实施分散式个人信息保护立法的实践中，还是主要采取公私权益的平衡与折中这种处理方式。

综上所述，三种模式的划分主要以个人医疗健康信息利用规则的差异为标准，也表现为信息主体在信息获取与使用中享有自决权限度的差异。表 4 - 1 总结了谦抑型、扩张型及折中型确权模式的典型特征，并对各自模式下的代表国家（地区）和代表规范进行了梳理。相比之下，不难发现三种模式的确立各具理由且各有利弊，借鉴使用时应当以本土情况及实践需求为基础进行选择，从而发挥不同确权模式对完善一国数据立法的促进作用。

---

① See Eshoo，Lofgren，Introdue the Online Privacy Act，2019，https://lofgren. house. gov/media/press-releases/eshoo-lofgren-introduce-online-privacy-act.

表 4-1　三种确权模式的划分标准及特征总结

确权模式类型	划分标准	对信息主体知情同意的关注程度	可以不征求信息主体同意而使用或公开的信息范围	代表性国家(地区)及规范
谦抑型模式	信息主体自决权发挥作用的场景有限	较弱 获取和利用医疗健康信息时，很多情况下将实现公共利益置于首要地位	范围较宽 包括与公安、司法、人力资源社会保障、医疗事故技术鉴定等公共事务领域相关的医疗健康信息	中国《医疗机构病历管理规定(2013年版)》 英国《健康和社会保障法》
扩张型模式	信息主体自决权发挥作用的场景较多	较强 获取和利用医疗健康信息时，更加重视信息主体的意愿	范围较窄 为实现公共利益或政府授予权力而使用的信息种类较少(且通常采用列举方式予以明确)；更多是为保障信息主体法定义务之实现所使用的医疗健康信息	欧盟 GDPR 德国《改善健康数据利用法》
折中型模式	信息主体自决权与信息收集、利用主体决定权发挥作用的场景基本持平	居中 力图最大限度寻求公益与私益的平衡	范围适中 以关涉国家安全或社会公众利益的医疗健康信息为主	美国 HIPAA 法案

资料来源：李帅：《电子病历应用中个人信息权的谦抑与扩张》，载《情报杂志》2021 年第 7 期。

第四节　公共卫生数据的特征及合理化利用

一、公共卫生大数据的属性及特征

数据之所以能够成为公共决策的依据，主要原因在于数据的价值属性及预测功能。信息化时代，数据的作用场景更为丰富，其多维价值也在资源形态的转化过程中得以显现。与经济、金融、旅游等大数据技术的适用领域相比，公共卫生或公共医疗中的大数据在诸多方面与之存在差异，这种差异决定了公共卫生大数据的共享与流转也应遵循特殊规则。

（一）时效性与真实性的对立统一

公共疫情等卫生事件的特征在于“突发”及较强的不确定性，也就是事件的爆发对社会成员而言不可预测。在此背景下，与事件相关的所有真实信息均具备高度时效性，并且可能成为行政主体作出决策的依据。但与此同时，这种突然发生且规律不明的事件可能在短时间内切断信息来源、干扰信息正常传播并影响信息的真实性，因此，仅掌握局部信息的个体在此种情况下很难正确决策。那么，行政主体如何在短时间内从海量信息中选定所依据的信息，就取决于该信息的内容及其准确程度。

其一，从内容来说，需要分析信息所涉及的事项以及涵盖的具体领域，例如，在突发疫情当中，某项信息是指向疫情发生的可能性原因，反映紧缺物资的种类与数量，还是揭示病毒传播的路径及方式等。信息内容决定着决策事项的范围，因而在公共机构职能划分的背景下就会产生不同的决策主体。其二，对于信息的确定性程度，则主要考量信息是否真实客观，以及信息在何种程度上被验证或被推定为真实客观。以潜在风险与人类社会的长期共存为背景，可知对于风险的规制致力于“未知”空间。对于“未知”的判断，行政机关需要引入风险评估程序、专家论证步骤、风险管理环节、风险沟通步骤、信息披露程序以及公众参与环节等内容，以使“未知”的程度有所降低，[①]这就是验证数据真实性的主要思路。也就是说，在很多情况下，为了追求信息的时效性，社会治理的参与者允许将未经最终论证的信息作为决策依据，即“未知”激发了行政机关在风险规制过程中更多地行使自由裁量权。

（二）公众性与隐私性的共存与取舍

宏观上，与社会公众相关的卫生、医疗、疾控等信息都属于公共卫生数据的范畴。这些信息一方面是广义“生命健康权”的组成部分，体现着人民生命健康首位论的思想；[②]另一方面其生成、存储、加工等流程融合了个体与群体的多种行为，蕴含了不同参与者作为权利主体的主观意识，因而在权利主体层面

① 参见戚建刚：《风险规制的兴起与行政法的新发展》，载《当代法学》2014 年第 6 期。

② 参见张爱民：《人民生命健康首位论的实践价值》，载《行政与法》2021 年第 1 期。

兼具公众性与个体性。除此之外,公共卫生数据发挥作用的场域范围广,应用此类数据实现的价值目标亦可能同时体现公众与个体的需求。但不可否认,公私主体在权利认知和价值追求等方面存在差异,正是这些差异使公共卫生大数据的应用必须衡量数据公众性与隐私性之间的关系。

行政机关在处理传统的政府信息公开问题时,通常按照《政府信息公开条例》将涉及公民隐私的内容排除在公开范围之外,但由于该条例及相关法律规范缺乏"个人隐私"的判定标准,且不同主体对隐私范围的界定有所区别,从而导致现实中很多情况下无法严格划分信息类别。在此背景下可以推知,一方面,虽然隐私范围认定在很大程度上具有主观色彩,但为了统一相关问题的解决方案,还是应当有立法层面的规范加以调整。如何界定公共卫生大数据的公私权利属性可能在未来一段时期内存在争议,因而需要等待相关立法或司法解释的明确规定,例如,对信息获取、使用及流转中的授权取得问题作出要式规范等。另一方面,在公共卫生事件这类社会影响大的领域中,公共性与隐私性的边界将可能伴随社会的发展和理论的变迁而不断变化。在现实中,如何定位信息来源,是认定为信息产生于群体之中,还是认定为个人基于自身情况所生成,这将决定谁是权利主体,从而决定在共享相关信息时应当征得谁的知情和同意。当前,在实践中无法完全避免因实现公共价值而侵犯个人隐私的情况,这就需要引入行政法上的比例原则来进行选择和取舍,进一步来说,就是当利用或发布公共卫生大数据获得的公共正外部性将会在总量上明显大于不发布所保护的个人权益时,将选择的天平倾向于实现公共价值一端。也就是基于权益在质、量两方面的差异,将公共属性置于首位,当然,同时也应尽可能将对个体私权利造成的损失减小到最低。因此,基于疫情防控的需要,即使健康码治理可能产生对"数字生命"和"数字生活"的"监控",其存在也是合理和必要的。[①]

(三)公益性占据优先顺位

与公众性内涵的论证逻辑类似,公共健康数据具备公益性的根源同样基

① 参见谢新水:《疫情治理中的健康码:认同与张力——基于"一体两面"三重交互界面的探究》,载《电子政务》2021年第1期。

于其所具备的保障公民生命健康权的功能,其实现有赖于公共主体事权的行使。[①] 在公共疫情防控时期,这一事权就表现为对特定信息的收集和利用,从而在数据互通有无的基础上甄别谎言、了解真相、消除恐惧以及保障权利。此处的特定信息包括但不限于:病例集中暴发的地区及人员信息,病毒病理性质及可抑制性药物信息,药品研发进展,物资需求信息及现有储备、调配情况,传染病易感人群及预防方法,以及有时还涵盖谣言的具体内容。从潜在作用的角度来看,虽然这些信息来源不同、完整性各异,在很多情况下需要相互结合才具备社会治理的参考价值,但不可否认它们具有显著的公益属性,决策主体可以依此制定行为规范并行使监管职权,在突发卫生事件中维护社会公共秩序,其他主体则可依此调整行为,降低意外给自身造成的损害。

社会公共利益的主体是公众,它具有整体性和普遍性两大特点。[②] 在公共疫情中,上述信息虽然涉及主体多元、涵盖种类繁多,但不同主体的利益都能与公共利益之间形成关联,从而在信息交流过程中促进整体社会防疫意识的普遍提高。换言之,大数据共享与否的"对局"转化成公共利益之间的衡量。[③] 结合突发疫情可能给社会造成的各种损失,可知其中体现的公共利益主要包括:保障社会公共卫生安全的利益,维护公众生命安全和身体健康的利益,群众知悉疫情真实情况的权利,恢复与稳定社会经济形势的追求等。总结起来,即《宪法》赋予公民的生命权、健康权、知情权、发展权等权利种类,因而在公共卫生大数据交流互通的过程中,应当以其公益性作为有待实现的首要目标。

二、突发事件应对下公共卫生数据的价值及应用问题

传统社会风险应对的决策依据多为既定事实或现实状态,此时,行为依据虽然充分,但易出现因决策滞后所致的治理无效或规制失灵现象。在大数据时代,信息生成、加工、流转环节依托互联网进行,信息成为个体决策的前提。行政主体作为公共决策者,面对突发事件时倾向于依赖大数据作出判断或预

---

① 参见陈雷:《传染性公共卫生领域事权与支出责任划分的法治进路》,载《行政法学研究》2021 年第 2 期。

② 参见梁上上:《利益衡量的界碑》,载《政法论坛》2006 年第 5 期。

③ 参见王敬波:《政府信息公开中的公共利益衡量》,载《中国社会科学》2014 年第 9 期。

测，从而加快反应速度，将可能产生的损失控制在最低限度。在此背景下，大数据技术的任务之一就在于如何通过多种形式及时或者实时收集与公民相关的各类信息，为行政主体的科学合理决策提供直观且客观的依据。

在此次新冠疫情防控中，大数据辅助下的决策行为不乏少数，各类主体以大量数据为基础，设定算法、构建模型、预估疫情走势，辅助政府实施规制行为。但是数据模型的运算结果很难做到与现实情况完全吻合，更有一些数据辅助决策的内容在科学性和合理性上受到质疑，都加剧了我们对大数据作用范围及作用限度的思考。

（一）疫情走势模型及预测结论的差异问题

疫情发生以来，不同属性的主体都在尝试分析事态走向，预判疫情结束的时间，从而为公众提供行为依据。此前，已有包括医疗机构、科研院所、大数据公司以及公民个人在内的主体基于新冠病毒前期暴发态势及传播特征，通过构建模型的方法开展预测，发布评估报告或研判结果。[①] 此外，还有地方行政机关以前述主体研发的风险评估模型为依据，采取疫情防控中的特殊管理行为。

这些预测在一定程度上提升了公民对疫情发展程度的认知，有利于促进公众参与防控工作，通过调节自身行为促进社会治理效果的实现。但需要关注的是，上述模型作为推测未知风险的手段，其结论可能受到多种因素影响而表现出差异性，从而使不具备专业知识的社会公众感到疑惑，这些影响因素包括但不限于：设定模型依托的基础数据及数据的普遍性、广泛性问题，模型建构的学科背景，模型是否经过实践检验以及经过检验的次数等。那么，如果运用控制变量的思路，以上因素的多维变动将可能在很大程度上影响预测结果。当然，结果之间的差异程度可能不同，这主要是因为导致结果的成因存在差

---

① 例如，钟南山院士团队基于流行病学模型，预测疫情峰值应该在 2020 年 2 月中下旬，有希望能在 2020 年 4 月结束，并提出当前没有任何人可以严格预测疫情拐点。而在北京航空航天大学计算机学院智慧城市课题组和经管学院数据智能课题组联合发布的《新型冠状病毒的疫情评估与预测报告》中，则称疫情拐点将于 2020 年 2 月 6 日左右出现。参见王美苏：《科研攻关跑赢疾病！钟南山团队用大数据、人工智能预测疫情走势》，载网易新闻 2020 年 5 月 30 日，https://www.163.com/dy/article/FDTBIG3505129QAF.html；浦克：《众志成城：打一场经管温度的战“疫”》，载北京航空航天大学新闻网 2020 年 3 月 3 日，https://news.buaa.edu.cn/info/1004/51110.htm。

别。例如,对于分别以流行病学和概率统计学为基础学科构建的预测模型而言,由于专业理论和研究立足点上的差别,其模型及算法本身就存在明显不同,所以即使是对同一问题的预测,也很难避免预测结果的差别。

以前述差异化的结果为依据,大数据辅助下的决策内容也可能呈现彼此相异的特征。诸如有些地方基于预测模型中 R0 值偏大的情况,[①]对人员流动采取不适当的处理方式;也有地区在复工复产之后,基于预测模型中“疫情拐点已到来”的结论而放松对餐饮、购物、游园等人员聚集性活动的监管,虽然有利于经济恢复但在疫情尚未完全控制的情况下并非适宜之举。可见,在大数据辅助行政机关特别是辅助基层政府决策的过程中,决策主体应当意识到模型预测与实际情况之间的可能差异,避免作出“一刀切”式的戒严或封闭决策,减少对社会正常运行产生的冲击,同时也应防止出现因合作不能所带来的连锁性损失。此外,如何选择恰当的模型并依据其预测结果作出决策,如何在选定模型不适宜时及时更换,以及如何根据模型的修订调整决策内容等,都是构建法律规制制度时需要考虑的问题。

(二)“健康码”及其算法的合理性问题

针对疫情防控期间返工、返学及返岗形势,杭州市作为全国首批启用“健康码”的城市之一,于 2020 年 2 月 11 日全面开启“杭州健康码”防控措施,结合重点区域、重点场所分级分类管控需要,对市民实施数字化管理。[②] 健康码以“个人自述、建库比对、空间筛查”为依据,通过大数据进行首次即时计算、每日定时计算、动态实时更新,自动生成个人健康码,广泛运用于外来人员来杭、市民出行、企业复工复产等各个场景。

实践中,健康码的申领较为便捷,仅需在指定的手机 APP 中输入姓名、身份证号,并同时回答“当前是否在杭州”“近 14 天是否接触新冠确诊或疑似”

① 预测模型中的 R0 代表基本传染数(basic reproduction number)。在流行病学上,R0 表示在没有外力介入,同时,在所有人都没有免疫力的情况下,一个感染到某种传染病的人,会把疾病传染给其他多少个人的平均数。

② 参见杭州市疫情防控工作领导小组办公室:《“杭州健康码”今日上线》,载杭州市人民政府官方网站,https://www.hangzhou.gov.cn/art/2020/2/11/art_1228998465_41946211.html。

以及“当前健康状况”三个问题就可以判断并立即生成标识为绿、红、黄三种颜色之一的专属健康码。[①] 对此,中共杭州市委负责人曾表示健康码主要依据三个标准赋分,依次是空间维度、时间维度和人际关系维度,即根据全国疫情风险程度,杭州的大数据公司可以将本地风险评级精确到乡镇或街道,并结合个人曾去过疫情地区的次数和停留时间,结合个人是否曾与患者或患者的密切接触人员进行接触,确定最终的健康码情况。然而仅在该措施实施三天后,就有大量市民就健康码的生成依据及合理性问题提出质疑。例如,有市民连续14天在家中未出门,时间跨度已满足国家认定的病毒潜伏周期,但申领到的健康码却显示为红色,表示需要实施14天的集中或居家隔离;也有市民表示一家人的活动轨迹完全相同,但健康码颜色却差距较大;还有的健康码在申领后3天内连续不断变换颜色,可市民本人在这3天内却并未出门;等等。[②]

从技术角度来说,健康码的基础程序就是机器自动化决策系统,其运行主要依托算法对大量数据的分析,以及后续人工智能辅助下的机器学习。虽然技术自身的中立性能够在一定程度上保证其输出结果的客观公正,但目前尚不透明或者很难透明化的、具有商业秘密属性的决策算法,却极有可能产生以下三方面的问题:其一,算法的设计可能并未完全体现法律公平正义的精神,或者算法程序编写时没有充分考虑社会管理行为的特征;其二,原始数据、运算方法等内容均未向公众公开,使算法在科学性、合理性方面缺乏监督,可能影响实施后的社会效果;其三,存在相对“黑箱”状态中的算法增加了人为干预机器运行的可能,导致本应客观的技术融合了个体利益或体现了特定群体诉求,从而使异议数量大幅提升。可见,技术治理中法律的缺位很容易造成治理结果的非理性。欧盟GDPR明确规定“数据主体有权不受仅基于自动化处理

① 杭州健康码实施“绿码、红码、黄码”三色动态管理:显示绿码者,市内亮码通行,进出杭州扫码通行;显示红码者,要实施14天的集中或居家隔离,在连续申报健康打卡14天正常后,将转为绿码;显示黄码者,要进行7天以内的集中或居家隔离,在连续申报健康打卡不超过7天正常后,将转为绿码。参见“第一财经”网页版2020年2月11日,https://www.yicai.com/brief/100499685.html。

② 参见李帅:《这些问题不解决,大数据辅助决策未必真的精准……》,载上观新闻2020年4月25日,https://www.shobserver.com/wx/detail.do?id=240873。

行为得出的决定的制约”,[①]目的在于避免该决定对个人产生法律上的不利影响,那么为了防止社会公众成为单纯被机器和数据支配的对象,应从完善立法的角度对智能辅助决策加以规制。例如,要求相关主体对健康码的设置思路予以充分解释,从而使决策既体现机器运算的科学性,又不失人类思维与情感的“心性”与“灵性”。[②] 在此,对健康码的算法进行解释时可将解释内容进一步分为“算法数据的解释”和“算法逻辑的解释”。[③] 在“算法数据的解释”层面,个人有权要求行政机关在合理范围内,展示输入算法的变量,这里的“变量”主要是健康码所处理的一般个人信息与敏感个人信息,从而有助于民众及时发现个人信息中的风险,又有利于观察算法中是否存在歧视现象。在展示过程中,行政机关既可以采取简单的文字列表方式,也可以采取符合公众认知特点的可视化方式。在“算法逻辑的解释”层面,个人有权要求行政机关在合理的范围内,说明相应变量对健康码评定结果将产生何种影响。[④]

(三)信息申报平台之间的互通障碍问题

2020 年 2 月初以来,针对疫情集中暴发地区的现状,中央提出,做到仔细排查、“应收尽收”。在此背景下,武汉市各基层社区开展了大规模入户排查,湖北之外的很多省份也都加强了小区出入管理,要求居民进出均登记个人信息。在实践中,很多住宅小区采用手机扫码、在线填写信息的方式收集住户及节后返回人员的信息,实现“无接触登记”,在很大程度上为居民和社区工作人员提供了便捷。此外,疫情严防期间也有很多超市、药店以及公共交通工具采用扫码方式收集用户个人信息,以便必要时予以追溯。在这一环节中,信息的申报与填写需通过特定页面完成,即扫码之后网络会链接到相关平台,用户在平台上完成登记和申报。

基于上述数据,信息收集主体可以掌握特定时间、空间范围内的公民信息,并依此实施后续决策行为。该设置虽然提高了行政管理效率,但平台种类

---

① Paragraph 1 of Article 22 of General Data Protection Regulation (GDPR): “The data subject shall have the right not to be subject to a decision based solely on automated processing, including profiling, which produces legal effects concerning him or her or similarly significantly affects him or her.”

② 参见於兴中:《算法社会与人的秉性》,载《中国法律评论》2018 年第 2 期。

③ 参见许可、朱悦:《算法解释权:科技与法律的双重视角》,载《苏州大学学报(哲学社会科学版)》2020 年第 2 期。

④ 参见许可:《健康码的法律之维》,载《探索与争鸣》2020 年第 9 期。

众多、信息填写重复、收集主体混乱等现象却受到诸多质疑。例如，很多二维码扫码之后会链接至微信公众号，需要关注公众号才可以填写并提交信息，完成个人情况登记；甚至有小区在出入时扫码会分别链接至不同的公众号，或者同时张贴多个二维码，每个扫描之后都链接至不同的公众号，可能存在利用填写信息而推广平台之嫌。与此同时，同一主体收集特定对象基本信息的行为是否需要通过不同平台多次进行，不同平台之间的信息为何不能顺利打通等问题，在此种情况下都应当被纳入决策者的考量范围。

如果说预测模型和健康码对决策的影响主要表现在最终决策的科学性上，那么通过扫码收集信息的方式辅助决策，其可能存在的问题则主要集中在信息收集行为的合理性上。结合行政法上的比例原则来说，就是通过不同平台多次、反复收集信息的行为是否确为必要，以及在疫情结束之后前述信息会怎样处理等，都成为危及信息安全的潜在因素。因此，在运用法律规制大数据辅助决策行为时，应当坚持全局思路，综合考察各个阶段中的各种行为，使技术辅助下的决策行为在法律规范的边界内运行，保障决策结果公平公正、科学合理。

三、构建疫情防控中大数据辅助决策的法律规制机制

疫情防控对决策主体的反应时间、决策质量及行为效率都有着较高要求。在大数据辅助下，各类数据为社会治理提供定量依据，使决策逐渐成为一种被“量化”的行为。与以往基于定性结论且可能带有试错色彩的决策相比，大数据辅助决策在科学性和合理性上具有明显优势。但不可否认，上文对此类决策现存问题的总结是真实客观的，因而为了更好地发挥其在疫情防控乃至社会治理中的积极作用，建议从以下三个方面入手，着力构建大数据辅助决策的法律规制机制。

（一）划分决策主体类型

当前，借助大数据和智能化手段实施决策的主体已不限于传统社会管理中的行政机关，而是以政府及其职能部门为基础，向外拓展至企事业单位以及非政府组织、民间团体等。在社会活动中，这些主体享有的权利本就存在区别，因而在管理社会公共事务时拥有的事权范围也有所差异。那么，具体到决策这类关键性的公共行为时，就应当以类型化思路为指导，分步探讨不同主体

在实施数据辅助决策行为时的标准与限度，从而提出完善现行立法的合理化建议。

以疫情防控工作为例，首先，应当明确在这类事务中享有决策权的主体范围。具体而言，就是审查以下主体是否依法享有或者应当享有一定的决策权：各级政府及卫生行政管理部门、医院、医疗卫生科研机构、从事相关研究的企业以及社会团体和个人等。以现行法律法规为依据审视权利来源，可知前三者是法定有权作出决策的主体，①而在后三者当中，除个人之外的主体也应当在一定范围内享有防疫决策权。其次，在厘清主体身份的前提下，确定可以由相应主体实施决策的事项范围。例如，行政机关在几类主体中享有的事权范围最广，可以在现行法律规范体系下实施防疫预案编制、紧急状态动员等行为；医院、科研院所等事业单位则只能在专业范围内发布相关研究结论，向公众提出行动建议；相比之下，企业、社会团体的决策权多局限在本部门内，可以对员工或成员提出与其本职工作相关的要求。上述所有主体的决策可以包括命令性和禁止性两方面内容。最后，建议从立法角度为不同决策主体制定行为规范。伴随各种大数据的引入，决策行为的自主化程度提高，应当强化自主性与统一性的结合，减少决策失误造成的负外部性。具体到实践中，建议通过规范性文件的形式在不同事项范围内规制决策主体的行为，并在必要时将其上升为部门规章，实现数字赋能与法律规制共同作用下的合理化决策体系，构建责权明确、上下联动、多元共治的公共卫生治理格局。②

（二）明确决策依据的筛选标准

大数据的主要特征在于多样性、高速性及易变性，那么在关乎社会公众生命健康的疫情防控工作中，如何筛选恰当的数据作为决策依据，是所有决策主体首要考虑的问题。结合前文所述，诸多科研机构或从事相关研究的企业甚至个人，都在新冠疫情中基于自身专业构建了预测模型以预判疫情发展，那么

---

① 法律依据：《突发事件应对法》第 17 ~ 19 条；《传染病防治法》第 18 条；《关于扩大高校和科研院所科研相关自主权的若干意见》第 3 条第 9 项。

② 参见王琳：《新冠肺炎疫情防控与公共卫生危机治理能力的提升》，载《天津师范大学学报（社会科学版）》2020 年第 5 期。

决策主体面对不同模型和结论应当如何选择，特别是行政机关作出具有外部效力的决策行为时应当以哪一种大数据为基准，是完善法律规制途径时必须考虑的问题。

2020年5月，国家市场监督管理总局发布《个人健康信息码》系列国家标准。该系列国家标准实施后，可实现个人健康信息码的码制统一、展现方式统一、数据内容统一，统筹兼顾个人信息保护和信息共享利用。[①] 但囿于当时社会需求紧迫、制定时间较短等客观因素，该系列标准以规范健康码的形式要件为主，在对内容的实质性审查方面仍存较多未予规定之处。因而结合数据技术的特征，建议将以下四方面内容作为判断决策依据是否适格的标准。第一，大数据在内容、属性上是否与待决策事项具有相关性，即待参考数据和待决策事项之间是否存在内在且必然的关联。当前，大数据技术可以在不同领域的问题之间构建相关性桥梁，但必须意识到这种关联应当具有足够依据且可被论证。这一限制旨在避免非相关大数据引导下的决策失当。第二，数据体量是否充足。作为决策依据的大数据应当满足海量性的特征，如果数据量偏小，则不适合用来支持重要决策的形成。第三，数据是否具备时效性。在突发公共事件，特别是疫情之类的严重卫生事件中，信息的时效性对于防控工作而言具有重要意义。一方面，当前社会人员流动性强，疫情发展情况可能瞬息多变；另一方面，传染病的预防手段等信息对于控制传播、减少损失至关重要，所以在与之相关的领域中作出决策时，应当关注并研判大数据的时效性。第四，数据提供者的身份属性。与前三项标准相比，数据提供者的身份属性在更多情况下发挥的是辅助判断的作用，即当对大数据本身的判定无法确定其是否可以作为决策依据时，可结合数据提供者的主体地位进行判断。例如，对于前文提及的疫情预测模型来说，如果运用前述三项标准均难以认定适用性时，则可以认为由权威科研机构发布的模型相较其他主体发布的而言更具参考价值。这是社会治理多元化思路下判定决策行为合法性与合理性的有益尝试，

---

① 参见蔺丽爽：《〈个人健康信息码〉国家标准出台　兼顾个人信息保护和信息共享利用》，载新浪网2020年5月1日，https://k.sina.com.cn/article_2810373291_a782e4ab02001oiah.html?cre=tianyi&mod=pcpager_tech&loc=32&r=9&rfunc=20&tj=none&tr=9&from=news&subch=onews。

收获较好的实践效果后可考虑通过规范性文件予以确定。

（三）规范数据收集、利用与共享全流程

改变信息环境作为公共卫生法的规制手段之一，[①]在疫情防控常态化、智能化决策日益普及的当下，成为提供决策基础数据的重要方式。2024 年 11 月 1 日，修订后的《突发事件应对法》正式实施，其中有关信息收集、信息公开的规范增设至 17 个条款，[②]表明立法者关注到了信息调节机制在突发事件应对中的重要性。在此基础上，仍然应加强对数据收集、利用、共享等各环节的规制，以防出现信息空白以及信息收集主体之间“数据孤岛”的现象。进一步来说，规范大数据辅助下的决策行为，不仅应当关注决策本身的合法性与合理性，还应当从全景化角度审视大数据的获取和分析环节，从而提升决策全流程的社会公众满意程度。

对此，建议针对决策前一阶段的数据行为同样加以调整，将接受规制的对象范围从决策主体延伸至提供数据的行政机关、企事业单位、社会团体以及个人。那么对于这些数据行为主体来说，规制的范畴应当主要包括如下几点。其一，确保数据来源具有广泛性和代表性。在现实中，数据收集可以通过多种形式实现，如电信公司获得用户授权从后台调取、软件供应商以提供服务为基础进行收集、行政工作人员出于社会管理职能要求公民提供等。如果要将这些数据作为决策的依据，那么从数据能否反映普遍问题的角度来看，应当要求被收集的对象在年龄、性别、职业等基本范畴中具备广泛性和代表性，以保证基础样本是客观的。其二，确保数据的加工与利用过程客观无偏见。完成原始数据的收集之后，相关主体会在各种社会需求的导向下对数据进行挖掘和分析，当前常用的技术是各类计算机算法和机器学习。因此，对技术的规制应当以如何调控算法设定为主要内容。具体来说，建议通过工作规程的形式明确信息加工者的编程行为，即要求其在编写程序分析和预判数据变化时不得加入自身主观偏见的内容，同时还要保证后续机器学习环境的公正，从而使相

---

① 参见李广德：《我国公共卫生法治的理论坐标与制度构建》，载《中国法学》2020 年第 5 期。

② 参见《突发事件应对法》第 7 条、第 18 条、第 33 条、第 58－62 条、第 65－66 条、第 80 条、第 83－85 条、第 95 条、第 97 条、第 99 条。

应的大数据结论公正无偏颇。其三,确保数据的共享与流转均获得明确授权,依法做好疫情报告和发布工作。[①] 公共卫生大数据兼具公共性与隐私性,这就要求社会治理主体在追求公益效用的同时不可忽视原始信息来源者的意愿。疫情防控工作具备显著的社会公益色彩,因而在数据获取、共享与流转的全流程中都应当保障数据来源者知情并征得其同意。在实践操作中,可以采用的方案主要包括在收集阶段一次性获取公民个体对后续数据加工、利用及共享的授权,或者每一阶段开始之前分别获取授权。在当前背景下,规范性文件、行业准则或者内部工作章程无须对此作出统一规定,但务必要确保数据行为非越权实施,确保数据行为不会侵犯他人合法权益。在此基础上,大数据辅助决策将实现全流程、全阶段的法律规制。[②]

第五节　个人健康信息的法律保护思路及具体措施

一、保护思路

基于个人健康信息的特殊属性和复合价值,实践中对此类信息的保护,不应仅仅局限于存储、保密和内部利用,还应当包括更丰富的内涵,即对个人健康信息收集、流转、共享与利用全流程的监督和管理。在我国个人信息保护的实践中,以民法规范为主的司法保护具备先行性,不论在规范数量还是在司法案例方面都已有一定积累。相比之下,公法领域的保障措施和相应制度仍存在较大的完善空间。作为自然人个人信息的重要组成部分,个人健康信息的保护现状基本呈现与前述内容相一致的特征,所以在共享医疗全面发展的背景下,为实现医疗资源的全面共享,应当构建科学合理的个人健康信息公法保护机制,一方面,弥补公法保障缺失的现状;另一方面,提升医疗产业中的整体信息保护水平,实现行业利益与医疗活动参与者个体利益之间的协调与

① 参见熊文钊、王秋艳:《应对突发公共卫生事件的法治保障》,载《天津大学学报(社会科学版)》2021 年第 2 期。

② 参见李帅:《"健康码"辅助决策下的法律问题及其规制》,载《法治社会》2021 年第 5 期。

平衡。

在具体的公法保护实践中,应当从个人健康信息的特殊属性出发,本着保障多方利益的出发点,坚持以公开为常态、以不公开为例外的原则,协同发挥公私法调控作用,并以信息来源主体的权益为最核心的价值保护出发点,构建个人健康信息公法保护的一般思路。

(一)以公开为常态,不公开为例外,且例外情形法定

在个人健康信息的共享与保护方面,当前各国普遍是以政府信息公开领域的法律规范为依据,并遵循"以公开为常态,不公开为例外,且例外情形法定"的原则。我国《政府信息公开条例》虽未明确提出上述原则,但其中关于政府信息公开范围的相关条款还是隐含体现了这一点。[①] 尤其是中共中央办公厅、国务院办公厅2016年2月印发的《关于全面推进政务公开工作的意见》更是明确提出"坚持以公开为常态、不公开为例外"的原则,要"建立政务公开负面清单"、"细化明确不予公开范围"以及"负面清单外的事项原则上都要依法依规予以公开"。在此,参考政府信息公开中的表述,即任何政府信息只要不属于法定例外不公开的范围,都是可以公开的,可以确定个人健康信息的相应公开原则:除有相反规定或有权利人明确反对并给出合理解释,否则,个人健康信息应当在有权主体之间进行公开和共享。当然,这里的公开和共享是可以附加条件的。例如,脱敏之后的公开;又如,在必要性原则指导下的部分共享等。

在此原则下探讨个人健康信息的公开,一方面,需要关注"相反规定"所包含的内容;另一方面,需要厘清"权利人明确反对"的情况都包括哪些。对前者而言,"相反规定"主要指的是涉及国家秘密、商业秘密的特殊规定,此时的个人健康信息可能承载着国家安全价值,或属于特定企业的商业资产,故应当按照相应的规范,不予公开或共享。基于法律规范内容的确定性,所以在"相反规定"这一例外条件下,不参与共享或公开的信息种类相对明确可查。相比之

① 参见《政府信息公开条例》第8~14条,明确规定了各级人民政府及其职能部门应当主动公开的信息范围、依申请公开的信息范围以及有限的例外事由。

下，后者提及的“权利人明确反对”则具备一定的不确定性，与权利人主观认知和个人选择密切相关。因此，为了防止这种情况下不予公开的信息边界不当扩大，建议限制权利人提出“明确反对”的前提，并运用利益衡量的方式确定是否有必要作出不公开的决定。结合实际情况可知，权利人不同意公开的可能原因如维护个人的正常生活、维系社会对自身的已有评价等。那么利益衡量的具体内容主要为：对前述个人提出的考量因素进行合理性判断，如不合理则作出公开或共享决定；如合理，则依据具体情况，分析该个人所欲保护的利益，以及公开之后可能实现的利益，并对二者的属性、依托群体的差别进行比较，从而作出是否继续公开的决定。

（二）尊重私法自治精神，遵循公法规制原则

在个人健康信息获取、流转与交易的链条中，既涉及民事法律范畴的合同、委托代理等行为，又关系行政法律范畴的许可、备案等行为，因此，应当综合适用民法与行政法领域中的相关规定，并以“尊重私法自治，遵循公法规制”为基本原则，指导个人健康信息的保护工作。

具体而言，尊重私法自治精神，就是不为个人健康信息的合理流动设置过多限制和过高门槛，只要满足上位法的规定，且不违背共享经济的基本价值和市场规则，就应认可医疗服务提供者与患者之间，或不同医疗服务提供者之间达成的信息交互协议。此过程会涉及对合同成立与否、合同合法性与有效性等问题的分析，这就需要结合民法学特别是合同法中的理论规定和实践经验，从以下方面进行考量。第一，合同参与方是否具备民事权利能力和责任能力，或者是否有适格的代理人。对于医疗服务提供者来说，具备独立的法人资格或者能够以自己的名义对外承担法律责任，就认为其享有民事权利能力和责任能力，能够与其他主体就医疗健康信息的流转、共享与应用订立协议。对于患者或者参与其他医疗活动的个人来说，判定标准应当视具体情况分为三类：年满 18 周岁、心智正常的自然人，可以对外进行独立的意思表示，并与前述主体就个人健康信息的使用问题订立协议；未满 18 周岁者、心智不健全者或者高龄老人，因不能对相关事务作出准确判断而无法独立进行民事活动的，应当由其法定监护人或指定监护人代为订立前述相关协议；对于因疾病已故者的

个人健康信息,如果相关医疗机构认为确有必要进行收集或共享使用,以促进医学研究、疾病诊疗的发展,则应当由其子女或法定遗产继承人与信息的收集使用主体达成相关协议。第二,合同内容有明确指向的标的。在这里是指合同双方或多方明确提出所要共享、利用的信息名称,并在要约与承诺的过程中就相关信息的获取形式、使用方式等问题进行充分的沟通。第三,合同参与方须有真实且明确的意思表示,保证其不是在受到欺诈、胁迫等外力影响下订立的信息交互协议。此外,尊重私法自治、在法定范围内保障合同自由的另一个关键内涵就是向因违约行为而导致的信息权利减损提供救济途径。这里同样需要大量适用合同法规范,判定个人健康信息的获取、流转、共享与利用是否违背法律规定和合同约定,并对合同存续期间是否发生不可抗力或者情势变更等情况进行考查,确定违约行为发生是基于法定排除事由,还是出于合同当事人的故意或过失。在权利救济的过程中,同样需要坚持合同法基本精神,即以合同约定的违约责任为主要依据,恢复或补偿受损权利。

遵循公法规制,主要强调的是信息收集、保存与流转等行为应当符合公法的强制性或指导性规定。其一,个人健康信息的获取主体必须是行政部门审核批准从事医疗业务的主体,应当具备合法的营业资质。虽然这里涉及行政许可法相关理论的适用,但因其主要影响医疗机构及医疗辅助机构的前期设立问题,与后续的健康信息共享分处不同环节,所以在此暂不予赘述。进而,这些主体对个人健康信息特别是特殊健康信息的收集与保存,应当按照相应法律法规的规定,向特定监管部门进行登记或备案。登记和备案的内容包括但不限于:医疗主体收集与保存信息的原因、收集信息的方式、预期保管信息的期限以及具体的信息内容(可以是脱敏后的信息内容)等。其二,由监管主体引导行业协会制定工作规程,要求医疗机构或医疗辅助机构在获取、共享与利用个人健康信息时,不得考虑除治愈病患、科学研究、正常经营营利等内容之外的因素,不得以非法手段实施前述系列行为,不得利用个人健康信息实施各类侵权行为。这样,一方面,能够维护市场竞争环境,保护正当竞争者的经济效益;另一方面,也有利于维护公平公正,实现社会公共事务管理中的核心价值。其三,医疗监管主体还可以通过适当的奖励等手段,激励不同医疗服务提供者之间进行信息流通。从行政法角度来看,这种方式具备行政给付和行政指导的双重属性,是参与社会治理的行政主体提供服务、给予引导的重要表现方式之一。在这一过程中,作为医疗监管主体的行业协会、政府部门,首先,应当进一步挖掘行政给付行为的时代新解,通过非强制性的激励措施,在医疗机构内部逐步树立正确的信息共享意识,促进个人健康信息的科学合理利用。其次,应当由政府部门牵头、行业协会主导,制定具体的奖励行为清单,明确监管主体可以开展奖励行为的范围和限度。最后,还要合理实施行政奖励行为,避免医疗服务提供者将其作为政策套利手段,在实践中被无限扩张,从而发生制度异化的风险,即对于个人健康信息共享权限的滥用、“寻租”乃至冲突与失效,[①]最终促进数据效用的全面良好发挥,促进共享医疗的健康蓬勃发展。

综上,将私法自治精神与公法规制理念一并融入个人健康信息的保护过程,体现了不同部门法在治理精神、治理方式上的协同合作,既有利于促进个人健康信息复合价值的发挥,又能够保障其背后体现的个人信息相关权利,是未来个人信息保护工作的宏观指导思路。

(三)以保障信息来源主体的意愿为中心

虽然个人健康信息属性复杂,体现的利益也呈现多元化特征,但究其本源,仍然是反映患者或其他医疗活动参与者个人身体健康状况的载体。所以,即使医疗机构、类医疗服务提供者或监管主体对信息有需求,除非有涉及国家利益、公共安全等绝对排他的因素时,还是应当以信息来源主体的个人意愿为核心考量内容。也就是说,除非相关信息的流转、公开或共享将对国家、社会安全产生重大影响,否则不论将健康信息用于诊疗还是科研,均不能在违背信息来源者意愿的前提下进行。这一原则体现了行政法保护公民合法权益的初衷,也反映出在公私法协作视角下,复合型法益保障问题的处理思路。

当然,既然存在复合型法益,就不可避免会使用利益衡量的思路和工具。具体到操作中,就是分析在个人健康信息收集、共享与利用的全流程中,是否存在国家利益或者公共利益,存在的话,如何量化以及如何确定利益保障顺

---

① 参见吕艳辉:《行政给付限度论》,载《当代法学》2011 年第 2 期。

位。在当前计算法学学科获得发展的背景下,社会学、统计学等分析工具的适用逐步为法学研究提供新的可能,诸如,对 Python、SPSS 等软件的应用,可以辅助将文字抽象为数据,并按照既定的排序得出量化分析下的利益衡量结果。前述利益种类排序,可以视为利益衡量的标准之一,在通常情况下的排序顺位一般是国家利益、公共利益、集体利益、个人利益。但结合上文所述,因个人健康信息蕴含着特殊的人格属性,通常情况下应当更侧重于保护而不是无条件地公开和共享,即使是公开也应当进行严格的信息脱敏,所以在此类信息的保护当中,应当将利益衡量的具体顺位调整为国家利益、公共利益、个人利益、集体利益,也就是将集体利益的顺序置于个人利益之后。需要注意的是,如果其中涉及前文提到的重大疾病、基因信息等敏感性的个人健康信息,个人利益顺位需要适当提前。进一步来说,在实施利益衡量的过程中,可以采用定性与定量相结合的方法得出所需结论。此即,在确定信息所体现的利益内涵之后,运用前文提到的软件,对信息泄露或不当利用可能造成的负面效应进行程度上的量化预测;然后对量化后的数据按照数量大小、影响范围等标准进行排序;最终以排序结果为基础,确定是否存在国家利益与公共利益要素,进而确定是以哪一主体的意愿为中心监管信息相关活动。

二、保护措施

(一)明确个人健康信息的授权使用方式

1. 原生信息、加工信息与携带信息的收集与授权使用

本章第一节将个人健康信息分为四类,依据分类标准之间的差异,可知对于信息收集和授权使用问题的探讨,更多针对的是以信息生成主体为标准所划分的三类信息。在此,可以按照具体的信息种类分别探讨其使用与保护规则。

实践中,医疗主体和医疗辅助主体对于个人健康原生信息及加工信息都有收集和获取的需求。但因两者从事的医疗服务存在本质性差别(前者针对疾病实施诊断治疗,后者针对医疗资源进行统筹配置),所以对上述信息的需求在种类上呈现明显差异。也就是说,医疗主体收集和获取的信息,更多与患

者或其他医疗活动参加者的详细身体状况、具体病症、用药反应情况等相关；医疗辅助主体则更多需要的是患者的个人身份、就医意愿等信息。在这一层面，两种主体获取的信息都呈现明显的原生性特征，可以从信息的来源者（患者或其他医疗活动参加者）处直接获得，因而征求同意的范围也仅限于该权利人本人。

需要注意的是，无论医疗主体还是提供医疗资源的辅助主体，不可避免地会对个人的病历信息、既有的医学影像信息等内容存在需求，从而更为精准地诊断疾病或为其提供相匹配的医疗资源。这些信息明显属于加工信息，在很多情况下还具备携带信息的特征，体现了第一次医疗活动中医疗机构或类医疗机构的工作内容，具备主体复合性与利益复合性。从理论上来说，这种信息的收集、共享与利用，不仅应当征求个人同意，还应当获得相关医疗主体的同意。也就是说，这里要探讨以病例为代表的加工信息的所有权问题。当前，我国实践中存在三种不同观点，分别认为病历信息应由患者所有、应由医患所共有以及应当归国家所有。笔者认同医患共有病历信息的观点，因为病历最根本的来源是患者本人，不能脱离患者而存在；而病历的生成和完善主体又是医疗机构，并伴随医疗机构日常工作的进行得以完善，所以基于物权法对不可分物的共有规则，病历的所有权应当由患者和医疗机构共同享有。但在实践中，存在一项特殊原因和一个例外情况，使加工信息的流转、共享及保护规则呈现与理论状态有所差别的现状。

一方面，特殊原因是，医疗健康信息的最主要作用在于促进疾病的治愈，因而在第一次医疗活动终结后，医疗主体应当充分保障患者知情权。也就是说，虽然不将全部的病历记载转交患者，但允许其申请调取、查阅自身病历信息，并在合理范围内允许其复制。这一行为，其实在一定程度上默认患者有权在后续医疗活动中，按照自己的意愿使用这些信息。因此，医疗主体往往会在提供复制服务时，对其中涉及专有医疗技术的应用等内容进行删除。所以，对于加工信息特别是病历信息的利用而言，虽然征求患者和医疗机构的同意是必要前提，但在很多情况下医疗机构已将授权使用的权利转交患者，此时只需征求患者同意即可。另一方面，例外情况是，如果前后两次或多次医疗活动中的医疗主体都是同一的，那么则省去了征求医疗主体授权同意的环节。在这种情况下，对加工信息的共享和利用只需获得患者同意和授权即可。

2. 概括有权收集使用的信息范围

在明确以上三类信息的授权使用规则后，还应当严格规范不同主体有权收集使用的具体信息种类，划定相应信息范围，从而形成体系化的行为模式。在这一过程中承担规范与监督职责的主要是监管主体，即医疗行业协会和相关政府部门。具体来说，应当由监管主体制定行政规范性文件或行业自治性规范，明确各类医疗主体有权收集使用的信息范围。

例如，必要的个人身份信息可以用来核实服务需求者的身份，属于所有医疗主体均可获取的内容。除此之外，在医疗主体层面，其有权收集和获取相关个人包括健康状况、历史病历、临床反映情况等在内的信息；但为防列举不尽影响实践操作，采用概括立法的方式规定有权收集使用的信息范围更具科学性。具言之，医疗主体可以收集和获取患者或其他医疗活动参与者的以下信息：能够反映个人健康状况、自身病症情况的所有信息，以及与该个人相关的历史病历、诊疗记录等信息。在医疗辅助主体层面，发挥信息中介作用的各类平台在集合医疗资源的同时，主要关注患者的医疗服务需求，因此可以将其有权获取的信息概括为：能够体现患者医疗服务需求的所有相关信息，包括但不限于具体的医疗服务种类、医疗机构的品牌、医疗环境要求等。在立法例中除了概括外还应用了列举方式，而且为适应今后社会的发展并未做有限列举，而是一种留有进一步丰富空间的不完全列举。与之相对应，患者个人也应当树立正确的信息意识，从而明确自己应在什么样的范围内提供信息，提升自身与医疗主体的对话能力，即对信息的收集范围有异议时，有要求医疗主体进行解释说明或更正的能力。以此为基础，一方面，可以明确医疗主体有权收集的信息范围，降低信息范围瑕疵所致行为违法的风险；另一方面，也能够提升医疗服务质效，避免因患者的信息提供过度、提供不足甚至提供不实而影响诊疗活动的开展。

3. 列举非法收集使用信息的行为

在收集与获取个人健康信息时，医疗主体与医疗辅助主体应当充分履行其告知义务，向患者或其他医疗活动参加者说明被收集信息的实际用途和未来的其他可能用途，告知信息共享与流转的主体范围以及这些主体获得信息后可以开展活动的事项范围，并说明医疗主体对这些信息的保存期限以及期限届满后的销毁方式等。对于未履行告知义务、未依据告知内容或者超越告知事项范围实施行为的情况，治理主体应当有相应追责制度及具体的责任承担规定，并明确对信息来源主体的赔偿或补偿的方式和标准，从而形成个人健康信息的全流程监管与安全保障。

以告知义务的履行为基础，建议进一步厘清何为非法收集、利用个人健康信息的行为。在此，可采用列举式立法例，明确违法、不当行为种类，并为今后禁止性行为的增加留下制度空间。具体来说，医疗主体、医疗辅助主体等有权获取利用患者个人健康信息的主体，在收集、共享相关信息时，不得实施下列行为：第一，违背法律法规、行政规范性文件或医疗行业规范，收集患者享有的与医疗活动无关的信息或者开展医疗活动的非必要性信息；第二，以隐蔽性或非显著性方式获取患者有关个人健康信息的同意和授权；第三，在各种形式的授权书中，以默认勾选同意的方式获取患者授权；第四，法律法规规定的其他行为。

在这种列举模式下，个人健康信息的收集和利用将面临更为精准和严格的监管：既有利于医疗主体规范自身行为、依法依规使用信息，又使患者和其他医疗活动的参加者对不当收集信息的行为有了进一步认知，从而在面临不当行为时能够作出正确判断、实施恰当的权利保护行为。

（二）坚持个人隐私信息的“去标识化”

相比一般意义上的个人隐私信息，医疗领域中产生的个人隐私信息，其不当泄露的后果往往更加严重，造成的负面效应不仅局限于对信息来源主体心理的创伤，更严重的还会影响社会群体对其持有的态度和采取的行为。所以，对于医疗健康信息中的个人隐私，应当坚持以保护为主，以促进流动为辅的精神，并对进入流转过程中的信息进行严格的保护。也就是说，针对那些体现患者个人身份、反映其所患敏感性疾病的信息内容，应实施严格的保密，并将其使用范围限定在医疗机构的诊疗环节。而针对那些具有隐私属性，但私密程度不及前者的信息,或者虽然有较强的私密性,但同时又具备较高科研价值的信息,应当基于脱敏和匿名化的思想,对其进行去标识化处理,进而使相关信息顺利进入后续的医学或研究环节。

2019 年 8 月,国家市场监督管理总局、中国国家标准化管理委员会联合发布国家标准《信息安全技术 个人信息去标识化指南》(GB/T 37964－2019,以下简称《去标识化指南》)。《去标识化指南》明确了去标识化的定义、目标和原则,规定了去标识化过程中用到的技术方法,以及监管措施。实现数据产业与个人信息保护的均衡发展,在很大程度上取决于信息技术的进一步发展及多方主体参与的社会共治格局的形成。个人信息去标识化即为保护个人信息和隐私的重要环节,《去标识化指南》的公布为企业与政府部门的合作提供了契机,也为相关行业使用、向他人披露个人信息的行为提供了标准依据,有利于保障数据主体的隐私安全。因而,可以在个人健康信息去标识化或者匿名化的过程中以《去标识化指南》为参考,并在具体的实践中不断深入研究,结合医疗活动自身特征,由医疗机构联合制定或由数据治理主体在汇总医疗机构意见的基础上制定个人健康信息去标识化的工作规程。

这一过程不仅涉及隐私信息的去标识化方式,还与隐私信息的判定这一前提性问题密切相关。在行政法领域内的信息保护体系中,对隐私的判定有一个重要标准,就是信息主体的主观认识。也就是说,特定的个人信息是否属于隐私,主要判定标准就是看信息主体是否愿意使该信息为他人所知。这里的“他人”可以指信息主体以外的所有人,也可以指特定范围以外的人。当前,我国尚未对医疗健康领域的个人隐私信息作出明确定义,所以在实践中应当以前述标准为参考,通过患者的个人意愿来确定相关信息属性,进而按照脱敏标准和去标识化指导规则,对有共享需求的隐私信息进行适当地处理。

(三)关注信息流转中的权利义务变化

基于本章第二节所述内容,可知个人健康信息活动中的参与主体身份多元,体现的利益较为丰富,因而在此过程中产生的信息、所附加的权利种类具有明显的多样性,甚至在很多情况下,此类信息还具有权利叠加与权利复合的特征。所以,伴随医疗活动的进行,每一次的信息流转必然会引发相应的权利义务传递,并且在传递过程中,相关权利义务除了在依托主体方面发生变化外,其具体内容也可能相应发生转变。基于此,医疗活动中的不同主体应确立与自身职能相适应的信息流转规则,从而保障权利义务流转的合法、合理与高效。

1. 医疗主体职责

在个人健康信息流转过程中,医疗主体和医疗辅助主体作为最主要的动力端,在享受信息流转带来的经济社会效益的同时,还应承担相应的权利保障义务。在信息获取过程中,医疗主体的权利主要就是在法定范围内收集与个人健康状况相关的内容,同时承担相应的信息保管义务。此时,患者或其他医疗活动参加者通过让渡自己的信息而获得相应诊疗服务,同样完成了一次权利义务的流动。因此,医疗主体的职责集中表现为:确保以合法的方式获得患者授权,确保其收集的信息内容和信息种类未超出法律法规或行业规范规定的边界等。在信息的流转与利用环节中,医疗主体的权利主要是,在法定事项范围和患者授权的事项范围内,以患者知悉且同意的方式利用信息,并据此获得经济利益或社会效益。相应地,医疗主体应当履行的义务和承担的职责包括:在患者知情同意的范围内应用相关信息,并就违法或不当利用信息所导致的负面结果承担责任。

2. 监管主体职责

一方面,强化传统的行政监管模式,充分发挥事前规范、事中监督与事后责任追究相协同的监管作用。具体到实践中:首先,将信息流转各环节中可能受到影响的权利义务进行梳理,明确重点监督对象;其次,要求医疗主体将其制定的信息收集告知书和授权书模板提交备案,监管主体随机抽查审核,对于内容明显侵犯患者知情同意权或者存在其他违法情况的,要求其限期调整;再次,由医疗行业协会和卫生行政部门协作,通过走访医疗机构、与相应负责人座谈、询问患者等方式了解流转中的信息去向及实际用途,化解其中的权利义务纠纷并对纠纷种类进行统计,从而为事前防范提供方向,形成良性互动监管体系;最后,构建科学的归责原则和完善的责任追究制度,对未按规定履行登记、备案、说明、告知义务的医疗主体,以及通过不当方式获得患者授权、不当利用个人健康信息的医疗主体,追究相应的民事责任及行政责任。

另一方面,顺应共享医疗的平台化发展趋势,逐步建立电子化的监管系统,实时规范个人健康信息的流转与共享。进一步来说,就是引入技术治理方式,通过模块式的功能设计实现实时、动态监督管理,及时发现并纠正不当信息流转行为,确保医疗活动中各主体间的权利义务能够良好衔接。在前述功能模块的设计上,监管主体应综合考虑个人健康信息的录入、信息加密存储、隐私信息的管理及去标识化处理、访问控制、信息发布等内容,将其作为系统的后台项目进行设定,从而影响整个电子化监管系统的运作。具体就是,应用互联网编程技术搭建监管系统,监管的对象包括但不限于:医疗主体与患者或其他医疗活动参与者(以下统称患者)之间进行交互的信息范围;患者能否查看医疗机构保管的与其自身健康状况相关的原生信息;患者申请查阅自身病历等加工信息的渠道是否畅通;患者能否自主决定自身健康信息的共享、流转与利用情况;患者要求增删、更改自身健康信息的要求能否得以实现等。在具体实施过程中,需要充分调动监管主体的创新意识和实践精神,一是加大科技投入,提升电子化监管系统的建模分析能力,缩短监管主体将上述现象抽象为数据并得出相应结论的时间;二是发挥技术治理与法律治理的协同作用,以前述结论为支撑实施具体的监管行为,具体行为包括但不限于:强制要求相应医疗主体关闭其信息收集端口,要求前述医疗主体限期修正界面中的不当内容,以及要求医疗主体就其他个人健康信息不当行为进行调整和改正。

结合本章所述可知,在互联网医疗模式建成和发展的背景下,健康信息在具备个人信息属性的基础上,还呈现多维属性特征,因此,其收集、共享与利用应当遵循更为复杂的规范。从个人健康信息的特殊属性出发,探索此类信息的类型化标准、信息主体的权利义务内容以及信息在医疗主体内部跨部门共享的规则,并以此为基础探索宏观意义上的个人健康信息公法保护路径,将对我国医疗卫生事业的全面发展和个人信息的全息式保护产生积极意义。

第五章　技术调控与法律规制的合作:人工智能时代多模态信息保护的审思

人工智能技术的出现,在一定程度上满足了人类对于机器拟真的想象。在当前共享经济场域中,人工智能技术已在一定程度上得到应用,其主要的应用场景包括但不限于互联网身份认证、类型化信息推荐以及自动化交易决策等。运用人工智能实施前述行为时,必不可少的环节(或者说首要环节)就是对用户个人信息的收集。为了全面提升共享经济效率,平台或商家在已有技术的支持下开始探索新型信息收集模式,其内涵包括但不限于以非传统的方式收集信息,以及收集非传统意义上的信息。具体到当前的实践中,常见模式就是商家通过“刷脸”“刷指纹”或者比对声音等形式进行身份验证,从而实现系统解锁或完成支付。基于此,多模态个人信息的概念得以产生,并逐渐成为人工智能全面应用过程中的关键资源。

综上可见,人工智能技术发挥作用的关键要素有三:海量的基础数据、预设的算法模型以及自动化的决策执行系统。此外,这一“类智性主体”能够在体现设计者初始意图的基础上不断进行自我训练、学习及演化。这一方面,使人工智能成为具备强学习能力的技术手段;但另一方面,也容易使人工智能相关行为呈现无监督时的不可控趋势。例如,不加区分地利用平台或商家收集到的个人信息,对信息蕴含的内容进行无限制地分析,向个人信息主体频繁推送关联性商业广告等。规制这种新型主体的行为,不仅需要对可能的行为后果展开风险预测以及社会效应和法效应评估,还离不开对此类技术从概念到特征的基本认知与理解。具体到个人信息保护领域,就是在充分认知多模态个人信息特征的基础上,以现代行政法风险规制理论为指导,预测因人工智能不当行为可能造成的损失,进而综合运用法律、伦理、科技等手段,探索新形态个人信息的公法保护路径。

第一节　人工智能背景下的个人信息潜在风险

互联网技术提升了信息收集、利用与共享的便捷性,而交互主体的多元化又使信息价值的流转更为广泛和深入。在以算法为主导的人工智能时代,个人信息除了承载个体的人格利益之外,还是机器决策的重要依据。特别是在人像、声音、指纹识别日益成为智能设备主流功能的当下,个人信息以前所未有的多模态形式存储于商业主体数据库中,在客观上增加了信息安全风险。

基于当前新兴问题凸显、个人信息安全面临更多挑战,但立法体系尚不完善的现状仍然存在,我们应当全面认知新时期的技术风险,探索防范策略。在面对新技术带来的个人信息安全问题时,应当以智能决策过程中可能存在的算法偏见为背景,从个人信息的内涵、外延及形态变化入手分析风险因素,将公共治理理论作为指导,探寻技术治理与法律治理的平衡点,逐步构建人工智能语境下个人信息保障的法律规范体系。

一、人工智能潜在风险的负面法效应

科技发展促使人类社会迅速经历了从“物联网”“大数据”到“人工智能”的主题变迁。社会主体的日常行为规则、赖以生存的基础资源以及产生于相应活动中的权利义务关系都呈现出明显的差异化色彩。与传统经济环境下的人类主观决策模式不同,社会进入人工智能时代后,计算机自动化决策逐渐成为一种高效的替代性决策模式。这种决策方式以各类社会数据为初始资源,通过运行系统中的内嵌算法得出决策结果。因计算机算力水平高、运算时间短,从而与传统经济模式中的人工决策相比更为高效和便捷。这里需要注意的是,由于预设算法的编写需要依赖人工作业,所以商家或平台等市场主体不

可避免地会将自身利益偏好体现在其中,并通过影响程序员编程的形式来实现。这样,人工智能的自动化决策就成为体现商业主体利益取向的结果,如果以这种决策环境作为人工智能的学习背景,那么后续自动化决策的结果很可能越来越偏离市场规律,而向商家或平台利益层面发生倾斜,从而诱发一定的安全性风险,加剧市场中本已存在的相关问题。

(一)安全性问题和市场准入机制问题

在市场经济环境下,人工智能除了单纯作为一项技术供人类探索之外,还被应用于商业领域创造价值和收益。特别是伴随数字驱动型商业模式(data-driven business models)的深入发展,企业开始重视并利用经营过程中产生的信息,走向"算法时代"。[①] 可见,算法作为人工智能核心技术之一,在用户个人信息的收集、配置、流转与利用过程中发挥着重要作用。例如,算法的自执行功能减少了很多商业环节,从而降低了商家的人力成本和时间成本,有利于商业效率的提升;算法的深度学习功能广泛应用于经济和金融场域,[②]也使商业模式的自主化程度大获改观,转变了以往商家与消费者之间信息交流不全面、不顺畅的状况。然而,商业行为的趋利性客观存在,导致现实中产生了诸多人工干预算法的现象,也诱发了以下列两种问题为代表的社会风险。

1. 不实推荐引发的安全性问题

目前,我国在国家层面的法律法规体系中,尚未对人工智能或大数据产业中的算法行为进行规制。立法层级较低,这在客观上容易造成人工智能技术监管的弱化甚至缺失,直接威胁市场安全和交易秩序。以搜索引擎的工作方式和营利模式为例,正常情况下,搜索引擎应当按照用户输入的搜索内容,按照相关性由强到弱的顺序显示结果。但在广告竞价机制存在的前提下,搜索引擎则会依托不同企业参与竞价时的出价高低,利用计算机编程技术,将排名靠前的主体显示在相关搜索界面的最前端,从而引导消费者选择。

---

① See Ariel Ezrachi & Maurice E. Stucke, Artificial Intrlligence & Collusion: When Computers Inhibit Competition, University of Illinois Law Review, 5(2017).

② 例如,移动设备的智能应答功能、股票自动化交易系统的研发与推广等。See Organisation for Economic Co-operation and Development, Data-driven Innovation for Growth and well-being, 2014.

在人工智能语境下，这种考虑了竞价排名的决策算法还会不断进行自我学习，将广告投入最多，而非最合适或者最科学的结果推送给用户。这一情况所诱发的现实问题，在实践中并不在少数，并以2016年发生的“魏某西事件”最为典型。[①]《广告法》经2018年和2021年两次修正后，其中，第14条明确要求“通过大众传播媒介发布的广告应当显著标明‘广告’，与其他非广告信息相区别，不得使消费者产生误解”，[②]这才在一定程度上减轻了竞价排名算法所引发的负面社会效应。但不可否认的是，《广告法》的相关规定并不能化解形成这一现象的源头问题，因为其本质还是在于对算法的不当利用。所以应对此种市场安全性问题，唯有立足于商家或平台的主观意识转变，并以算法规制为手段，才有可能逐渐缓和人工智能发展与个人权益保障之间的前述紧张关系。

2. 市场准入机制缺失的问题

参与资源配置的市场主体身份繁杂，专业水平和企业核心文化亦参差不齐，加之共享经济具备参与主体多、潜在经济效益高等特征，这在人工智能市场准入机制尚未确立的背景下，很可能导致存在缺陷或者不具备特殊行业从业资质的人工智能产品流入市场。[③] 例如，由于平台审核不严，或者平台为实现利益最大化而放松准入审查等原因，一些经营资质存在瑕疵的店铺得以进入互联网经济领域，售假现象频发，更有甚者利用其获取的用户个人信息进行差别定价，已经构成违反《消费者权益保护法》的情形。而在人工智能技术辅助平台运营的当下，上述情况更有加剧之势。同样，在人工智能企业的发展过程中，此类问题依然存在。如无人驾驶汽车、无人驾驶飞机等设备的生产经营者应当具备怎样的资质，以及商家在销售此类产品时是否应当要求消费者出

---

① “魏某西事件”：2014年4月，大学生魏某西被检查出患有晚期滑膜肉瘤。四处求医的魏某西及其父母通过“百度”平台搜索到了占据第一位置的武警北京总队第二医院，医生称使用“斯坦福技术”可以“保20年”。魏某西在此接受4次“生物免疫疗法”治疗，花费20余万元。但在被视为“救命稻草”的疗法治疗下，病情却未有任何好转。2016年4月12日，魏父证实魏某西去世。

② 参见《广告法》第14条第2款。

③ 特别是指当人类实施相关任务时，亦需获得资质许可的行业。例如，自动实施外科手术的机器人医生，自动审判案件的机器人法官等。

具汽车、飞机驾驶资格凭证等问题,[①]若处理不当,可能引发包含消费者权益损害争议、责任主体资格争议等在内的负面法效应。

(二)个人信息安全问题

人工智能中个人信息安全问题的成因,主要源于机器学习等核心技术对用户个人信息的挖掘与利用。通常情况下,机器学习依托于对历史数据的多维度分析,在此基础上得出具有统计学或概率学意义上的结论。在共享经济中,人工智能技术主要将用户的个人历史信息作为"学习资料",这些个人历史信息包括但不限于用户的消费记录、日常位移路线、信息浏览偏好等,并且还能以此为基础分析得出用户的消费习惯、对价格的敏感性程度等相关数据。伴随这些信息在数量上的不断增加,其内容也处于动态变化之中,因而机器学习也是一个长效动态的过程,所以对信息的需求始终存在。可见,在人工智能时代,个人参与共享经济所产生的各类信息,已在很大程度上具备了经济价值。那么基于市场经济的趋利性,无论是算法设计者还是经学习之后"成熟"了的机器本身,都会将用户个人信息视为重要资源。

在传统经济模式下,商家不当收集利用消费者信息的情况就已大量存在,只是囿于技术水平、硬件条件等客观原因,大多都是通过线下以诱导、欺诈或不实宣传等手段获取。这一阶段,商家收集个人信息的方式主要是,通过电话推广、上门推销、街头宣传或展销会等形式,以礼品、代金券等作为回馈诱导消费者填写问卷,让渡个人信息。共享经济模式兴起以来,互联网平台逐渐成为商品交易和信息流转的重要场所,其在为交易提供便捷的同时也带来一定的信息安全问题,主要表现在以下两个方面:其一,互联网平台作为供需信息"集散"主体参与经济活动,丰富了传统的经济主体范围,也就使个人信息上附加的"营利性需求"更加复杂化。也就是说,除了传统经济模式下的商家以外,平台也会从自身经济利益出发,采用各种手段获取用户个人信息。其二,互联网具备便捷性与高效性,但在一定程度上却容易干扰消费者的个人信息保护意

① See Mark Harris, Will You Need a New License to Operate a Self-Driving Car?, 2017, http://www.bbc.com/news/technology-40570592.

识,降低其对个人信息受损现象的敏感度。具体来说,平台或商家先是通过形式多样的广告宣传吸引消费者,进而以便于日后推送更多优惠信息为名,获取包括用户姓名、出生日期、联系方式等在内的信息;或者网站客户端、手机 APP 在用户首次使用时普遍会以默认勾选的形式,使用户被动性地让渡包括通讯录、照片图库、实时位置等在内的信息,并通过开启麦克风、摄像头等使用权限的方式,获取用户声频、图像等个人信息。在这种情况下,虽然平台或商家有用户同意作为形式背书,但其获取同意或授权的方式却存在明显的法律瑕疵。若叠加人工智能技术的应用,则个人信息还有可能被进一步挖掘、分析并作为机器学习的初始资料,从而辅助互联网系统作出自动化交易决策。然而,就个人信息被用于人工智能场景这一情况而言,平台或商家在告知用户信息的使用范围时尚无法详细说明具体情形,加之法律规范缺位以及技术发展存在失控的风险,都进一步提升了用户个人信息被不当利用的可能性,既对传统隐私保护制度形成严峻挑战,也不利于合理发挥个人信息多维价值。

二、人工智能环境下个人信息受损的成因分析

上文论及在人工智能技术应用背景下,共享经济中的个人信息可能面临的风险,并简要介绍了商家利用人工智能技术营利的常见模式,探讨了个人信息受损的具体情况。在这一部分,笔者将从现象出发,分析个人信息被不当利用并形成严重负面结果的原因。具体来说,就是以公法规制的视角审视信息的收集、加工利用以及循环迭代等全部环节,探索智能化行为中可能影响个人信息的部分,从而明确规制与保护行为对象。

以人工智能技术对信息的应用流程为基础,可以将用户个人信息的流转环节划分为初始收集、分析运算与后续加工三步。结合行政法规制手段的时间性特征,可以将以上三个步骤对应视为事前、事中、事后的重点监管对象。也就是说,初始信息收集行为应当接受来自特定主体的事前监管,并以强制备案等方式最为常见;信息的分析运算过程则需要接受实时监督,例如,向有权部门披露算法的设定依据、考量因素等内容;对信息的后续加工行为而言,所接受监督的力度可以弱于前两者,具体方式也可以更为灵活,包括但不限于定

期抽检、对解释说明自身机器学习规则的企业实施行政奖励等。通过对三个流程中的信息利用行为进行理论分析可知,导致个人信息安全风险以及不当利用风险的潜在原因集中表现在以下三个方面。

(一)原始数据偏见

人工智能的基本运行模式是对大量信息进行分析,并在此基础上制定系统算法,用于一定时期内的自动化决策,这也是体现其拟真智能的重要方式。前文提到的信息,主要来自对社会现实、人类活动、群体或个体日常习惯的抽象汇总,因而可以说是日常现象的代码化表现形式。基于原始数据与决策内容之间的以上关联,相关信息的普遍性、客观性与真实性就成为影响人工智能运行效果的关键要素。实践中,虽然信息质量会受到诸如收集方式、存储手段等因素的影响,但相比之下,原始数据自身存在的片面性往往更具基础性,这一瑕疵也更容易被忽视,从而在应对方案的设计上更具难度。

1. 原始数据偏见的形成原因

从成因来看,人工智能原始数据的瑕疵现象主要由两方面因素所致:一是样本选取不科学、不全面,无法反映客观现状;二是样本选取虽不存在问题,但无法反映应然的社会现实。具体来说,前者主要指的就是数据统计时的样本范围不具备全面性,无法代表全部社会群体,从而不能从中获取具有普适价值的信息。① 形成这一现象的原因,可能是信息收集者的过失或者故意。而后一种现象的成因则具有一定的不可避免性,这是因为社会自身在该领域即存在制度偏见,即使所选定的采样范围客观完整,也不能完全滤除其中的不平等因素,导致相关统计数据的挖掘结果只能体现非客观或非最佳状态的社会价值。② 综上,笔者将这两种信息问题统称为“原始数据偏见”,它们共同反映出人工智能基础数据自身的潜在问题,佐证了并非所有被标识为“个人信息”的数据都存在利用价值。那么,对于这两种现存问题,其化解思路就应当是以克

---

① See Adam Rose, Are Face-detection Cameras Racist?, 2010, http://content. time. com/time/business/article/0, 8599, 1954643, 00. html.

② See Solon Barocas & Andrew D. Selbst, Big Data's Disparate Impact, California Law Review, 104 (3) (2016).

服偏见为指导,通过技术手段与法律手段相结合的方式,规范个人信息的收集、统计与分析行为。

2. 原始数据偏见的化解方式

首先,规定商家或平台有权收集信息的对象范围和信息种类,也就是确定上文提及的“样本范围”。在收集信息的对象范围上,主要探讨哪些主体可以成为商家或平台所需信息的提供者。在当前的共享经济中,此类信息最主要的来源就是平台、商家、用户和消费者,因而前述收集对象范围应将这些主体全部纳入其中。在收集的信息种类上,这些主体所享有的信息不仅仅局限于个人信息,还包括其他经营性信息,而这些信息都可以成为人工智能技术所依赖的基础资源,因此都可以被视为原始数据进行收集。可见,为保证原始数据具备广泛性和代表性,这里采用概括式的规范制定方式,将除了国家秘密、商业秘密以及个人隐私之外的所有相关信息均列入收集范围。

其次,通过技术手段对原始信息进行筛选,排除其中带有不客观、不真实成分的内容。第一步,先设定基本原则,以概括方式明确哪些信息属于被排除的范围,如带有性别歧视、种族歧视等特征的信息,体现资源不平等享有的信息,甚至是司法不公正条件下所产生的信息等。第二步,寻求这些原则的代码化方式,探索程序员应当如何应用计算机语言,将上述原则内涵体现在平台运行所依托的算法中。也就是说,这里要分析法律语言与技术语言之间的转化问题,具有明显的跨学科、跨知识领域属性。所以对于本项研究来说,重点应当关注如何在“法律主导,技术配合”这一思路的指导下,逐步推进不同治理方式的衔接与协作,并为技术的发展提供法律方案与合规支持。

再次,对于社会自身即存在问题或偏见的领域,商家或平台应当坚持传统经济模式下的决策方式,而非使用人工智能技术作为决策工具。与人类的智慧性不同,人工智能技术并不具备独立思考与判断的能力,仅能够在人类已有活动的基础上进行大数据分析,并以此为决策依据。所以,在社会本就存在偏见的事项范围内,人工智能无法得出不含此种偏见的结论,因而当前最好的解决方法就是回到传统的人工决策,由平台或商家在公正合理的精神指导下作出资源配置决策或定价决策。需要特别强调的是,此处场景不同于上文所述,即不能通过算法的设定排除原始数据中的偏见成分，主要原因在于这里的数据具有全样本瑕疵性，因而不存在对此类样本再排瑕的必要性和可行性。所以此处场景应排除人工智能技术的应用，由共享经济中的平台或商家按照公平、平等、诚实信用等民法基本原则作出决策。

最后，在监管主体层面，应在合法性、合理性、信赖利益保护以及行为的合比例性等原则指导下，防控因原始数据偏见问题导致的负面信息效应。具体到实践操作中，就是由行业协会或相关行政主管部门行使如下职权。第一，对于存在整体性社会偏见的领域，依具体情况有差别地实施调控行为。如果该领域内的偏见主要因制度的落后或不完善所致，则应由行政主管部门根据实际情况制定规范性文件，或向上级行政机关提出立法建议。如果偏见的成因主要系未遵守相关法律法规、未严格按照法律原则或市场交易规则实施行为，那么此时应当由行政主管部门以处罚、强制或指导等手段加以调控，或者在情况轻微时由行业协会通过业内警告、限期改正或指导、奖励等行为转变现状。第二，对于平台或商家在偏见领域收集原始数据的行为进行指导和监管。从个人信息来看，与用户身份、联系方式相关的内容具有客观性，基本不会受到社会偏见的影响；但其中有关消费习惯的信息，特别是这些消费习惯信息与身份信息相结合之后，很容易体现出社会偏见。对此，监管部门应当引导商业主体树立正确的市场竞争精神，使其摒除通过竞价推广、差别定价等信息不当利用方式谋取利益的想法。进而，制定相应的责任追究机制并明确责任承担方式，一方面，防止商家或平台侵犯消费者的公平交易权；另一方面，合理平衡不同主体的权利，在比例原则指导下实现被调控对象合法权益之间的“帕累托最优”。[①]

（二）算法偏见

1. 算法偏见的成因

如果说原始数据偏见的形成原因具有主客观交织性，那么算法偏见的成

---

① “帕累托最优”（Pareto Optimality）：也称“帕累托效率”（Pareto Efficiency），是指资源分配的一种理想状态，假定固有的一群人和可分配的资源，从一种分配状态到另一种状态的变化中，在没有使任何人境况变坏的前提下，使得至少一个人变得更好。

因则更多呈现主观色彩。当前,在以自动化商业决策为主要功能的智能系统中,其初始算法的设定是不能脱离人类编程行为的,即使某一算法在设定之初的动机具有中立性,也很难避免由以下三种原因造成的算法偏见:一是法律的实体性规范存在空白,商家或平台针对特定事项设定算法时无据可依;二是法律程序性规定的缺失与编程者自身偏见相叠加,导致瑕疵算法被下意识且无监督地写入系统中;三是监管力度不足,行政主体对商家的算法设定及算法披露行为无强制性要求,对不披露非核心算法的行为亦无追责机制。

在此背景下,带有偏见的智能算法被置入平台或商家的后台系统。而伴随此种算法的运行,可能产生的负外部性主要表现为:其一,有关资源分配、权利义务配置等具体结果,可能在外观或形式上并不违法,但在合理性方面存在瑕疵和争议,与法律的精神内核相左,因而不符合实质法治的要求;其二,有关资源分配、权利义务配置等具体结果,虽然在实体方面无显著问题,但公众却无从得知算法的设定原则、设定过程等细节,这将不利于公民知情权的实现,不符合扩大公众参与的现代行政法治内涵。

2. 算法偏见的释缓

基于智能算法自身的特征及其运作原理,基本可以将算法偏见的化解路径总结为以下三方面,且具备一定的顺序性。

第一步,由监管主体制定明确的算法禁止清单。具体到操作层面,这里的"禁止"清单主要应包含两方面内容。首先,明确指出在设定算法时禁止考量的因素。以清单方式列出商家或平台不能用来编写程序的信息种类,如不得将用户的职业身份、收入水平等信息作为决定其资源数量、质量乃至定价的因素。原因在于,人工智能技术的理论基础就是从已有经验或习惯性行为中总结规律、辅助今后同类事件的快速决策,应当反映社会、经济的发展或人类行为的规律。因而,不具备前述规律性的信息不应当作为自动化决策的依据,也属于算法设定时禁止参考的对象。其次,规定特定的算法禁用范围,具体包括禁用行为范围和禁用事项范围。就前者禁用的行为范围来说,最典型的就是商业定价行为。也就是说,商家或平台在确定相应商品或服务的价格时,应当考量的是成本、供求关系等市场化的价格决定因素,而非特定消费者的消费能力或消费水平。所以在算法中,价格应当表现为一个常量而不是变量函数;更不能将用户个人信息作为函数关系式中的变量,并为之设定加权系数。就后者禁用事项的范围来说,最具典型性的应当是互联网教育产业。这是因为在当前教育产业化的背景下,一方面,教育行业具有逆周期性,很多情况下并不能根据经济发展水平作出教育资源配置的决策;另一方面,教育行为自身具有很强的针对性,“有教无类”的市场需求和“因材施教”的行业目标使自动化决策的实施难度较大。因此,在教育这一事项领域内,当前的资源配置决策还应依赖于人工,也就是针对不同个体的专属特征和个性化需求,由教育机构或其从业者实施资源分配行为。

第二步,由监管主体制定算法行为的程序规范。其一,规定商家或平台在编制算法时应当履行备案义务。这里需要备案的内容包括但不限于经营过程中利用算法进行决策的事项、算法设定的背景、参与设定算法的主体范围、算法的应用时间以及修改更新要求等。备案的目的在于强化事前监管,并为可能发生的事后追责提供依据。其二,要求商家或平台在设定算法时适当引入公众参与。在此,可行的公众参与方式包括:以网络问卷形式征求用户意见、就争议集中的问题开展座谈会等。其目的在于奠定平台算法的合理性基础,使用户满意度有所提升。其三,将算法的适度公开作为强制性规定。因公开有助于扩大监督主体、提升监督力度,所以对被公开行为的合法合理发展具有显著的促进作用。但需要注意的是,算法系商家或平台行为,系投入商业资源的产物,并在一定程度上具备商业秘密属性,因此,对算法的公开应严格把握公开的内容、方式和对象。具体来说,在内容上,删除其中涉及商业秘密的内容,将算法所包含的其他信息对外公开。这里提到的“其他信息”主要指的是算法设定时遵循的法律原则、算法体现前述原则的具体方式以及算法运行所得出的常规结果和例外结果等。如有需要,商业主体还应针对例外结果的发生作出解释。在方式上,最主要的就是通过本平台界面发布声明,此外,还可以向用户发送电子邮件或寄送相关手册等。在对象上,算法公开的受众主要是相应平台或商家的注册用户,在特定情况下还可以是全部的社会公众。

第三步,赋予监管主体监督归责的权力,并向特定监管主体赋予行政处罚权。以前述两个步骤为基础,授予行业协会和行政监管部门监督职权,由其实施事前、事中、事后等一系列监督行为,对被监管主体是否遵循了算法禁止清单、是否实施了算法公开行为等内容进行全面监督。此外,建议授予行政监管部门责任认定权和相应的处罚权。在实施步骤上,可以先扩大责任认定权的行政主体范围,并将满足特定条件的行业协会纳入法定归责主体范围,这里提到的“特定条件”具体可以包括成立时间、会员规模、业内影响力等。将归责主体范围扩大,能够在一定程度上适应当前共享经济的高效性特征,缩短争议发生后的处理时间。在此基础上,建议从地方性法规的授权开始,合理调整监管部门有权实施的处罚行为种类,在对算法不当行为及时纠偏的同时,有效防范未来可能发生的算法偏见。

(三)学习环境偏见

1.学习环境偏见的成因

在人工智能技术层面,其核心关键词除了上文详细论述的“算法”之外,另一个就是“机器学习”。就其作用顺序和具体方式而言,算法首先在自动化决策过程中发挥功效,即对初始数据进行运算并生成结果,实现第一次资源配置。随后,为了提升经营过程中的资源分配效率,一些商家和平台增加技术投入,将机器学习用于改进算法和完善交易,以期在不断的自我矫正中,使运算结果更加体现其经济效益,并努力寻求企业与消费者以及与国家之间的利益平衡。

在此,结合“学习”一词的语义内涵和传统定义,不难得知主体、内容、方式和环境是学习活动的关键构成要素。对于共享经济场域下的机器学习而言,其学习主体必然是商家或平台所运营的自动化决策系统,学习内容是大量的用户个人信息和商业交易信息,学习方式包括机械学习、演绎与归纳学习、类比学习等具体策略。[①] 由此可见,学习主体、学习内容和学习方式具有较强的客观性,不易受到外部因素影响。相比之下,学习环境则具有较明显的可变性和不稳定性,因而成为影响人工智能机器学习效果的最关键变量。

---

① 参见黄亚强:《以机器学习为基础的人工智能》,载《电子技术与软件工程》2018 年第 8 期。

然而,当前世界范围内尚不存在绝对公正客观的社会,这一点从原始数据偏见的存在即可得知,因而机器学习可能导致结果不公正的首要因素就是社会环境中普遍存在的不公正或者不完全公正现象。当然,学习环境偏见的关键内涵并非在此,发挥重要作用的是经人为控制的特定学习环境,其范围大小、涵盖内容等都由编程者基于个人或团体的需要作出限定,从而使人工智能在学习过程中可接触的环境、可借鉴的事项以及其中体现的权利义务关系都具备明显局限性,在很大程度上影响机器学习效果,并可能诱发前文述及的各种负面效应。具言之,如果机器学习的整体环境都对"价格敏感人群"存在一定歧视,认为他们不具备购买优质商品的资格,那么在此影响下的学习结果,必然是在资源配置中将劣等品直接分配给上述群体,在很大程度上剥夺了其在交易中应当享有的知情权和选择权。

2. 学习环境偏见的释缓

与原始数据偏见、算法偏见的解决思路相同,对学习环境偏见的处理同样应当从完善实体性规范和程序性规范,以及强化监管两个维度开展。

在对规范的修订和完善上,首先,建议以强制性规定的形式,要求商家和平台坚持公平公正原则,保障自动化决策系统的内部环境合法合理,禁止价格歧视、不正当竞争等有损消费者权益的因素存在于系统中,从而影响商业决策的正当性。其次,通过非强制性规范,如制定行政指导、行政奖励等政策,引导商业主体净化其互联网平台的内外部环境,对于定期筛查学习环境并隔离偏见因素的主体给予经济奖励或政策优惠。最后,完善程序性规定,要求商家或平台定期提交情况说明,说明的内容包括对学习环境审核时所依据的标准、审核的具体内容、审核结果以及处理方式等,以此增强企业对自动化算法学习环境的关注,防范因学习环境偏见导致的个人信息不当利用现象。

在强化监管的过程中,一方面,要对学习环境存在偏见的事实情况进行调控,并追究相应主体的责任;另一方面,对默许人工智能在偏见环境中学习的商业主体进行规制,责令改正并要求其承担相应责任。在前一种情况下,应当明确监管主体的身份及各自职责范围,特别是将工商、物价等部门的职权进行明确划分,杜绝多头监管、权责不清的现象。具体来说,就是由工商行政管理部门主责对不正当竞争行为的监管，并针对查清的事实，实施暂扣或吊销许可证、营业执照以及罚款等处罚行为。由物价行政监管部门对商业主体的价格歧视行为进行监管，并实施相应的强制手段或处罚行为。此外，以上两种主体在进行强制或处罚的同时，还应当以维护公平的交易氛围、构建健康的市场交易环境为使命，对相应主体开展教育宣传，促使其逐步形成守法经营、合法竞争的规则意识。在后一种情况下，监管行为的对象从竞争、定价等行为的合法性转移至自动化决策行为的合法性与合理性，也就是要监督商家或平台是否在非合理的环境下进行了决策算法学习。在操作方案上，可以由监管部门对商业主体的前述行为进行不定期抽检，抽检内容包括但不限于：商业主体互联网平台的后台运算环境、程序员编程行为受到前述环境的影响程度等。对于抽查结果明显不合法的企业，责令限期整改并实施一定的行政处罚；对于抽查结果存在瑕疵的企业，进行批评教育或给予警告处罚；对于抽查结果良好、用户反馈佳的企业，也可以适当给予"免检奖励"，允许其在特定时期内免予行政检查。

三、人工智能领域现行个人信息保护规范梳理

（一）我国人工智能立法的起源与发展

在互联网与人工智能领域，中央层级的立法工作主要始于2016年，并以《网络安全法》的颁布为重要标志。在具体内容上，《网络安全法》虽然较为全面地规定了网络运营者的法定义务和网络用户个人信息权利，但囿于当时我国的人工智能产业尚处于起步阶段，因而并没有针对智能系统中多模态个人信息的保护规定。2018年颁布的《电子商务法》，其中7处提及电子商务活动中的个人信息保护，但其局限性仍然在于未探讨人工智能与个人信息的结合问题。可见，截至2018年，我国中央层级的立法尚未直接回应算法可能造成的个人信息侵害问题，且规范重点未在对个人信息本身的保护上，而是更加关注作为公共安全组成部分的信息安全，所以治理的思路和手段都更加偏向于规制，欠缺指导性内容。

2017年，国务院颁布《新一代人工智能发展规划》（国发〔2017〕35号）。

作为中央法规层级的规范,该规划首次提及人工智能的潜在风险及其预防思路,明确指出人工智能技术的发展可能诱发个人隐私风险,并提出应当确保人工智能安全、可靠以及可控式发展。2017 年,修订后的《中小企业促进法》在正文中提到国家鼓励中小企业发展人工智能技术,提升自身生产经营效率,但并未对新时期中小企业承担的消费者个人信息保护义务作出具体明确的规定。直至 2018 年国务院办公厅《关于推进政务新媒体健康有序发展的意见》(国办发〔2018〕123 号)的出台,"人工智能"和"个人信息"两项表述才首次同时出现在一部中央规范里。因此,可以将该意见的制定和实施视为人工智能环境下的有益探索,且这一探索在个人信息保护领域内具有里程碑式的意义。在此之后,各行业领域监管部门开始加强对个人信息保护的关注力度,并结合人工智能技术的应用,为新型种类、新型样态的信息提供全面保障。《2019 年教育信息化和网络安全工作要点》(教技厅〔2019〕2 号)的出台,提出要在教育教学环节中应用人工智能技术,同时明确了在这种环境下保障个人信息的方式,与前述其他规范相比具有明显的进步意义。

(二)我国人工智能与算法规制的现行立法体系

2021 年以来,大量以人工智能、算法为调整对象的规范发布并实施,标志着我国立法实践开始关注并着手应对科技发展带来的现实问题。当前,涉及人工智能、算法相关行为的立法文件在层级上多为部门规章、行政规范性文件以及各类标准。

在调整人工智能的中央层级规范中,重要的部门规章如 2023 年《生成式人工智能服务管理暂行办法》(国家互联网信息办公室、中华人民共和国国家发展和改革委员会、中华人民共和国教育部、中华人民共和国科学技术部、中华人民共和国工业和信息化部、中华人民共和国公安部、国家广播电视总局令第 15 号)。司法解释有 2022 年的最高人民法院《关于规范和加强人工智能司法应用的意见》(法发〔2022〕33 号)。规范性文件除了上文提及的 2017 年《新一代人工智能发展规划》外,还有……2021 年国家新一代人工智能治理专业委员会发布的《新一代人工智能伦理规范》。此外,还有各类国家标准、行业标准和团体标准。

在调整算法行为的中央层级规范中，2022 年生效的《互联网信息服务算法推荐管理规定》（国家互联网信息办公室、中华人民共和国工业和信息化部、中华人民共和国公安部、国家市场监督管理总局令第 9 号）、2023 年生效的《互联网信息服务深度合成管理规定》（国家互联网信息办公室、中华人民共和国工业和信息化部、中华人民共和国公安部令第 12 号）等构成了主要的部门规章依据。2023 年，国家互联网信息办公室先后发布了两批深度合成服务算法备案信息，以部门工作文件的性质向社会公开了境内深度合成服务算法的备案情况。相比人工智能，算法规制领域的国家标准、行业标准和团体标准的数量更多。

（三）重要规范梳理与分析

在上文提及的现行立法规范中，无论是人工智能领域还是算法领域的规定，其中都涉及大量与数据应用、个人信息保护相关的内容。下文选择了自 2017 年起至今的 5 部典型规范，从制定主体、出台背景、规制目标等方面展开分析，一方面，了解我国新兴科技领域立法体系中，自然人个人信息保护的具体情况；另一方面，探讨在新经济模式、新技术模式背景下，国家对个人信息的保障力度是否足以应对潜在风险，从而为完善相关立法提供建议。

1.《新一代人工智能发展规划》

2017 年 7 月，国务院印发《新一代人工智能发展规划》（以下简称《发展规划》），并下发至各省、自治区、直辖市人民政府，以及国务院各部委和直属机构。从制定背景来看，《发展规划》的出台顺应社会发展趋势，既是应对人工智能可能带来之变革的有益制度尝试，又以抢抓机遇、构筑优势为目标，旨在加快建设创新型国家和世界科技强国。《发展规划》从战略态势、总体要求、重点任务、资源配置、保障措施、组织实施六个方面，为人工智能的发展提供了方向指引，明确了未来人工智能企业应当实现的技术突破，具有重要的前瞻意义。更为重要的是，《发展规划》立足于发展人工智能产业的社会基础，相继提出了人工智能法律法规和伦理规范的制度完善建议，明确了人工智能技术标准和知识产权体系的创设思路,还提出了建立人工智能安全监管和评估体系的设想。[①] 因此,《发展规划》内容集合了行业自身的发展建议与法律制度的完善建议,具备经济、社会、文化、技术等领域的复合性规范特征。

对于人工智能语境下的个人信息保护问题,《发展规划》中亦有涉及,不过采用的表述是“个人隐私”或“隐私”,更加强调对个人私密性信息的保护。具体而言,《发展规划》正文中有 5 处提及对隐私的保护,除了 1 处是对人工智能潜在风险的描述之外,其余 4 处分别是对人工智能企业以及规范制定主体提出的要求。例如,要求相关企业、行业协会等主体构建安全高效的智能化基础设施体系,其关键内核之一就是“强化数据安全与隐私保护”,从而“为人工智能研发和广泛应用提供海量数据支撑”。[②] 在此,对前述主体课予隐私保护的义务,虽然在很大程度上体现了行业发展的趋利性,但不可否认这将可能使个人隐私保障收获良好效果,即取得制度设置的客观成效。又如,《发展规划》第 5 条多次提到要制定“隐私和产权保护”制度,并建议制定隐私保护的技术标准,[③]如果未来的人工智能产业或人工智能技术发展能够按照这些规范内容调整自身行为,在追求企业经济效益的同时关注用户信息权利,将有利于促进行业的全面健康发展,并收到较好的社会效果。

但不可否认的是,《发展规划》并未提出人工智能技术侵犯个人隐私的具体形式,也就没有明确具体的立法调控方式。也就是说,《发展规划》全文几次出现“个人隐私”或“隐私”,但只是宏观地提出人工智能可能带来隐私风险,并原则性地提出隐私保护建议,没有说明人工智能技术的应用将以怎样的方式侵犯隐私,因而提出的应对策略也仅仅是具备宏观上的指导意义,并不能直接作为人工智能企业的行为规范,亦不能作为立法机关或行政机关的制度来源。此外,全文仅使用“个人隐私”的表述而未提及“个人信息”,虽然其出发点是强调对于用户私密性信息的保护,且更多侧重于对这类信息的“保密”和“不受侵犯”,但在一定程度上忽视了个人信息的多维价值。正如前文所述,人

---

① 参见《发展规划》第 5 条。
② 《发展规划》第 3 条第 5 款。
③ 参见《发展规划》第 5 条第 1 款、第 3 款。

工智能技术得以发挥作用的关键在于对历史数据的分析和学习,那么就难以避免对用户个人信息的处理与利用。如果仅作禁止性规定,要求人工智能不得侵犯个人隐私,则有可能导致如下两种情况:一是出于经营的谨慎性,人工智能企业屏蔽所有的用户个人信息,仅将商业活动中不涉及个人信息的其他内容作为机器学习和自动化决策的依据,长此以往,就容易形成决策的偏差或决策的重大瑕疵,影响人工智能的运行质效;二是出于"法无禁止即可为"的思想,人工智能企业以不侵犯用户个人隐私为底线,不加限制地对其他非隐私类个人信息进行分析利用,将造成个人信息被滥用的负面影响,诱发诸如自动化系统的价格歧视、各类平台的关联推送等影响用户公平交易权、知情权以及其他合法权利的问题。

综上,《发展规划》应当在保持现有内容的基础上,进一步增加对个人信息的利用和保护规范。具体来说,就是以人工智能与共享经济的结合为视角,把握不断发展的科技趋势,探索新形势下个人信息可能遭受侵犯的方式和途径,从而提出科学合理的制度完善建议,规范人工智能技术对个人信息的利用。在此基础上,明确监管主体对个人信息的保护方式,明确如何在促进个人信息发挥综合价值的同时,保障其不遭受非合理利用。

2.《关于推进政务新媒体健康有序发展的意见》

2018 年 12 月,国务院办公厅印发《关于推进政务新媒体健康有序发展的意见》(以下简称《新媒体意见》),旨在规范各级行政机关、承担行政职能的事业单位及其内设机构运营官方政务新媒体时的行为。[①] 结合这些主体的日常工作内容,以及当前互联网媒体的基本运行模式可知,上文提及的"运营政务新媒体的行为"应当包括:发布行业新闻或其他时事动态,实施政务公开,发表时政评论,回应社会舆论问题,以及法律法规、规范性文件、工作规章中规定的其他相关行为。《新媒体意见》的核心内容主要包括五部分,依次明确了政务新媒体建设和发展的总体要求、工作职责、功能建设、运维管理以及保障措施,充分体现了国家对政务新媒体产业的重视,并致力于打造互联网时代"指尖上

① 参见《新媒体意见》第 2 条。

的网上政府”。《新媒体意见》明确了政务新媒体的主要功能在于以下三方面:推进政务公开,强化解读回应;加强政民互动,创新社会治理;突出民生事项,优化掌上服务。① 这些规定既可以体现行政主体顺应科技发展趋势的愿望和努力,又表明行政主体强化政民互动关系的决心,从而不断探索公众更易接受、更便捷可及的政务公开方式。

与现有法律法规相比,《新媒体意见》的进步之处在于对人工智能技术的应用和个人信息的保护均有提及,而且在一定程度上体现了两者之间的关系。首先,其明确了政务新媒体业务的开展应当积极应用人工智能技术。《新媒体意见》第 1 条第 3 款在规定政务新媒体发展所需遵循的基本原则时,指出要“积极运用大数据、云计算、人工智能等新技术新应用,提升政务新媒体智能化水平”,可见在当前时代背景下,人工智能技术已成为行政主体开展新媒体政务的重点依托。其次,其指出人工智能技术的运用需要以个人相关信息作为基础资源。第 3 条第 2 款指出“要善于运用大数据、云计算、人工智能等技术,分析研判社情民意,为政府决策提供精准服务”,明确了人工智能在政务新媒体产业中的作用方式。这里提出可以应用人工智能技术“分析研判社情民意”,很明显地表现出人工智能需要以社会中的自然人信息为基础运行资源,并在一定程度上对这些数据进行挖掘和分析。最后,其提出禁止人工智能技术实施侵犯个人信息的行为,并对“个人隐私”与“个人信息”提供了区分保护。《新媒体意见》第 4 条有关“规范运维管理”的规定中,提出应当“加强监测预警和应急处置”,确保不泄露个人隐私,这是对隐私类个人信息的绝对化保护。同时,该条又规定运营主体“不得违法违规获取超过服务需求的个人信息,不得公开损害用户权益的内容”,②表明不论是运营新媒体的行政主体还是履行外部监督职责的监管部门,都应当在促进个人信息多维价值实现的基础上,关注相关企业的信息收集与利用行为,从而防止因过度收集信息而导致的个人合法权利减损。

---

① 参见《新媒体意见》第 3 条。

② 参见《新媒体意见》第 4 条第 3 款。

3.《2019 年教育信息化和网络安全工作要点》

2019 年 2 月,教育部办公厅印发《2019 年教育信息化和网络安全工作要点》(以下简称《工作要点》),要求各省级教育部门结合本地、本单位工作实际予以贯彻落实。《工作要点》的出台,是教育进入信息化阶段的重要产物,体现了国家积极推进"互联网 + 教育"模式的探索和努力,是新时期以"教育信息化"引领"教育现代化"的核心表现。在前述工作思路的指导下,《工作要点》提出教育信息化的 10 项建设目标,以及推进信息化、保障网络安全的 11 项重点任务,力争为教育事业的高效开展创建良好环境、提供技术支持与制度保障。

《工作要点》中 8 次提及"人工智能",主要强调了此项技术在当前教育事业中的战略意义,提出应当充分利用该技术助推教师队伍建设、辅助教学实践,并"在中小学阶段设置人工智能相关课程,逐步推广编程教育",加强高校的"网络空间安全、人工智能相关学科建设"。[①] 可见,人工智能的应用场景已在很大程度上突破了单纯的经济交往或政务公开,而是向更广阔的公共服务领域拓展,具备了更加显著的公益性质。当然,人工智能技术应用过程中不可避免地存在安全性风险,《工作要点》中突出强调的就是可能为个人信息安全带来的负面效应。例如,第 3 条第 5 款中明确提出要"全面规范校园 APP 的管理和使用",一方面严禁有害 APP 进入校园,另一方面也从侧面向不当的个人信息收集行为作出限制,要求"促进移动互联网有序健康发展"。此外,第 3 条第 11 款提出要"建立数据分级保障的工作机制,加强数据全生命周期管理",这一方式作为数据管理领域的常见措施,对于个人信息的分类保护具有重要的指导意义。进而,该条还规定要"开展数据安全专项整治行动,全面排查个人信息保护存在的安全隐患",反映出监管部门对教育环节中各参与主体合法权利的充分保障,特别是对于身处相对弱势地位的学生,提供线上线下相结合的网络安全保障机制,使其既能够享受数字化的教育资源,又不致因此遭受其他合法权利的减损。

---

① 《工作要点》第 3 条第 9 款、第 11 款。

4.《互联网信息服务算法推荐管理规定》

实践中，大数据推荐算法侵犯个人信息权利的行为集中表现为非经授权调阅、读取、利用用户客户端存储的各类信息，这些信息的来源包括但不限于通讯录、麦克风、摄像头、定位服务、社交或者经济活动平台的缓存数据。进而根据对以上信息的整合，形成用户画像并精准推送。平台或服务商的意图在于发掘用户信息的经济价值，提升其网络产品的访问量与点击率，或者提升其产品的销售量，但整个流程可能造成用户信息的泄露或者滥用，侵犯个人信息乃至个人隐私的安全。伴随大数据推送成为互联网生活的必要组成部分，上述因算法诱发的用户身份定位、个性化推送偏见、价格歧视等问题受到广泛关注。

2021 年，国家互联网信息办公室联合工业和信息化部、公安部、国家市场监督管理总局共同制定《互联网信息服务算法推荐管理规定》（以下简称《算法规定》），规范各种利用生成合成类、个性化推送类、排序精选类、检索过滤类、调度决策类等算法技术向用户提供信息的行为。

《算法规定》第 7 条提出，“算法推荐服务提供者应当落实算法安全主体责任，建立健全算法机制机理审核、科技伦理审查、用户注册、信息发布审核、数据安全和个人信息保护……等管理制度和技术措施”，要求算法推荐服务必须设置个人信息保护的底层技术。第 29 条规定，“参与算法推荐服务安全评估和监督检查的相关机构和人员对在履行职责中知悉的个人隐私、个人信息和商业秘密应当依法予以保密，不得泄露或者非法向他人提供”，更是将个人信息保护明确规定为算法推荐服务提供者的法定义务。

5.《生成式人工智能服务管理暂行办法》

2022 年 11 月 30 日，美国开放人工智能研究和部署公司（OpenAI）发布其新推出的人工智能技术驱动的自然语言处理工具（Chat Generative Pre-trained Transformer, GhatGPT）。[①] GhatGPT 拥有语言理解和文本生成能力，尤其是会通过连接大量的语料库来训练模型，从而能够不受场景的约束，应对人类提出

① Open AI, Introducing ChatGPT, 2022, https://openai.com/index/chatgpt/.

的问题和需求。随后一年内,众多商业公司开始研发自己的生成式人工智能产品,包括微软、谷歌、色拉布(Snapchat)等在内的公司相继推出基于人工智能技术驱动的商业应用。百度大脑、文心一言、讯飞开放平台等应用的问世,标志着我国生成式人工智能商业化的开始。相应地,监管部门关注到了生成式人工智能对应用场景的突破,以及广泛应用场景下可能带来的数据安全风险。

2023 年 7 月,国家互联网信息办公室等七部门联合发布《生成式人工智能服务管理暂行办法》(以下简称《人工智能办法》),规范利用生成式人工智能技术向我国境内公众提供生成文本、图片、音频、视频等内容的服务。《人工智能办法》中多次提及个人信息,要求生成式人工智能服务履行个人信息保护义务,收集个人信息时坚持必要性原则。[①]《人工智能办法》的颁布和实施,既调整了新兴技术应用中的问题,也回应了公众在新时期对于个人信息保护的新需求。

综上所述,我国当前在人工智能领域的立法关注到了人工智能、算法等技术的变革和发展,同时基于《个人信息保护法》的基本原则,对个人信息保护问题给予了相应的回复。特别是近三年来,立法主体较为及时地回应了新技术发展带来的规制问题,为新经济全面发展提供了法治保障。然而,现行规范整体上呈现立法位阶不高的问题,仍然有一些未尽事宜有待充实和完善。不过,应当充分认可立法在相关问题上的已有探索,并以之为基础,进一步发现特定领域适用人工智能技术可能诱发的信息风险,从而在总结专门性规范的基础上,制定人工智能环境下个人信息保护的总则性立法。

第二节　人工智能场域下的多模态个人信息及其保障

正如本章第一节第三部分所述,人工智能语境下的个人信息在内容和形式上都实现了突破,成为新时期具有全新特征的信息种类。本节将结合个人

① 参见《人工智能办法》第 9 条、第 11 条。

信息在外化形态上的变化，重点介绍新模态个人信息的特点；并以此为前提，就现实中存在的多模态个人信息保护问题进行总结，探索切实可行的公法应对方案。

一、多模态信息技术背景下个人信息的特征

（一）多模态信息技术的发展

在互联网时代初期，网络信息采集途径较为单一，用户在数量、活动参与度及行为复杂性等方面也都处于较低水平，因而网站运营者收集到的个人信息仅限于最为基础的姓名、住址、联系电话等。在当时信息数据库尚未建立、数据挖掘技术仍不发达的背景下，这些简单的信息仅能够供明确的收集者使用，且使用目的、具体的使用方式亦能够为信息主体所知。基于上述特征，可将这一时期称为单一信息识别技术背景下的“初级信息时代”，亦即“信息 1.0 时代”。

当社会进入人工智能时代后，一方面，科技的发展丰富了信息价值，使参与者的物理活动轨迹甚至行为习惯等都具备了可供挖掘的多重内涵，如在平台或商家眼中，用户的日常位移路线、消费购物倾向等都可以被收集进而被分析；另一方面，技术手段的完善拓宽了可采集信息的形式范围，使生物信息的在线录入成为可能。由于生物信息具备专属性特征，因而可以成为自动化系统的身份识别依据，在一定程度上具备了“密钥”性质，最典型的如“刷脸打卡”“指纹开锁”等。伴随共享经济线上交易模式的不断完善，这些多样态的生物信息还可以用在安全性认证、支付认证等方面，大大提升了交易便捷性。

综上所述，在当前的技术条件下，信息的“多模态性”特征主要表现在以下几个方面：第一，信息的外化形式更为多样，且每种样态的信息都具备可供挖掘和利用的价值；第二，信息识别技术的发展与成熟，使多模态信息能够获得有效捕捉，从而成为多模态信息发挥价值的前提保障；第三，信息收集、记录工具的更新与升级，使多模态信息得以长期保存并且遭受较少的损耗，为多模态信息价值的发挥提供了必要支持；第四，信息重复利用的方式更加多元，多模态信息的作用场域不断丰富，附加在信息上的价值量与日俱增。面临这些全

新的现实状况,信息利用与共享的需求呈现直线上升态势,多模态个人信息成为共享经济中的重要资源之一。相应地,监管者对信息行为的监督和管理也将面临更多挑战。

(二)多模态个人信息的特征

通常情况下,依托于自然人个人产生的信息在外化形式上主要包括文字、图像、音频、视频等。其中,相对特殊的就是基因序列,它主要是指 ACGT 四种核苷酸的排列顺序,因其存在于个人生命体的细胞之中,因此,不论是字母排序表示、图谱表示还是显微图像表示,实际上都是一种类化的抽象,而并非其真实样态。由于基因信息具有这样的形态特殊性,且不属于日常活动的常用信息,因此,本章在探讨多模态个人信息时暂且将其排除在外,主要研究个人信息的其他形态,并结合共享经济模式下互联网自动化决策平台对信息的需求进行分类探讨。

如表 5 - 1 所示,多模态个人信息分为以指纹为代表的图像信息、以各种声音为代表的音频信息,以及动态视频信息三种。其中,信息读取内容即为当前可供收集记录的个人信息种类,或者说具备利用价值的信息种类。在完成第一步收集之后,还需要采用技术手段提取这些信息所蕴含的实质性内容,亦即可供利用的内容,将其抽象为文字形式或代码形式,作为重复利用的比对依据。之所以强调对多模态信息进行分析与抽象,最终回归文字或代码,主要是因为这两种形态下的信息相对更容易进行比对操作,其比对结果也因此具备更高的准确性。当然,伴随科技的进步,未来很有可能实现信息的直接比对,即无须进行任何前期的提取或转换,直接将最原始模态的信息(如个人提供的初始面部图像、未经去噪处理的声音等)进行重复利用,但在当前条件下,尚无法实现不经"提纯"后的直接应用。因此,多模态个人信息的利用比传统文字、图片等形式的信息更复杂,基本需要经过信息的加工处理环节,也就导致此类信息的经手主体数量更多,承载了更多的人类劳动或机器劳动,从而体现出更为丰富的社会经济价值。

此外,表 5 - 1 已投入研发和应用的就有人脸信息、瞳孔信息和指纹信息等。在识别记录工具和重复利用的方式上,图像信息也比其他两种信息更具优势。这一方面表明,即使个人信息的外化形式得以丰富,其收集水平实现了较大提升,后续的挖掘和利用还是处在初级阶段,已获使用的信息价值仅是冰山一角;另一方面,这一现象也表明多模态个人信息的开发成本较高、利用模式仍然单一,掌握信息利用技术的企业很可能会据此而享有绝对的业内支配地位。这在当前法律规范尚不完善的背景下,很有可能诱发垄断经营的风险,从而导致信息主体的相关合法权利面临侵害。

表5-1　多模态个人信息特征汇总

信息模式	图像信息	音频信息	动态视频信息
读取内容	人脸;瞳孔;指纹	声音	视频
识别技术	面部特征识别;虹膜识别;纹理信息识别	频率;声调;特征波识别	帧、码特征识别
收集设备	图像输入设备(摄像头等);电容式或光学式感应设备	声音采集设备(麦克风等)	图像输入设备(摄像头等)
重复利用方式	瞳孔信息检测比对;纹理图比对	声波音素信息比对	视频片段信息比对

(三)多模态个人信息保护的制度需求

1.信息收集主体权利义务的平衡机制

当前,多模态个人信息最主要的收集和保管主体包括三类:政府部门、大众传媒以及商业主体。这些主体采用人脸、指纹或者声音识别的方式辅助日常工作,实现诸如内部的日常考勤、行政事务管理,以及外部的交易身份识别、支付高效化改革等目的。然而需要关注的问题是,多模态个人信息具备新生价值,作为信息主体的自然人囿于认知能力,在当前尚无法完全认识其全部的价值内涵。而信息收集主体基于其特殊的政治、经济或社会地位,通常能够早于自然人获知并掌握此种信息的潜在价值内涵,所以基于"理性经济人"假设,这些主体会在法定范围内最大化地获取、收集并利用相关信息。

从政府部门的角度来看,其收集信息的对象主要是公民,目的在于实现社会管理目标、提供公共服务。现实中,政府部门收集多模态个人信息的主要途径包括强制性的生物信息录入、图像信息采集等。例如,新生儿户籍登记的前置程序——获取出生医学证明，就需要由相关部门记录其生物信息；公安部门在制作身份证件时，要进行免冠照片的拍摄；又如，边检部门收集旅客的指纹、图像信息等。相比之下，其他两种信息主体收集信息的手段则不具备明显的强制性，而是由作为用户或消费者的自然人自行决定是否提供信息。例如，某支付软件允许用户选择是否采用快捷支付，即通过录入指纹、人脸信息用以后续的支付比对，而省去每次交易都要输入密码的过程。

结合权利与义务的对等性特征可知，前述三种主体在享有信息收集、加工与利用权的同时，应当履行相应的信息保障义务，以及提供公共服务或其他对等服务的义务。那么对信息来源主体而言，就应当在享受这些服务的同时，按照上述主体提出的合法要求提供个人信息。但现实情况是，信息收集主体往往无法保障其权利与义务的对等性，主要表现形式就是只注重享有权利而不重视履行义务。在政府部门层面，采集新生儿生物信息的目的既在于社会管理，又在于提供疾控、入托、就学等方面的服务。然而实践中，“管理大于服务”的现象明显存在，甚至在特定情况下，相关个人信息还无法得到完全的保障，存在被泄露及滥用的风险。而在商业主体层面，这种问题的严重性有过之而无不及，具体可以表现为利用人工智能技术越权“深挖”信息，更有甚者通过伪装服务骗取用户的个人生物信息。例如，存在于搜索引擎或社交平台上的“上传照片测‘面相’，付费获取个人‘运势’”的所谓“高科技占卜”手段，本质就是经济利益驱使下的信息欺诈行为，体现了权利与义务的明显不对等。

因此，通过明确的法律规范，将不同主体在个人信息保护中的权利与义务加以明确，保障其行使权利与履行义务的相对对等，是新时期规范个人信息行为的有效举措。

2. 完善的信息脱敏制度

与传统形态下的个人信息相比，多模态个人信息除了具备形式更多样、收集与使用方式更灵活的特点之外，在一定程度上还表现出与信息来源主体联系更直接、更紧密的特征。例如，以个人声音、动作为记录内容的音频、视频信息，能够非常直观地反映出自然人的生物特性，从而精准定位该个体。具体到实践中，这类信息可以不经任何技术分析而直接用于个人身份的判定。在特定的群体范围中，此类信息甚至一经公开或共享就立即被对应于特定的个人。这里的特定群体范围主要包括社会生活中的熟人团体、经济生活中的惯常交易场所等。综上可知，多模态个人信息的以下两项特征，导致其呈现较文字信息、图片信息更为突出的隐私特征：其一，在特定范围内具备身份判定上的便捷可及性，即能够直观反映个人生物特征，从而使之与自然人的联系更为紧密；其二，篡改此类信息对技术有一定的要求，并非所有主体都能实现，这也就从侧面强化了信息与相应来源主体之间的联系，使多模态个人信息特别是多模态生物信息具备了较强的个体专属性。在此背景下，多模态个人信息的共享与利用对"信息脱敏"提出了更高要求。

实践中，多模态信息脱敏的主要方式有变音处理、面部图像遮挡、指纹图谱微调等，原理都在于改变、调整或隐去真实信息的组成单元，从而破坏信息与特定个人之间的专属对应关系。当然，信息共享的最终目的还是在于发挥信息的经济社会价值，所以前述脱敏处理不能影响该信息除身份定位之外的其他功能。然而，在当前的具体应用中，虽然相关主体在一定程度上使用了上述脱敏方式处理个人信息，但并未完全达到预期效果：一方面，脱敏标准缺失，行政主体、商业主体等信息收集者在处理信息时无法控制脱敏程度，例如，应当在什么样的声波频率范围内进行变音处理，应当对瞳孔或指纹信息中的多少个标注点进行改变等。对这些细节的处理不当，很有可能造成信息脱敏不足，从而存在被复原的风险，或者脱敏过度，从而丧失其作为个人信息的核心价值。另一方面，脱敏程序缺失，信息收集主体实施脱敏行为具备较强的随意性，具体表现为对于是否脱敏、对哪些主体的哪些信息进行脱敏、脱敏前后是否应当告知利益相关者等，不同主体的处理行为间存在较大差异。基于此，作为信息来源的自然人，其让渡个人信息之后可能面临严重的安全性风险，不仅有违权利与义务的对等性，还容易影响多模态信息发挥其社会经济效用。

所以，科学的个人信息脱敏标准以及完善的脱敏程序，是新时期多模态个人信息，特别是多模态个人生物信息获得保障的重要制度需求。

3. 合理化的数据清洗制度

如前文所述，不同主体对信息的需求存在差别，这种差别不仅表现在信息种类上,还表现在获取信息的方式和途径上。但该过程存在一个共同之处,就是不论何种主体,对于其已获取的信息都会采用特定方式进行保管和存储,甚至还会为这些信息建立专门的数据库,以扩大存储量、实现调取与利用的方便快捷。伴随多模态信息价值的日益提升,前述主体对信息的需求也不断增强,加之数据技术的发展和云空间的出现,使海量信息的存储成为可能,综合导致了多模态个人信息"上线容易,下线困难,在线持久"的现象。在当前实践中,相关个人信息一经提供,就自动进入政府部门或商业主体的后台数据库中,这些主体对数据的利用不仅局限在收集的当时,还可能存在于收集入库后的加工和处理。

在上文所述的情况下,即使收集数据时已经获得了自然人的同意和授权,但这种授权通常也是针对共享和利用行为,而非针对相关主体对信息数据的占有与保存期限,可见数据清洗规范的缺失在当前来看具有一定的普遍性。这一问题的形成原因,包括但不限于如下几个方面:首先,个人信息主体对自身信息的保护意识薄弱,对于多模态生物信息的敏感度低,从而不能准确认知信息价值,因而在让渡信息或给予授权时具有一定的随意性,导致信息的"上线容易";其次,很大一部分信息收集主体具备趋利性,利用制度空白实施套利行为,忽视用户的个人信息安全,导致信息的"下线困难";最后,监管配套制度的不完善,监管部门未对信息主体的被遗忘权给予充分重视,没有结合互联网经济的特征,制定适当的数据清洗规则,从而使信息"长久在线",甚至导致很多负面记录"永久可查",不仅对个人信息的安全性有威胁,还可能造成相关主体对于一些已过实效的负面信息进行不当利用,从而影响个人信息主体合法权益的实现。

在我国当前实践中,数据清洗规则极为稀少地散见于一些特定法律法规中,系统性和科学性都有待提升,其突出问题表现为:对保留期间"上限"和"下限"的混同处理或规范缺失;在制定清洗规则时未区分个人信息和其他信息,未关注正面信息与负面信息在保留期间上的应然差异性;对于负面信息制定统一的保留期间等。具体来说,《电子商务法》虽然规定了有关商品和服务信息、交易信息的保存期间,但仅仅提到保存期间的下限为"自交易完成之日起不少于三年”，[①]既未明确提出交易中的消费者个人信息是否属于此处的“交易信息”，是否能够适用相关清洗规则，也没有规定信息保存期间的上限。又如，《征信业管理条例》，其中对所有个人不良信息的保存期限，不加区分地规定为 5 年，并要求对超过 5 年保存期限的信息予以删除，[②]这种不分失信性质与失信程度的统一时限标准明显有失公正，既不利于轻微失信者的权利恢复，又无法给予重大失信者以严格惩戒。

可见，在传统事项领域，数据清洗制度的缺失尚可能引发如此严重的社会问题，那么对待人工智能场域下的多模态个人信息，就应当本着更为严谨的态度，制定科学合理且符合行业发展、符合个人信息保护精神的数据清洗规则。

二、多模态个人信息保护面临的现实障碍

从未来发展趋势看，以多模态形式存在并被收集、利用的个人信息，基于其自身形态的特殊性、相关权利主体范围的变动性、智能系统运行的风险性等特征，在利用与保障的过程中面临诸多现实问题。本部分将从信息来源主体、信息收集主体和信息行为的监管主体三方面，分析多模态个人信息在人工智能时代可能遇到的安全性挑战，并深入探索这些风险或挑战的成因，从而为制度的科学化、体系化提供基础性依据。

(一)信息来源主体对信息形态的认知偏差

人工智能时代，作为信息来源主体的自然人首次接触到“多模态信息”的概念，并意识到此类信息具备可供挖掘和利用的经济价值。但囿于行为习惯，当前述主体经历由“普通自然人”向“智能产品消费者”或“智能系统用户”的身份转换时，通常不能在第一时间适应这种变化，表现在个人行为上，最为直观的就是不熟悉自身享有的权利和与之对应的义务。具体到个人的“信息行为”层面，就是消费者或用户不知道哪些信息依法属于本人所有，也就因此不能正确实施后续的信息提供行为。在此，笔者将结合人工智能时代的信息多

① 《电子商务法》第 31 条。
② 参见《征信业管理条例》第 16 条。

样化特征，分析个人行为“不适应性”的重点表现形式之一——对信息形态的认知偏差。选择这一内容进行重点论述的原因，主要是这一因素具有很强的主观性，是新时期个人信息保护面临障碍的重要根源。

一方面，用户或消费者作为多模态信息的来源主体，在享受智能化服务的过程中更多关注的是提供信息后所能获得的相应对价，而在很大程度上忽略了个人信息安全。具体来说，此时，个人信息保障与救济的难度主要如下。其一，用户或消费者对相关信息的提供、授权利用等行为多出于自愿，因而权利受损之后难以追究其他主体的责任。这是因为很多用户和消费者在使用智能系统时，更多关注的是如何通过让渡信息而更好地获得商品、享受服务，未充分重视系统或平台出具的知情同意条款，亦未对其中有关信息潜在风险的说明予以关注，直接造成“授权容易，维权困难”的局面。其二，受传统经济交往模式的思路限制，用户或消费者认为只有以文字形式存在的个人信息才具备信息价值，诸如图像、指纹、声音等形态的信息，或者以网络评论、文章配图等形式出现的信息，更多具备的是一种“符号”意义，并不是其参与共享经济所生成的个人信息。这种片面的认知，直接导致用户或消费者对自身的信息来源主体地位把握不足，不知应如何享受权利、履行义务，也不知应当如何处理自身的多模态信息，从而容易在商家或平台的诱导下将信息悉数提供。另一方面，以人工智能的发展现状预估其发展态势，可以得到的合理假设是，未来的智能系统可能在信息来源主体不经意的瞬间，或者在信息主体还未意识到的情况下，即完成了对其生物多模态信息的提取和采集。这种收集方式的迅捷化，客观上弱化了信息获取的程序性特征，容易加剧用户或消费者对多模态信息的认知疏漏。与此同时，人工智能企业在收集上述信息时，往往会向用户或消费者承诺为其提供“对等”的服务，以获取更多的个人信息。但实际上，这种对等服务基本只会发生有限的几次，而在此之后这些信息的用途如何，信息来源主体基本无从得知。

由此可见，来源主体对信息形态的认知偏差，将可能诱发上述一系列信息安全风险，而且这些风险的成因多是出于个人的疏忽。因此，在人工智能时代保障多模态个人信息，应当充分关注信息来源主体的能力培育与意识培育，形成有利于多模态个人信息保护的主观氛围。

(二)信息收集主体范围的无序扩大

人工智能技术的利用能够有效提升共享经济效率,因而越来越多的商业主体开始将这项技术引入经营过程中。相应地,对用户个人信息产生需求的主体范围也相应有所扩大。前述主体作为理性经济人,在进行经济交往、促进交易实现的过程中不免受到利益驱使,而尽可能多地收集用户个人信息,作为提升经济效益的关键性基础资源,甚至将其视为商业竞争的重要依据。在此背景下,个人信息,特别是处于新生阶段的多模态个人信息面临着更加严峻的不当获取与不当利用风险。

例如,多模态个人信息在当前以及未来一定时期内均以个人生物信息为主,此类生物信息以指纹为代表,曾是公安、海关等行政机关在法律特别授权的情况下方可收集的信息种类。[①] 而如今,伴随人工智能产业的发展,航空公司采集并比对乘客面部信息用以"验票",[②]电子设备将指纹、虹膜等信息作为安全验证方式之一,[③]个人生物信息的收集与保存者范围已经拓展至商业主体。这种改变会使得经济利益因素大量涌入信息的获取和利用环节,将"绝对可定位至个人"的生物信息从行政机关"公用"转变为商业"公私兼用"且更倾向于"私用",从而不可避免地产生信息不当利用、超出信息主体同意范围的传播等现象。在此过程中,即使商业主体对其软硬件设计原理进行声明,表明已采用硬件隔离、非对称加密算法等技术确保用户信息不被用于预期外的用途,但技术处理的相对"黑箱化"却仍然是商业行为中立性的潜在挑战。

因此,信息收集主体在身份上的持续多元、经济利益上的不断交织,将会直接导致相关主体的范围无序扩大,进而引发人工智能产业中的个人信息收

---

① 例如,2007 年 11 月 9 日颁布的《公安机关指纹信息工作规定》明确,指纹信息工作的任务是"为侦查破案、打击犯罪提供证据,为社会治安管理等工作提供信息支持"。

② 参见潘心怡:《人脸识别频频进入公共生活 "刷脸时代"真要来临?》,载中国新闻网,http://www.chinanews.com/sh/2017/07-08/8272207.shtml。

③ 参见芯智讯:《详解苹果的 3D 人脸识别技术:会取代指纹识别吗?》,载财经头条 2017 年 7 月 5 日,http://cj.sina.com.cn/article/detail/5772303575/308229。

集乱象。如果交易市场中又存在准入机制不完善、审查标准不严格等问题,个人信息的合理利用与保障将面临多重挑战。所以应当严格规范信息收集与利用者的行为,并特别强调收集多模态个人信息时应当履行详细说明义务、审慎获取授权的义务等,从而在推进人工智能产业发展的同时,为个人信息提供全面保障。

(三)监管主体监督力度不足与监督标准缺失

第一,监管主体的数量和监管行为的覆盖度不及信息收集主体的拓展程度,对人工智能环境下多模态个人信息的保护提出挑战。在传统经济社会中,个人信息(特别是外化为多种模态的个人生物信息)的最主要收集者就是行政机关,其收集目的在于管理社会公共事务。因而在这种情况下,对信息获取、加工、共享与利用全流程的监管工作主要由行政机关自行承担,具有很明显的自我监管色彩。然而在当前,伴随信息技术的发展和人工智能产业的兴起,信息收集主体不断丰富。主体身份的拓展不仅使信息收集目的发生了一定的变化,也在很大程度上改变了信息收集行为的性质。因此,传统的自我监管或内部监管表现出明显的不适应性,加之经济利益的存在,亦使自我监管模式不再能够发挥客观中立的监督作用。从监管主体所采用的具体监管手段和工具来看,当前的监管主要还是局限于法律层面,这对于采集方式更丰富、技术含量更高的智能信息获取系统来说,实际上无法发挥完全的监督作用。分析其成因,不仅因为法律本身具有一定的滞后性,无法在第一时间适应经济、技术领域的新生特征,更是由于法律手段并非万能,如果坚持唯法律论则很可能造成与监管目标相左的结果。

第二,监管行为的实施缺乏必要标准,一方面,导致监管主体审查监督时无规可依;另一方面,也不利于信息收集与利用主体规范自身行为。在当前实践中,人工智能企业或利用人工智能技术开展经营活动的商家,均通过算法开展日常经营活动,而这些算法本身即为少数人所掌握,并体现着一定的商业秘密属性。然而,作为一种决策工具,其制定背景、制定时考量的具体因素以及预期效果等内容,理论上应当对社会公众公开,至少应当在权利可能受其影响的主体范围内公开。但现实情况是,在人工智能处于发展初期的当下,市场中各种利益交织存在,智能设备或智能系统的经营者出于自身经济利益最大化,利用编程算法获取用户个人信息,并在最大限度内对这些模态各样的信息进行挖掘和分析。由于算法是实现复杂数据分析、进行资源优化配置的关键内容,所以共享经济中的商家或平台往往都不愿意将其内容予以公开,这就导致"算法黑箱"状况的频发,严重时还可能诱发"算法异化",使智能系统得出的结果仅具有商业趋利性,完全忽视了对用户或消费者个人信息权的保障。对于以上现象,监管主体本应承担监督与规范的职责,促进智能化系统中算法的合理公开,但由于相应监督标准的缺失,当前行业协会、政府部门等监管主体并未就如何监督算法、监督的具体项目与内容、监督审核的程度等问题作出规范,因而监管活动整体上具备明显的随意性。以之为背景,商业主体对算法的公开更加不予重视,一方面,阻断了用户了解多模态个人信息收集之后的利用与共享途径,不利于主观保护意识的形成;另一方面,也影响了用户知情权的实现,可能加剧已经存在的"大数据杀熟"现象,与公平公正交易的市场规则相违背。

因此,针对现实中存在的监管不力问题,首先,明确在人工智能产业发展过程中履行监管职责的主体范围,并依次明确责任划分,防止出现多头监管或推诿塞责的现象;其次,强化监管义务,丰富监管行为的内容,将自动化决策系统的运行规则以及相应的算法设置行为都纳入监管范围;最后,制定监管行为的实施标准,规范监管行为流程,防范可能发生的技术不当利用现象或者技术本身的异化现象,不断拓宽监管的覆盖面,并促进法律监管与科技监管的协同,构建新时期的风险防范体系化。

三、多模态个人信息保护主体的注意义务

在共享经济模式下,传统信息保护主体的义务已经有所丰富,诸如知情同意权、被遗忘权等内容的重要性被不断提及,成为新时期个人信息保护的关键内容。当前,人工智能技术进入共享经济领域,使信息的收集、利用、存储和共享等行为呈现出更为复杂的趋势。正如前文所述,信息收集主体范围的扩大、行为趋利性的增强,监管机制的不成熟等问题,都有可能诱发新型的侵权模

式,并且加剧其负面效果。面对这样的现实状况,除了从外部完善信息收集共享的机制体制、强化违法责任之外,还应当加强对信息保护主体自身权利意识的培育。

具体来说,除了提示信息保护主体对自身合法权利的内涵、属性、特征及其保护方式加以关注之外,还建议在当前人工智能语境下增设信息保护主体的法定“注意义务”,作为履行其他保护义务的前置程序。该义务以“提升信息判定能力的义务”和“提升风险识别能力的义务”为主要内容,强调信息保护主体“事前”行为的重要性。在此,根据信息保护主体身份的差别,又可将这种事前行为划分为三类:对个人信息来源主体来说,强调的是在提供信息之前需要注意的内容;对信息收集主体来说,主要是在获取信息之前需要进行的考量;对信息安全的监管主体来说,则应当为上述两种主体制定行为规范准则,在一定程度上发挥事前规制的作用。可见,信息保护主体注意义务的确定,能够在客观上起到保护信息安全、促进信息健康流转的作用,成为信息主体在新形势下享受保障权的对等性义务内容。

(一)提升个人信息判定能力的义务

在传统信息模式下,作为重要信息来源的自然人,对其个人信息的理解在一定程度上受限于“个人隐私”的概念,认为只有自己不愿公开或不愿为他人所知的信息,才属于个人信息,这在很大程度上限缩了他们对自身信息量的判定和认知。除此之外,公众对于个人信息可能呈现的状态同样存在认知上的局限,认为仅有通过文字表达出来的、以文档形式记录的内容才是个人信息,片面地认为个人信息具有“文字性”和“可视性”两个特征。

然而伴随时代的发展,个人信息早已在内容上突破了隐私的范围,诸如个人日常消费信息、行为偏好信息等传统意义上具备“隐私性”的内容已不再处于绝对私密状态,不仅是技术的发展使其具有了可获取性,即使是作为信息来源主体的自然人也对相关信息的共享或利用产生了需求,原因在于对这些信息的合理分析和利用,可以为其参与的经济活动提供便利,甚至创造额外的价值。因此,信息保护主体应当意识到个人信息内容的丰富化,提升自己对于个人信息内容及种类的认知能力和把握能力,防止因定性不当而导致对个人信息的不力保护。

当然，新时期个人信息最显著的变化还是表现形式上的丰富化，即除了文字形式之外，个人信息还可以呈现为其他多种样态。如果说计算机技术增加了信息可被收集和记录的方式，那么人工智能技术则为不同形态的信息提供了应用的可能。因此，在需求不断增加的市场中，以其他样态存在的个人信息具备了经济价值，其收集、存储和共享环节开始面临乱象。在此情况下，只有将这些多样化的"记录"纳入个人信息范畴，才能够按照个人信息保护的相关规则对其提供规范和保障，进一步杜绝因定性瑕疵而未予保障个人信息的行为。

综上可见，这项前置性义务的核心主体应当是信息来源主体和监管主体。从成因来看，主要是作为收集主体的企业具有高度的商业敏感性，能够在各种信息生成之后的较短时间内发现其价值，从而对信息进行挖掘和利用，这在多模态个人信息领域中同样适用。因此，收集主体基本可以较为准确地认知信息形态，并作出合理的性质判定。那么对于信息来源主体和监管主体来说，将提升信息识别能力并将其规定为他们的一项信息保护义务，在新技术背景下对于全面保障个人信息有着重要作用。进而，建议前述主体在履行个人信息保护的其他义务之前，先充分履行识别与判定义务，避免因相关主体忽视信息的定性，而未对适格信息提供保护，或者向非个人信息提供保护等不当行为的发生。

（二）提升风险来源识别能力的义务

人工智能在为社会带来便捷的同时，也存在很多潜在性的安全风险。在对共享经济的重要参与者——自然人实施信息收集与利用等行为时，可能引发的风险包括：因信息过度收集而诱发的数据关联性分析风险、因信息不当流转而引发的隐私泄露风险、因信息不当利用而带来的超越授权范围谋利风险等。从形成这些风险的因素，即风险来源角度看，人工智能语境下主要存在的信息风险诱发点主要有二：第一，多模态信息与传统文字信息的特征差异，以及由此引发的信息保护路径差异。在这种情况下，因新型保护机制尚未完全建立，相应的法律法规亦不甚完善，所以风险主要来自商家或平台可能实施的监管套利行为。第二，自动化决策平台算法的正当性、透明度与可监督性问题。在这种情况下，商业主体算法设定行为中存在的瑕疵很可能传递至算法内容中，加之运算过程完全是在“黑箱”中进行，因此，资源配置结果极容易受到商家诉求的影响和左右。结合上文所述，在算法偏见和学习环境偏见同时存在的前提下，用户个人信息的不当利用现象很容易发生，还会造成个人信息权利受损的直接或间接结果。

所以，应当不断提升信息保护主体对风险来源的识别能力，并主要将以下几个方面作为重要抓手：其一，主动树立个人信息保护意识，特别是需要了解互联网经济和人工智能模式下信息受损的新特征，熟悉平台可能实施的个人信息侵权行为，从而减少不当提供自身信息的行为；其二，对共享经济中的平台运作模式进行认知和了解，并保持对商业活动所需必要信息的敏感度。这样，不仅可以使用户认识到平台传递信息的范围之广、影响之大，从而在提供信息时更为谨慎；也可以让消费者在面对商家或平台的“用户授权协议”时，仅让渡必要权利，提供商业主体经营必要的个人信息，而不是就全部信息的调取和利用进行概括式的授权。

以此为指导，将提升自身对风险来源的识别能力作为一项法定义务，并与提升个人信息识别能力的义务一同前置，是在全新技术兴起背景下全面保障个人信息的有效举措。这两项“注意义务”的设定，同时也有利于自然人权利保护意识的提升和监管主体行为效力的发挥，是新时期丰富法律规范内涵的必要尝试。

第三节　多模态个人信息保护的指导思想与具体制度

一、多模态个人信息保护的指导思想

人工智能环境下的个人信息保护需要面临前文所述的诸多“新”问题，特别是在信息模态种类拓展、范围扩大的情况下，传统的市场交易规则及行为标准都相应发生了变化，因此，在行政法保护的视角下，同样要转变以往常用的

规制思路,以适应新形势、新业态的理念指导个人信息公法保护机制的全面构建。

一方面,应当以开放的视野和接纳的心态审视新生的多模态个人信息,具体到实际操作领域:首先,在进行信息定性时,要以能否根据该信息识别个人身份为标准,而不是局限于已有立法或传统工作经验,简单地以信息外在表现形式为依据;其次,在具体工作过程中若需处理相关信息,同样也要采用全新的判定思想和判定方式,避免发生因认定错误而侵犯个人信息权益的情况,并促进个人信息符合价值的全面实现;最后,应当重视对公众的宣传教育,增强权利主体自身的信息认知能力与信息保护意识。另一方面,应当促进技术治理与法律治理的协同与均衡,既不能在二者之间偏废其一,也不可持技术或法律全能论思想,而是要寻找两种规制理念的平衡点,并将法律精神通过技术手段转换为机器代码,从而保障人工智能系统的合法运转。具体而言,就是要通过合理的编程行为,使智能系统内嵌算法的具体内容和运作机制都符合法律精神和原则,并且在科技水平允许的情况下,将特定法律规则以代码形式写入机器后台,实现法律的自动化执行。

具体来说,可将数据治理在规制人工智能产业中的指导思想总结为四个方面。

(一)主体身份明确化

行为主体即行为的实施者。在民法中,除了未满特定年龄、心智不健全的主体不承担法定责任或者不能承担完全责任之外,行为主体的范围在很大程度上是与责任主体相重合的。当前,针对人工智能行为主体的身份确定,学界已有一定程度的探讨。在我国,有主张否认人工智能责任主体地位的观点,认为人工智能作为人类制造物,其行为并无自身目的,而仅仅是在执行人类目的。[①] 也有观点认为,应当引入“拟制”技术,即在一般情况下并不强调人工智能的身份,只有当其决策或行为导致损害时才被赋予法律意义上的责任主体

---

① 参见吴汉东:《人工智能时代的制度安排与法律规制》,载《法律科学(西北政法大学学报)》2017 年第 5 期。

地位。①

对于现实中确实存在的人工智能系统侵权行为，笔者赞同由人工智能企业或运营者承担具体的侵权责任。这是因为，人工智能的出现虽然在客观上丰富了经济行为的参与主体，但实际上体现的仍然是其设计者或运营者的价值需求。虽然人工智能具备一定程度上的智慧性，但这种“智慧”并不等同于独立思考和创造，即使有“机器学习”的存在，其实质也是在特定环境中，对人工设定算法的重复运行。所以，当人工智能系统的运行结果侵犯用户个人信息相关权利时，从理论上来说应当由其运营商承担相应责任。在此如果强行追究该“人工智能”的责任，一方面，并不具有实际意义；另一方面，即使责任由人工智能承担，最终的损害赔偿主体还是运营者。所以，笔者建议，将人工智能侵害用户个人信息的责任主体明确规定为人工智能企业，或者应用人工智能技术开展活动的商家、平台。

在主体划分方式和责任确定步骤上，首先，建议明确列举人工智能行为侵犯个人信息的具体情形，厘清其中的责任类型，并分析是否存在诸如不可抗力、意外事件等例外情形。其次，规定不同侵权行为需要承担的责任种类，明确不同侵权程度下的责任范围。这里需要指出的是，如果损害的发生为人工智能系统失控所致，则应当按照失控发生的原因系运营者故意还是过失，确定具体的责任内容和责任承担方式。最后，建议以总结常见的人工智能侵权方式与侵权行为，为相应的运营主体提供防范指导，旨在遏制利用人工智能技术实施侵犯用户信息权利的行为。

（二）未来风险预测化

德国社会学家贝克曾指出，在发达的现代性中，财富的社会生产伴随风险的社会生产，②这一观点佐证了当前社会的风险潜在性特征。而技术的高速发展带来各种科技现象的瞬息万变，又使预知未来风险达到前所未有的难度。因此，人工智能诱发的风险很可能超出行政行为主体甚至超出人类的认知范

① 参见陈吉栋：《论机器人的法律人格——基于法释义学的讨论》，载《上海大学学报（社会科学版）》2018 年第 3 期。

② 参见［德］乌尔里希·贝克：《风险社会》，何博闻译，译林出版社 2004 年版，第 15 页。

畴,难以为防范方案的制定提供方向。对于需要足够事实证据方可实施的行政行为来说,显然无法在风险发生之前,就以确定的风险事实作为防范、规制行为的实施依据。

在此背景下,风险防范就不应再局限于寻求确定的证据或依赖于已有经验进行判断,而是要全面适用行政法风险规制理论,对因果关系不明、时间距离遥远、破坏性不可预测也难以补救的威胁,采用可能侵害相对人权利和自由的防范措施。① 虽然人工智能当前是按照已有程序运行,但人类尚无法完全预知其自主学习的进度与可能产物,所以基于前述风险行政法理论,人工智能的风险规制就要依托行为主体对未来风险的预测。即使这种预测具有不确定性,但因预测结果将成为规制方案的制定依据,改变既有的权利义务关系,所以预测结论的形成还是应当在最大限度内综合考量各种因素,并经纵横双向比较之后形成兼具科学性与合理性的结果。

可见,在多模态个人信息的保护过程中,既要严格遵循现行法律规范,对信息的收集、加工、共享与利用环节实施调控与监管,又要保持对先进技术潜在风险的敏感度,在适当的时间采用适当方式预防风险的发生。当然,法律应当对企业实施风险防范的行为给予保障,同时赋予行政机关实施风险规制行为的权力,并在一定程度上弱化纠纷发生之后相关主体的举证责任,从而有利于在“未来风险预测化”的思想指导下,为多模态个人信息提供及时、合理的保障。

(三)法律语言代码化

人工智能的运作机制实际上是系统执行后台算法的过程,因而无论形成怎样的外部调控规则,都必须通过代码形式才能真正作用于智能主体,从而影响或改变其行为的内容与方式。数据收集、整合与挖掘的算法在当下已较为成熟,编程人员可以通过初创、修改、增删代码等具体行为改变人工智能运行规则,使之产生不同的行为效果。类比之下,要使法律规则与原则作用于人工智能,也同样需要代码化的过程,将这种规制理念编入人工智能的电子系

① 参见张青波:《自我规制的规制:应对科技风险的法理与法制》,载《华东政法大学学报》2018 年第 1 期。

统中。

法律规范通过上述方式进入科技事务尚属新的探索，对技术治理与法律治理的融合提出较高要求：既要容纳公平、正义等社会核心价值与法律的一般性规定，又要以恰当的程序语言使之发挥作用。因此，对于人工智能企业或者应用人工智能技术开展商业活动的商家、平台来说，应当不断加大科技投入，探索将法律原则和法律规则编写在代码中的方法，并保障自动化运行的结果能够体现上述法律精神。对于行业协会、政府职能部门等监管主体来说，则应当在监督企业编程行为的同时，对其核心算法实施有条件的审核监督。也就是说，在确保未侵犯商家或平台商业秘密的基础上，组织专业人员对其自动化运行的算法、机器学习的环境及主要学习模式进行合理性考察，对于不符合现行法律规范，或者有违反法律精神实质的内容，要求相应主体定期修改删除，并将修改内容进行备案。需要强调的是，这里会涉及对商业秘密的脱敏处理，因此，被监管企业在接到监管主体的检查通知后，有权要求对系统中的敏感信息进行处理，然后再将处理后的信息提交给监管部门。在此，人工智能企业可以采用的多种技术手段包括但不限于：敏感数据字典管理、敏感数据自动发现及中途拦截、不可逆加密等。

（四）程序流程透明化

人工智能系统程序的编写对专业能力要求较高，而将法律规范所蕴含的精神编入算法之中则更具技术挑战性，因此，能够从事此项工作的主体范围极为有限。在行政程序日益受到关注的今天，即使不能保证人工智能决策程序的公众高度参与，也需要通过公开、听证等环节确保关键流程的透明化与可追溯性。

以严格的程序性规范保障从数据收集、信息挖掘到算法编程等一系列人工智能基础行为，可以有效保障公民个人信息安全，并扩大知情权范围。虽然人工智能自主学习行为在未来一定时期内具备不可控性，导致从技术层面亦无法对学习过程进行公开，但其未来发展也应当是以公开透明为趋势，因为只有实现对学习过程的公开，才能够强化对学习环境、学习模式的监督，防止发生偏见。在科技进步与公众整体知识水平提升的基础上，公众参与也将会实现和深化。

因此，对于人工智能企业或利用人工智能技术从事商业经营活动的商家和平台来说，应当有意识地公开其各项决策的依据，以及实施商业行为的基础技术内容。对于用户个人信息的收集来说，上述主体应当履行充分的告知义务，告知内容包括但不限于多模态个人信息的特征，多模态信息特别是多模态个人生物信息的收集可能存在的风险，以及信息来源主体的注意义务等。就个人信息的利用，特别是商家获取信息利用的授权时，应当分如下情形进行具体探讨：第一，在收集信息时“一次性”取得授权，主要由首次收集信息的主体，针对后续可能发生的信息利用行为，以概括方式获得用户或消费者授权；第二，首次收集时仅针对本次利用获取授权，后续每一次利用之前，都重新向信息来源主体获取特定授权。虽然第二种方式更符合实质正义，但不得不否认其效率明显偏低，故在实践中以第一种“概括授权”的方式为主。在此，应当尽可能地提升概括授权的合理性，并制定科学的授权取得程序，杜绝企业通过概括授权不当获取用户信息的现象。

二、人工智能时代亟待确立的信息保护制度

就法律对人工智能的规制作用而言，最重要的主题涉及自然语言、计算定理、认知模型以及专家系统四个领域。① 也就是说，研究行政法规制在人工智能环境下发挥作用，特别是在个人信息多模态化的条件下保障信息安全，需要着眼于不同场域中工作语言的差别，寻找并构建日常生活用语、法律规制用语以及计算机用语之间相互沟通的渠道，并从专家系统着手，逐步实现高科技产业中决策环节的公众参与。综上可知，当前需要确立的个人信息公法保护措施主要包括以下内容。

（一）多模态个人信息的识别与定性制度

结合上文所述的个人信息保护指导思想，在此可以形成更为具体和微观

---

① See Antonio A. Martino, Artificial Intelligence and Law, International Journal of Law and Information Technology, 2(2)(1994).

的制度。其一,建议制定《人工智能多模态信息指南》,梳理当前存在的各种信息形态并明确各形态信息的特征。可以将互联网或智能系统中的多模态用户个人信息进行专章规定,其中特别需要指出的是,以收集面部图像、声音、指纹等类似方式获取的能够直接确定个人身份,或者以获取运动路线、购物习惯等方式取得的能够经分析而获知个人隐私的信息内容,均属于多模态个人信息。这种外延定义上的补缺,有利于监管双方更为精准地实施相关行为,并且在一定程度上还可以为多模态个人信息保护的立法提供依据。其二,以工作规程的形式明确行政主体、商业主体及各类社会组织在用户多模态个人信息定性、使用及保护中的行为标准。此标准的确立,实际上就是多维价值权衡的结果,其确定依据主要表现为社会公共利益优先原则和私人利益之间的比例原则。

(二)相关主体权利义务的法定化

从研究场域来看,本章探讨的问题实际上涉及两个维度:一是人工智能技术的应用;二是多模态个人信息的收集与处理。所以,在相应的公法规制与保障过程中,不同主体的行为调控就要区分维度进行。当然,这里的区分并非将人工智能系统的运转与多模态个人信息的收集绝对割裂,而是一方面关注本体论上二者的差别,另一方面将个人信息作为贯穿始终的要素,探索两种语境交织环境下的行政法保护机制。基于此,从行政法规制理论出发,可以对相关主体的权利进行如下划分。

1. 人工智能技术应用维度下的多主体权利义务

(1)不同主体的权利界分

在全面应用人工智能技术的场域下,不同主体享有的权利主要包括:第一,行政监管机构有权要求人工智能企业运营主体按照法律规范登记备案,并要求特殊行业进行特许经营申报并获得许可;有权对人工智能企业的相关经营行为进行监管,并就违法行为实施行政强制或处罚。第二,人工智能企业或利用人工智能技术从事交易活动的商家、平台,有权在法定经营范围内自主决定算法的设定模式及具体内容;有权在用户知情同意的范围内收集、使用其提供的个人信息,并利用相关信息进行机器自主学习以提升服务效率及质量。第三,智能产品或智能系统的用户,有权要求经营者提供明确的信息使用或共享范围,并就此范围表明个人意愿;有权对自己提供的个人信息提出修改要求,并在特定期间届满后,有权要求相关经营者删除其数据库中存储的本人个人信息。

(2)不同主体的义务范围

第一,监管主体应当为人工智能企业制定或者组织相关行业协会制定明确的工作准则,具体可以包含信息的收集与利用原则、法律规则代码化的最低标准以及智能系统运行算法的公开程度等。第二,经营者应严格按照法律法规及工作规程的要求,将个人信息收集的范围、应用程度及共享对象的身份情况告知用户,并尊重其意愿和选择;确保在人工智能系统运行过程中不出现违法违规或"算法黑箱"等情况。第三,用户或消费者应当履行对信息真实性的保障义务,即确保向智能设备提供的个人信息准确无误,并承担因信息不实造成的服务体验不佳或其他更为严重的后果。

2. 多模态个人信息收集与利用维度下的多主体权利义务

对比前文论述的人工智能技术应用维度,可将此种语境下不同主体的权利义务内容,特别是不同于前者情形下的权利义务,进行如下整合。

(1)不同主体的权利界分

第一,作为对特定产业及其参与者行为进行监督的主体,政府部门、行业协会及特定社会团体所享有的监管权力,在内容上与人工智能维度下的监管者权力基本相似,主要通过市场准入、行为监管以及违法惩处等行为实现事前、事中与事后监督。第二,人工智能企业或利用人工智能技术从事交易活动的商家、平台,一方面,可以在用户或消费者授权的范围内使用信息,并以之获取经济利益;另一方面,可以在合法合理且信息来源主体知情同意的范围内,对其多模态个人信息进行后续加工,从而使之成为人工智能学习环境的重要组成部分。第三,作为信息来源主体的用户或消费者,在提交信息时有权针对商家的不明确表述提出疑问,也有权拒绝提供相应信息;在信息挖掘与利用的过程中,有权基于自身提供的多模态信息从商家处获得相应对价;在信息的后续存储与流转过程中,有权要求商家修改、更新或删除已经不实、有误的信息,或者法定保管期限届满的信息。

(2)不同主体的义务范围

第一，监管主体应当主要监督人工智能相关企业的信息收集、加工、共享与利用行为，而且在多模态个人信息场景下，应更加强调对生物多模态信息利用的审慎监督。具体来说包括，一方面，提升自身对多样化信息的认知能力，保障监管行为初始步骤的顺利进行；另一方面，要不断完善监管行为的实施规范、改善监管环境，努力提升人工智能企业等被监管主体对处理行为的认可程度，提升用户或消费者对于权益保障结果的满意程度。第二，信息收集主体对被收集者承担的义务或责任，在性质上具备明显的渐进式特征。也就是说，人工智能企业或相应商家、平台，首先，以醒目、明确的方式向被收集者解释说明相关信息模态的特征及属性，使其了解后续信息提供行为可能给自身权利带来的影响；其次，告知信息收集之后的具体用途、重复使用方式及使用限制，以实现信息主体的知情权；再次，对录入数据库的多模态个人信息定期进行维护和整理，通过严格的自查机制确保信息的存储和使用安全；最后，针对信息被非法破解并被不当利用所产生的用户损失，如果前述破解行为的发生基于收集者过错，则应当对信息主体承担责任。此处提及的告知信息用途和后续自查机制的确立，实际上都与人工智能运营主体保障算法公正性的义务类似。第三，信息提供主体与智能设备或智能系统的用户相同，都处于整个信息流转环节的初始步骤，作为原始信息源所需承担的就是信息真实义务，以及按照信息收集者的合法要求提供相应信息。

(三)算法审核制度及必要的算法公开制度

本质上，法律就是一门关涉“信息”的科学——它向社会提供有关法律规范的信息内容，[①]并规制不同领域内的信息行为。而人工智能的特点在于通过复杂的后台算法使机器实现拟人行为，这种行为在各种利益交织的社会生活中应当受到法律的规制与调控。因此，使法律规范在人工智能的信息收集与利用过程中发挥作用，主要可以通过两种途径：一是将法律所携带的信息编写为代码，通过系统自动化运行而实现法律治理效果；二是运用法律思维和法律

① See John O. McGinnis & Steven Wasick, Law's Algorithm, Florida Law Review, 66(3)(2014).

规则对算法的设定行为及算法中包含的信息进行调整,使行为满足法定形式要件、内容符合实质法治精神。

具体到制度构建上,就是要确立并完善信息收集、利用、存储与共享自动化算法的审核机制,以及对有关重大事项、影响多数人合法权利的算法内容进行公开。前者的理论基础是正当程序原则,即必须保证有一个身份独立的第三方,对人工智能中与用户个人信息有关的系列行为进行监督。这在智能系统原始数据、算法设定行为以及机器学习环境都存在偏见的情况下,是遏制不公正现象、扭转"数据错误决策"的有效措施。对于后者来说,公开的目的在于降低用户和智能系统之间的"信噪比"。[①] 虽然从功能论角度来看,并不需要用户知悉智能设备或系统背后的运作机理,但如果因此而导致完全的"黑箱算法",则客观上有损信息主体权益,所以还是需要以本体论的思想为指导,并通过"公开"的手段推动算法内容的合法化与合理化。就公开的具体内容,包括但不限于算法的设定背景、有重要决策意义的算法内容,前述算法内容与社会群体需求的契合程度及必要性分析等。

(四)必要的公众参与机制及公共教育制度

第一,提升公众认知程度,树立更为广泛的参与意识。当前,社会公众对"参与"的理解多局限在公共政策的制定领域,而对新兴商业主体的泛决策化行为缺乏全面认知。由于智能设备和智能服务的对象不断增加,相关商业主体实施的资源配置、广告推送等自动化决策行为的影响群体也相应扩大,这种决策的结果已经在一定时空范围内具备了广泛影响性,因而从科学民主决策的角度应当引入合适的公众参与机制。2005 年,美国联邦金融机构检查委员会(Federal Financial Institutions Examination Council, FFIEC)制定并发布《关于未经授权访问客户信息和客户通知的响应计划指南》(Guidance on Response Programs for Unauthorized Access to Customer Information and Customer Notice),

① 信噪比(signal-to-noise ratio):科学和工程中所用的一种度量,用于比较所需信号的强度与背景噪声的强度。在此用以比喻用户获知的有效信息与智能系统实际产生的有效信息之间的比例关系。

要求商业机构对其未经授权实施的获取并利用用户个人信息行为作出答复,①这种商业主体与用户之间就信息获取行为的交流,可视为公众参与机制的开端。以此为基础,建议在设备研发或程序编写的环节中增设用户意见收集与特定情况下的用户听证程序,这里的意见收集与听证,可以采用现场会议、远程视频、网络问卷等多种灵活方式进行,从而最大限度保障新型公众参与的可操作性。

第二,确立公共宣传与教育机制,减少因信息主体自身疏忽所引发的利益损失。一方面,要通过多种媒介的宣传,使日益扩大的智能设备用户了解多模态个人信息的内涵及价值,并明确该信息遭到泄露或不当利用后可能带来的负面影响,从而增强信息主体自身防范意识;另一方面,推广普法宣传教育,使用户了解"知情同意权"及权利的实现与维护方式,引导用户充分关注智能产品的个人信息收集条款,以减少不知情的"授权"现象发生。

三、人工智能时代信息保护立法规范的完善

(一)现有法律规范的完善

在国际社会中,由于人工智能产业尚处于发展初期,因而相关语境下的个人信息保护问题虽引发了一定的关注,但还未形成大规模立法的现状。在国际公约层面,至今尚未出现以人工智能为调整对象的规范。国际性、区域性组织在开展相关活动时,仍然以 1980 年经济合作与发展组织发布的《OECD 隐私》,以及 1990 年联合国发布的《计算机化的个人数据文档规范指南》为基础依据和准则。

因此,从制度完善的角度出发,建议可以对以下两部规范进行修订与补充。第一,对联合国《计算机化的个人数据文档规范指南》②进行完善,将人工智能背景下的个人信息保护纳入其中,并将个人数据的存储模式进行扩展,不

① See Andrew D. Ketter, Protecting the Personal Information of Financial Institution Customers and Consumers, Banking Law Journal, 123(6)(2006).

② UN General Assembly, Guidelines for the Regulation of Computerized Personnel Data Files, 1990, https://www.refworld.org/docid/3ddcafaac.html.

再局限于传统“文档”状态，从而拓宽新时代的个人信息保护范畴。第二，对《APEC 隐私框架》的特定章节进行补充或修订，例如，基于第二章“调整范围”中规定的“个人信息”定义，[①]将信息场域扩大至互联网及人工智能语境，同时对信息的模态进行完善和细化。此外，还建议对第三章“信息的隐私性原则”作补充规定，在第 24 条“信息收集的限制”条款中增加保障信息主体知情权的具体内容，如应当以醒目的方式和不存在歧义的语言表述，告知被收集者其个人信息的实际通途、可能的传播途径以及共享范围等内容，并列明违约责任的承担方式。

在国内法律规范方面，主要建议对如下法律规范的内容进行调整和补充。

1. 扩展《个人信息保护法》中“个人信息”的内涵和外延

当前，《个人信息保护法》对个人信息采用了“概括 + 不完全列举”的立法例予以规定，但尚未明确将人工智能等技术应用下多种模态的个人信息囊括其中。第 4 条“以电子或者其他方式记录的与已识别或者可识别的自然人有关的各种信息”的规定系开放式表述，为新技术出现后个人信息范围的拓展留下空间。

面对当前人工智能和生成式人工智能技术的全面应用，建议在条文中直接予以体现，将个人信息的法律概念拓展至人工智能的应用场景，并增加有关人工智能、算法等技术应用场景下的个人信息保护规则。首先，引入“多模态信息”概念并作开放性立法，为今后多模态个人信息种类的不断增加提供可能；其次，进一步完善不同主体收集利用个人信息的程序性规范，避免“暗箱操作”或者算法偏见，使信息主体的知情权得以实现；最后，制定详细的责任承担机制，特别针对互联网和人工智能产品中存在的信息安全问题，将多模态个人信息的不当获取、不合理利用与盗用、特定期间届满后的不删除[②]等确定为违法行为，并明确相应的责任承担方式。

在此基础上，其他相关立法和配套性规范的内容才更容易制定，从而形成

① 《APEC 隐私框架》第二章“调整范围”第 9 条：本规范所调整的“个人信息”，指的是可以单独据此识别个人身份或与其他信息相结合识别个人身份的信息。

② 例如，用户更换设备、注销账户之后，商家仍然占有其个人信息，不予删除或清理等行为。

新时期个人信息保护的完整体系。

2. 在《网络安全法》中增加有关智能网络中的个人信息保护规定

互联网大数据时代,对公民个人信息的保护已拓展至线上与线下两个维度。《网络安全法》第四章明确了网络信息安全的保障原则与具体措施,将网络运营者进一步划分为电子信息发送服务提供者、应用软件下载服务提供者等,为各主体行为提供依据。

相比之下,人工智能系统的运行同样将多个维度或层面上的主体联系起来,其体现的关系甚至更具复杂性。以机器学习高度依赖用户历史信息为例,人工智能系统设计者为了提高产品效能、实现更多经济利益,很容易将算法预设为“最大限度获取用户个人信息”,并且不会限定机器学习对该信息的调用条件与调用次数,从而增加了个人信息遭受侵害的风险。基于此,建议在《网络安全法》第四章中增加相应条文内容:“人工智能企业的经营者或者人工智能产品的制造者在产品设计、运行、销售的过程中,应当以充分保障公民个人信息为原则,严格控制人工智能系统对个人信息的获取与利用限度,并定期监督机器学习对个人信息的利用情况。前述主体实施调控、监督等行为时,应当以用户知情同意的范围为标准,既不过度阻遏人工智能技术的发展与发挥作用,又最大限度地保障公民个人信息安全。”

3. 依托《行政许可法》进一步完善市场准入机制

我国《行政许可法》第二章规定了需要设定行政许可的事项范围,并明确了设定原则和具体的设定方式,其中第 12 条采用列举式立法例,描述性概括了可以设定行政许可的五类事项。在此,将人工智能相关行为代入这五类事项中,可知因人工智能的高智能化、高自动化属性,基本可以实施除“企业或者其他组织的设立”一项之外的其他所有列举活动,即包括但不限于涉及国家与公共安全、经济发展、生态环境、人身健康、资源开发、公共服务等特定事项,因而《行政许可法》的规定应当普遍适用于规制人工智能市场准入行为。

但人工智能行为实际上具有“双主体”特征,即除了主动申请从事市场活动的人类主体之外,人工智能主体也能够自主产生行为效果。所以,建议将

《行政许可法》规制传统市场主体的内容作为基础,增加对“类智性”主体的市场准入及从业资格限制。具体而言,建议在现行《行政许可法》第四章第二节“审查与决定”中增加一条:“人工智能企业的经营者或者人工智能产品的制造者(以下简称‘人类主体’),其申请从事市场经营活动时遵循本节其他条款的规定。人工智能主体从事特定活动或提供特定服务,需要满足相关行业对从业者的资质要求。有特殊考核规定的,人工智能主体需要参加考核并通过后方可正式从业。对于人工智能未取得相应资质即从业的,人类主体应承担相应责任。”

4. 参照侵权责任规则明确人工智能的责任划分及责任承担方式

面对人工智能的违法行为与侵权问题,当前尚无特定法律规范明确其中“双主体”的责任划分与责任承担方式。以自动驾驶汽车致人损伤为例,在已知事故中,存在对设计者担责、经营者担责以及驾驶员担责等不同处理方案的探讨,但并未形成统一、具体的责任划分标准。

以《民法典》第七编“侵权责任”中第四章“产品责任”的规定为依据,探讨法律责任在产品生产者、销售者以及运输、存储者之间进行分配的原则,以及此种情况下连带责任的产生及后续追偿问题。以自动驾驶汽车致损案件的责任分配方案为参考可知,人工智能致人损害的归责思路是要区分损失的产生是基于操作失误还是设计失误,因此,建议在《民法典》第七编第四章中增加一条:“人工智能产品致人损害的,归责方式应视具体情况而定:(一)人工智能产品不需要人类操作、完全自动化工作的,依据本章其他条款的规定确定责任主体。(二)人工智能产品需要人类操作或配合操作的,应根据相关产品领域内的智能评级标准,首先确定操作者的责任大小。对需要人工智能产品担责的部分,再依据本章其他条款的规定确定责任主体。”

在责任承担方式上,建议根据违法行为的程度确定责任种类,相应完善《民法典》《行政处罚法》《刑法修正案(九)》等规范中有关法律责任的部分。具体而言,就是要结合人工智能致损的特殊性,分别在各部门法规范中增加新的责任承担方式。例如,对所谓“双主体”规定不同的担责方式,并且强调人类主体对人工智能主体的影响、监督与管理等。

（二）新规范的创设建议

1. 原则与指导思想

（1）明确法律语言代码化的行为准则

人工智能发挥效用的关键环节就是执行算法内容，即按照程序代码运行得出相应决策或行为结果。因此，根据前文述及的规制思路可知，对人工智能相关行为的治理离不开将法律要素转换成系统语言。虽然这一过程主要依赖于技术的成熟度以及编程人员的业务能力，但从法律角度理解，需要重点关注的则是应将怎样的法律规则或原则输入程序中，以及如何确保编程人员能够将恰当的法律规范输入程序中。

因此，建议从两个方面对法律语言代码化的过程进行调控：第一，要求人工智能企业或相关行业协会，针对产品、系统的设计工作制定行为准则，该准则的内容包括但不限于代码编写的基本原则、法律规范与技术规范在算法中的配比情况、法律规范在程序运行中的作用次序等；第二，规制主体就前述企业或行业协会是否制定行为准则、准则内容的完备程度以及行为准则的实施等情况进行监督，并明确不同情形下的处理方案，通过强化公权力治理的方式，减少企业利用技术壁垒实施的侵权行为，防止"黑箱算法"持续影响公民合法权益的实现。

（2）规定人工智能设计及运行中的程序规范

人工智能产品的运营对技术有较高依赖，这在无形中增加了用户知悉其设计、运行信息的难度。通过法律规范的形式强化程序规则，特别是将公开、参与的思想贯穿在整个流程中，是提升人工智能行为透明度、保障相对人知情权的重要措施。结合前文所述人工智能的"双主体"特征，建议将规制对象分为"人类行为程序"与"人工智能行为程序"两类。

具体来说，人类行为程序主要包括：第一，收集基础数据时尽可能保证样本的全面客观，并对这些数据进行准确挖掘，公正地输入系统数据库中，以防止原始数据偏见；第二，严格依据行为准则设计算法，并将法律规范与技术要求按照合理比例编写在系统程序中；第三，将算法中涉及商业秘密的内容隐去后，对其设计原则、运行原理进行公开，并通过召开听证会、网络投票与征集意见等方式保障公众知悉,让未来将要享受人工智能服务或与人工智能行为相关的主体参与决策过程。相应地,人工智能行为程序主要有:第一,系统程序运行过程中,严格执行算法命令并将关键决策的依据对外公开;第二,基于机器自主学习作出决策或实施行为之前,应当告知相对人这一决策与行为的产生基础,并在可能的情况下作出适当解释说明。

(3)制定风险行政法规范

在风险社会背景下,行政法规制思路与规制手段均需要有适宜的准则和规范。现行法律法规多是基于传统规制理念,即以确定可推知的风险为基础制定规制方案,但这对人工智能时代的社会风险有较大程度的不适应性,因而需要在风险行政法理论基础上制定新的防范规则。

综上,建议制定风险规制行政法规则,从全面认知现代社会风险的不确定性特征入手,重点明确以下几项内容。第一,风险规制的原则。应当以规避未来风险,保障公民生命、财产安全以及其他基本权利为原则。第二,风险规制的最低标准。面对不确定的风险,应当以最大限度保障人类的人身安全与生命健康为原则。第三,规制方式。除了传统规制手段中的市场准入许可、违法行为处罚以外,针对以人工智能为代表的行为所引发的未来风险,还可能采取的规制方式包括但不限于对技术应用模式与应用程度的行政指导,对算法内容与编制过程的强制公开等。将其一般化之后可归纳为,根据技术手段推知可能造成社会危害或给他人带来权利损害的行为,规制主体有权采取各类行政行为防止其发生,即有权要求被规制主体从事特定的实体性或程序性行为。第四,损失补偿。对于因风险规制行为导致合法权益受损的相对人,有权要求规制主体给予补偿。

(4)引入软法手段提升治理实效

从理论角度来看,“软法”(soft law)这一概念主要对应的是具有强制力的确定性规范,因而其最主要的特征就是非需国家公权力的强制推行,具备明显的指导、调节与激励意义。在内容和种类上,软法主要包括:国家立法中的指导性、号召性内容;行政规范性文件中不能运用国家强制力保证实施的非强制部分;政治组织创制的各种自律规范;社会共同体创制的各类自治规范等。[①]

在人工智能风险规制中综合运用软法与硬法措施,需要治理主体充分发掘现有法律制度的规制空白,并结合具体事项的性质、涉及主体的范围以及社会影响程度的大小等因素,决定是否利用灵活性更强的软法手段。在此过程中,最典型的软法治理方式就是丰富治理主体,促进社会团体、行业协会等不断制定、更新对于人工智能产业的规范内容,以更具专业性、针对性的规定,要求人工智能"双主体"正确对待原始数据收集、算法设置以及机器学习问题,做到标本兼治并推进技术治理与法律治理的协同,最终实现人类对机器的绝对控制与引导,在科技发展中充分尊重与实现人的价值。

2. 制度完善内容

(1)人工智能领域立法与决策的两层内涵

具体到人工智能领域,其决策与立法的双重含义表现为规范的"双向性":第一,以"人"为原点投射向人工智能时,主要的行为内容就是以公法手段规制机器决策。由于规制的标准化程度低,尤其是在数据安全、数据共享等方面存在制度分歧,所以很可能诱发的风险就是规制主体(多为国家或地区)内部的不协调。第二,以"机器"为原点投射人类社会时,探讨的则是利用人工智能进行决策和立法可能给社会法治带来的影响。一方面,人工智能主体的法律地位尚不明确,导致决策与立法发生失误或瑕疵时的追责困难;另一方面,自动化模式虽然能够保证决策与立法内容的精准性和统一性,但在合理性上却不易把控,欠缺人为模式下因事因地制宜的能力,影响治理实效。

(2)提高规范层级,促进专门性立法的制定

除了对现有法律法规进行完善之外,还应当就已有规范调控范围之外的新生问题开展新的立法工作。当然,立法一方面要以满足社会发展需求为目标,另一方面也应当坚持必要性原则。因此,对于人工智能语境下的多模态个人信息保护,建议以人工智能产业规制为内容,提高现行规范的效力层级,并在适当的时候以法律或者行政法规的立法形式调整人工智能和算法行为。

---

① 参见马长山:《互联网+时代"软法之治"的问题与对策》,载《现代法学》2016年第5期。

具体而言,应考虑制定行政法规层级的《人工智能产业规制条例》,整合当前人工智能以及算法规制领域内部门规章、规范性文件的内容。这里未直接采用全国人民代表大会立法,主要考虑的因素在于:一方面,人工智能产业尚处于发展初期,可变性较强,所以先以“条例”形式规制集中性问题,并为新型政策进入法规留有空间,进而在规范体系趋于成熟时再上升为法律,是提升规制灵活性与科学性的有效方法;另一方面,人工智能领域中的各项行为对专业技术有较高要求,单纯从法律治理的角度并不足以妥善解决已有问题,所以授权行政主体立法,发挥其在部门性执法过程中积累的经验,并充分调动相关行政主体的共同参与,可以更有针对性地制定法律规范。具体来说,该条例的内容应当包括但不限于:人工智能产业的内涵与外延、人工智能领域各主体的权利义务、行政主体的规制原则和规制方式、法律责任等。对于其中与个人信息保护相关的部分,建议明确新时期个人信息的定义及形态,将决定权、访问权、更正权、删除权、可遗忘权等确定为公民个人信息权的具体内容,并明确人工智能运营主体基于自身的虚假宣传或算法设定等行为,侵犯公民相关权利之行为的法律责任,从而在尊重人类“心性”的基础上发挥人工智能的“智性”,促进真正意义上的“人机和谐”。

第六章　法律保护机制的创新:个人信息保护的数据治理模式

第一节　作为数据治理行政法理起点的规制学说

从社会治理方式发展与相继的角度来看,行政主体实施的规制行为在很大程度上能够被视为数据治理的上一阶段。具体而言,数字时代的众多社会事务都与数据密切相关,规制的对象也不可避免地带有数字化特征,所以数据治理的客体已能够涵盖传统规制的对象范畴,而两种行为在调整目标、预期效果等方面均存在明显的一致性,因此基于法理起点的角度,可以适当探讨行政法规制的特征及其时代变革,从而为研究数据治理的兴起背景、法律属性及具体应用奠定基础。

一、行政法规制的传统内涵及时代新解

作为一种综合性的行政活动,规制可以被归入传统的广义行政行为体系。在社会日益数字化的背景下,行政规制行为本身以及行政法对规制行为所进行的调控,均在新的需求下呈现新的样态和发展趋势。在这之中,规制思路和规制方式的创新,以及调控规制行为之规范的完善,成为当下提升行政主体治理能力和治理水平的关键切入点。

(一)秩序行政内核下的规制理论探源

1. 公共行政与行政国家的发展历程

从历史脉络来看,国家公共行政任务的发展处于长期变化之中。基于行

政任务的差别,不同时期的国家基本特征可以总结为警察国家—夜警国家(自由国家)—福利国家。[①] 行政规制行为产生于第一阶段"警察国家"时期,此时,国内的一切事务均由国家全面负责,公民的自主性和参与意识尚未得到激发,因而习惯于接受"家长式"的管理。在这一时期,国家的主要任务包括保障社会的安全和秩序,并提供公共服务,[②]但需要注意的是,此时的规制程度要远深于提供服务的程度。当民主国家制度建立之后,社会总体需求的变化和公民自主意识的提升促使国家的管理方式由"主导"向"补充"转变,公民个体自由得到充分的尊重,权利意识大大提升。所以此时,公众普遍认为管得最少的政府才是最好的政府。在这一阶段,国家的基本职责主要包括维护社会基本秩序和安全,其行为范围被严格限制。因可实施行政规制的场域范围较小,所以行政法规制理论和实践在夜警国家时期并未得到发展,甚至还受到自由主义精神的冲击。但伴随人类社会进入 20 世纪,工业化的加速和科技革命的开展丰富了社会活动内容,也因此诱发了多种形式的社会风险。此时,仅凭个人力量是无法在公共设施建设、突发事件处理中取得成效的,因而这种系统性风险的防范与应对离不开政府公权力的介入。以此为背景,"行政国家"的概念应运而生。[③] 伴随行政权的再度扩张,作为公法调控手段的"规制"行为进入公众视野。自 1887 年美国国会设立州际贸易委员会以规制铁路运输产业以来,美国对国内经济的规制力度增强,这也标志着第一个现代规制机构正式成立。[④]

2. 规制行为的公法属性

作为社会治理的重要组成部分,规制综合承载着规范、管理与服务等职

---

① 参见黄学贤、陈峰:《试论实现给付行政任务的公私协力行为》,载《南大法学》2008 年第 1 期。

② 参见谭庆勇:《公私协力视角下信息公开研究》,中国政法大学 2016 年博士学位论文,第 8 页。

③ 过去,政府的职能通常限于国防、外交、治安、税收等纯行政事务,现在则要介入贸易、金融、交通、运输、环境、劳资关系以及工人的失业保险、养老保险、工伤事故等领域;过去政府的权力限于执行、管理,现在则不断侵入立法和司法的领域:政府自己制定法规和规章,行使"准立法权";政府自己裁判自己在管理中发生的纠纷、争议和某些私人之间的争议,行使"准司法权"。对于国家行政职能和行政权的这种大扩张、大膨胀的趋势,西方国家的学者们称之为"行政国家"现象。参见姜明安:《行政法》,北京大学出版社 2017 年版,第 11 页。

④ 参见[美]史蒂芬·布雷耶:《规制及其改革》,李洪雷等译,北京大学出版社 2008 年版,第 1 页。

能。在传统公共行政领域,行政审批和许可是规制最主要的实现方式与手段,[①]然而一方面,这并不能体现规制的全部内涵,纯行政式的“审核—批准”行为方式也在很大程度上带有局限性;另一方面,治理主体无法单独凭借审批、许可等方式实现对诸如财政、税收、互联网等多样化且综合性社会问题的解决,因而这种受到思维定式限制的“规制”并非完全意义上的规制。同样的情况也发生在行政法学范畴中,即“规制”一词存在一定的泛用趋势。本章所采用之“规制”,并未在词前严格冠以定语,即没有将对规制的研究限定在某一具体学科范畴,这亦是国内外理论和实践中普遍存在的弊端。基于以上论述,规制首先应当被视为一门独立且综合的学科加以全面认知,在形成宏观研究思想和整体性概念体系的基础上,再作为其他学科的子项目进行深入理解。

以行政法理论视角认知并理解规制行为,可以进一步细化为行政作用法和行政行为法两个维度。第一,从行政作用法层面看待规制,重点关注的是行政主体通过实施规制行为所希望达到的目标,因而秩序行政、福利行政等具有明显作用指向的行政类型成为此分类项下的主要内容。盐野宏教授曾提出,所谓规制行政,就是政府为了维护和增进公共利益,根据法律、法规的规定,通过限制私人的权利或自由来实现其目标的行政活动,[②]其核心在于通过行政权力保障社会运行秩序,并在一定程度上维系公共安全,从而达成国家安定之客观预期与公民安全之心理自信的统一。第二,从行政行为法层面看待规制,侧重点在于探讨规制行为的主体、客体、法律属性以及实施规制行为所采用的工具、模式、产生的利弊影响等内容,即从“行为”本身出发,分析具有综合性特征的规制与其他单一行政手段的区别和联系。我国的行政法学研究习惯于沿用民法上以请求权为基础的分析模式,将行政过程划分为片段,[③]这构建起传统行政行为法的理论研究背景。具体来说,传统行政法学对行政许可、处罚、指导等行为的研究,更多是静态、割裂式的研究,而未将其视为前后相继的一系

① 参见杨建顺:《论行政规制的法制完善》,载《观察与思考》2012 年第 9 期。

② 参见[日]盐野宏:《行政法总论》,杨建顺译,北京大学出版社 2008 年版,第 6 页。

③ 参见朱新力、宋华琳:《现代行政法学的建构与政府规制研究的兴起》,载《法律科学(西北政法学院学报)》2005 年第 5 期。

列行为,忽视了行为之间的关联性,亦未注意到环环相扣的行政活动内部是存在链接与耦合的。[①] 行政规制由于囊括了各种具体措施,并非割裂后的单一行政行为,表面上无法用行政行为理论进行界定。但实际上,行政规制是行政主体为了维护秩序或防范风险,对私人权利进行限制、赋课义务或提供指导的方式,[②]是不同行政行为的排列组合,可视为更完全意义上的行政行为。综上所述,应当将不同的行政行为视为一个动态的行政过程,并在这一过程中全面把握事件属性及其法律特征。

(二)转型时期我国政府规制的现实问题

1. 现行监管制度与社会需求内容不相匹配

在信息化社会实现全面转型升级的过程中,传统的规制手段逐渐不能满足公众日益增长的规制需求,特别是当公众提出对新生权利的保障需求时,以政府部门为主导的行政机关往往面临认知的不足和制度的缺失,从而无法较好地履行社会管理与公共服务职责。具体来说,这种制度与需求的不匹配主要表现在以下两个方面。第一,监管行为的利益出发点与公众保护个人信息的需求不一致。也就是说,由于"利益部门化"现象的存在,监管主体在实施具体监管行为时很可能受到团体需求的影响,从而未予正视公民个人利益的地位和作用,极大地影响了行政行为回应社会需求的效果。第二,监管思路、监管方式以及监管工具的相对陈旧,无法为技术异化诱发的社会问题实施有效监督和管理。当前,互联网技术革命推动了诸如区块链、人工智能等产业的兴起与发展,全新商业模式、信息互易场景的出现使公民各项权利面临新生挑战。

以个人信息保护领域为例,多模态信息采集、应用技术的成熟,呼吁采取相应的监管科技甚至是保障科技,从而以法律与技术相结合的形式为其提供有效保障。但在当前实践中,监管部门首先考虑的问题可能是引入相应科技手段的经济投入,以及这一投入与预期产出之间的比例情况,只有在符合部门

① 参见[日]盐野宏:《行政法》,杨建顺译,法律出版社 1999 年版,第 63 页。

② 参见杨建顺:《中国行政规制的合理化》,载《国家检察官学院学报》2017 年第 3 期。

经济效益的前提下才会考虑实施相关措施。此外，较为僵化的监管制度体系不利于规制模式的更新，逐级审批式的行政传统也会加剧规制模式的固化，增加了公民寻求权益保障的难度。所以在当前社会需求不断更新的背景下，需要从顶层设计出发，改变规制与监管主体的主观认知，在全面树立服务意识的背景下推进监管与规制制度的完善。

2. 规制参与方力量不平衡、地位不平等

在社会活动中，规制行为的参与方主要指的是以行政机关为主的规制者，和以公民、法人、社会组织等为主的被规制者。长期以来，行政机关在经济发展中居于主导地位，往往在规制中处于优势地位，而其他规制参与方的力量相对弱小，在规制中处于劣势地位。这种规制力量的不平衡、规制各方地位的不平等往往使规制博弈均衡解没有达到最优，规制效果不甚显著。此外，被规制者之间也存在力量差异和地位差别。例如，从生产者的角度来看，市场上许多行业的领导者主要是国有企业或者是规模巨大、有较强影响力的民营企业，这些强大的生产者的"存在性"迫使规制机构在制定规制政策的时候不得不把生产者因素考虑进来，从而在一定程度上降低了生产者受损的可能性。从消费者的角度来看，由于消费者具有分散性，无法积聚足够的力量，特别是消费者都会自觉或不自觉地以非常低的成本"搭便车"，这使消费者的力量无法进行整合而不能形成合力，从而在规制过程中往往没有发言权，处于非常被动的地位，这就造成出台的规制政策往往反映生产者一方的利益多，考虑消费者一方的利益就少。在社会转型情况下，包括政府规制机构、生产者、消费者三方在内的狭义的规制参与方内部的力量不平衡、地位不平等使规制过程无法做到充分博弈，规制结果不理想也就成为必然。[①]

二、数据治理中的行政法原则检视及其内涵扩充

（一）合法性原则中法律依据范畴的适当拓宽

行政合法性原则，在很多情况下又被称为依法行政原则。虽然在起源时

① 参见石涛：《日本政府微观规制演变及启示》，载《现代日本经济》2009 年第 5 期。

间、确立背景以及实质内涵上存在一定差别,[①]但实践中多将二者视为同一原则,共同制约主体行为,并将其内涵总结为五个方面:主体合法、权限合法、内容合法、程序合法以及形式合法。针对这里“合法”所指向的依据范畴,学界主要有三种观点:第一种是“广义说”,认为该原则中的“法”应当包含法律、法规、规章等内容,即采用广义上法律的定义,[②]这种学说背景下延伸出法律优先和法律保留两项具体原则;第二种是“狭义说”,认为行政主体日常工作所依之法应当限于全国人民代表大会及其常委会制定的法律,如果过度放宽法律依据的范围,可能导致行政机关自己制定“法律”规定如何“行政”的后果;[③]第三种是“衡量说”,其关注重点并不在于法律文件的范畴,而在于衡量相关规则是否属于“良法”。这一理论要求行政主体及其工作人员对所依之法的性质进行判定,对于“恶法”应当选择性地予以不执行。[④] 比较三种观点,衡量说以其灵活性、正当性、适法性与包容性,更加符合行政法原则的“高级法”地位,[⑤]同时,也更加适应互联网数据治理的现实需求。

在数据治理呼吁多元共治的背景下,即使专门性规范的数量日益增加,但从行政法实施与行政法实现二者之间的关系角度来看,欲达成规范与价值的社会化并使相对人从心理层面接受和认同这种价值,行政法治总原则的确立是必不可少的。[⑥] 结合互联网数据治理的特点及其囊括的各种复杂行为,建议从以下两个方面着手拓宽行政合法性原则中的法律依据范畴,并以此为指导适度探索“软法之治”。

1. 汇总各类文件对治理主体的身份性规定,分析这些具体规定的可适用程度,以此为基础划定合法性原则中法律依据的边界。当前在中央立法层级,除《网络安全法》专门规制互联网数据行为之外,其余的规定多为规章或者行政规范性文件。以《互联网信息搜索服务管理规定》《互联网直播服务管理规

① 参见龚祥瑞:《比较宪法与行政法》,法律出版社 1985 年版,第 319 ~ 321 页。

② 参见胡建淼:《关于中国行政法上的合法性原则的探讨》,载《中国法学》1998 年第 1 期。

③ 参见王柱国:《依法行政原则之“法”的反思》,载《法商研究》2012 年第 1 期。

④ 参见朱新力等:《行政法学》,中国社会科学出版社 2014 年版,第 58 页。

⑤ 参见关保英:《行政法原则与行政法规则关系的实在法向度》,载《甘肃社会科学》2016 年第 2 期。

⑥ 参见关保英:《行政法分析学导论》,商务印书馆 2011 年版,第 263 页。

定》《移动互联网应用程序信息服务管理规定》为代表,各部门密集出台政策法规指导不同领域内的互联网数据管理行为,其中明确的治理主体主要有中央与地方各级互联网信息办公室①与国务院相关职能部门②,并鼓励行业组织建立健全行业自律机制,制定完善行业规范和自律公约,指导会员单位建立健全服务规范。③ 从内容来看,这些文件的出台均是行政机关及时回应民意、开展精准治理的体现;而其中对治理主体的规定,正是以"政企合作、群防群治"方式保障治理效果的关键所在。阿里神盾局与浙江省绍兴市公安局合作查处最大盗号软件平台,腾讯与公安部刑侦局合作开发鹰眼系统和麒麟系统等举措,已经证明网络治理的联防共治作为一项社会治理创新内容,在很大程度上集中社会力量治理社会问题。④ 由此,可以将身份性规定的审查作为前提,将互联网数据治理中的治理主体法律依据范畴拓展至行政规范性文件。

2. 汇总各类文件对治理行为的形式及程序要求,分析其中的必要性、可操作性以及具体变通情况的可接受性,以此为借鉴确定合法性原则中法律依据的标准。传统的行政管理体制多建立在地域和部门分界、金字塔式层级控制以及政府垄断信息的优势基础上,因而在以虚拟性、开放性、跨界性、传播性、分享性等为特点的互联网领域,这种体制势必面临极大的挑战。⑤ 2016 年《国家网络空间安全战略》的发布,一方面,划分了禁止性规范与义务性规范的边界,使一些特定的互联网数据治理行为具备了"非要式性";另一方面,认可了

① 《互联网信息搜索服务管理规定》第 3 条:"国家互联网信息办公室负责全国互联网信息搜索服务的监督管理执法工作。地方互联网信息办公室依据职责负责本行政区域内互联网信息搜索服务的监督管理执法工作。"《移动互联网应用程序信息服务管理规定》第 3 条:"国家网信部门负责全国应用程序信息内容的监督管理工作。地方网信部门依据职责负责本行政区域内应用程序信息内容的监督管理工作。"

② 《互联网直播服务管理规定》第 4 条第 1 款:"国家互联网信息办公室负责全国互联网直播服务信息内容的监督管理执法工作。地方互联网信息办公室依据职责负责本行政区域内的互联网直播服务信息内容的监督管理执法工作。国务院相关管理部门依据职责对互联网直播服务实施相应监督管理。"

③ 《移动互联网应用程序信息服务管理规定》第 23 条:"鼓励互联网行业组织建立健全行业自律机制,制定完善行业规范和自律公约,指导会员单位建立健全服务规范,依法依规提供信息服务,维护市场公平,促进行业健康发展。"

④ 参见詹婧:《2016 互联网治理舆情年度回顾　呈现四大新特点》,载搜狐网 2017 年 1 月 16 日,https://www.sohu.com/a/124420271_108893。

⑤ 参见沈岿:《互联网经济的政府监管原则和方式创新》,载《国家行政学院学报》2016 年第 2 期。

共享经济参与主体尤其是网络平台制定的“网规”的地位，[①]在承认和鼓励软法之治并构建“软法”的概念、范畴体系层面有重要的意义。因此，在判定行为的形式要求及程序要求是否有利于达成治理效果、是否不侵害相对人合法权益的前提下，建议以更加开放的眼光看待合法性中的法律依据范畴，并可在一定时期内将预期的治理实效作为衡量标准，实施软法之治。

（二）合理性判定标准灵活程度的提升

行政法理论背后体现的是国家理论[②]，行政合理性原则正是法治国理念或者法治理论推动行政法基本原则发展并完善的结果。[③] 我国的行政合理性原则理论通说在很大程度上受到德国法影响，亦将比例原则作为合理性判定中的“帝王条款”，并采适当性（suitability）、必要性（necessity）以及被视为狭义比例原则的相称性（proportionality in the narrower sense）三项标准作为广义比例原则的内涵。[④] 在以互联网作为媒介而开展的各项政治、经济、文化活动中，多方参与主体的利益交织并存，利益驱动型行为普遍存在。运用比例原则判定治理主体行为的合理性，应当充分结合时代发展特征并全面考虑各方利益，将传统的合理性判定标准演绎运用至具体案例中，进而再归纳出更为灵活普适的合理性原则。

首先，完善适当性原则中的“手段—目的”判定标准，强化对社会活动主体行为目标的评定。适当性要求行政措施、决定必须能够实现行政目标或者至少有助于目标的达成。[⑤] 以之为借鉴，在多元共治的背景下，可以将前述适用情形中的“行政目标”延伸至数据治理行为预期实现的目标，并不局限于行政管理领域。实践中，诸多承担社会服务功能的企事业单位或者实施与其宣示目标不相匹配的行为，或者直接表现出单纯的逐利性而采用相应手段。例如，

---

① 参见《国家网络空间安全战略》第 4 条第 6 项规定：“……推进网络社会组织管理创新，健全基础管理、内容管理、行业管理以及网络违法犯罪防范和打击等工作联动机制。……”

② See Rawlings R. & Harlow C. , Law and Administration, Cambridge University Press, 2009, p. 1.

③ 参见汪燕：《行政合理性原则与失当行政行为》，载《法学评论》2014 年第 5 期。

④ 参见吴庚：《行政法之理论与实用》（增订 8 版），中国人民大学出版社 2005 年版，第 40 页。Dominique Custos, Administrative Law of the European Union, Its Member States and the United States: A Comparative Analysis, European Law Journal, 15(4)(2009).

⑤ 参见沈开举、程雪阳：《比例原则视角下的社会管理创新》，载《现代法学》2012 年第 2 期。

视频软件“某酷”引导用户开启位置权限、“爱某艺”试图读取用户运动数据等行为,既与其从业范围不相匹配,也与经营事项无必然关联,实际上是为了获取个人信息从而实施后续盈利推送,或更有甚者,进行数据交易。由此可见,适当性的判定不应仅局限于手段与目的的适配性,还要在复杂利益条件下考量目标的正当与否,即“行政行为(现在亦可拓展至数据治理多元行为)的动因应符合法律的要求”。①

其次,引入技术措施,丰富必要性项下不同手段之间的权衡机制。必要性原则处理的主要是手段与手段间的关系,要求没有任何其他能造成更小侵害而又能达成目的的措施可以取代当前措施。面对复杂的数据行为,如何确定并比较不同备选手段的侵益性,需要结合具体行为的表现形式,借助计算机科学、数据技术以及行业标准等进行综合判定。例如,在数据共享与数据保护这组对立统一的关系中,考量 APP 收集和共享用户个人信息行为的必要性,一方面,应以《信息安全技术 个人信息安全规范》为标准;另一方面,可以通过网络技术对相关 APP 的运行进行实测,评判其后台算法的设置是否符合个人信息收集与共享的“最小化要求”。例如,在手机 APP 首次下载使用时,应考察其是否在用户不知情的情况下,越权获取了诸如用户手机通讯录、实时位置等具有个人信息属性的内容。

最后,充分关注社会公共利益的实现与公民私权利的保障,在相称性标准指导下推进公私法益的实质平衡。相称性原则主要强调的是目的与目的之间的关系,即衡量治理行为所欲保护的利益与预期侵害之利益,并以利益的总量大小和所属性质两项内容作为基本判定标准,在是否实施行为以及实施行为的程度上作出选择。以数据交易与数据脱敏为例,即使是政府主导设立的“中关村数海大数据交易平台”或“贵州大数据交易所”,其实施数据开放与数据交易之前也都需要权衡此类行为的目的价值:是追求社会公开化的实现,还是保障公民个人信息安全。当前述两种价值无法共存时,不能采用牺牲一方以实现另一方的做法,因为公私利益在这种情况下并不遵循“能量守恒定律”,非

---

① 参见罗豪才主编:《行政法学》,中国政法大学出版社 1989 年版,第 43 ~ 44 页。

此消彼长的关系;因而合理的做法是采用匿名化等技术措施进行数据脱敏处理,以践行相称性的核心内涵。

(三)平衡知情权与个人信息权的关系以升华信赖利益保护原则

在互联网数据治理中,相对人知情权及个人信息权的实现,是既矛盾又统一的关系,同时也体现着行政法信赖利益保护原则的内核。围绕数据留存行为及其产生的实际效果,可以从当下互联网数据行为对公民个人信息权的影响,以及治理主体在个人信息权与知情权间进行的权衡与协调入手,分析在行政允诺未予兑现或授益性行政行为变更、撤销的情况下,应当如何规制数据治理主体的行为。

信赖利益保护观念无论在公法还是私法上都极其重要,是维护社会秩序的基础之一。[①] 行政法上信赖利益保护原则的孕育则以第二次世界大战后法律的理性回归为重要背景,并且离不开法治国理论从"自由法治国"向"社会法治国"、从"形式法治国"向"实质法治国"的转变。[②] 伴随现代意义上行政给付的大量出现以及社会治理对实质公平正义的重视,相对人对于法的安定性、治理行为的存续力等产生了更高的需求。在互联网数据治理中,相对人知情权的实现与保障是信赖利益原则发挥作用的最主要表现。围绕数据留存行为及其产生的实际效果,可以从当下互联网数据行为对公民个人信息权的影响,以及治理主体在个人信息权与知情权间进行的权衡与协调入手,分析在行政允诺未予兑现或授益性行政行为变更、撤销的情况下,应当如何通过信赖利益保护原则规制治理主体的行为。

以"卢某花诉北京市公安局行政复议"一案为例,[③]案件基础诉因是北京市公安局丰台分局将未予送达的《行政处罚决定书》内容存留在公安机关"个人信息查询"网络系统中,这在互联网资源利用率不断提升的当下,在很大程度上对原告卢某花造成不利影响。在此,若以行政行为的外部性理论来看,则处罚决定未予送达这一行为欠缺发生法律效力的程序要件,属于未生效的行

---

① 参见余凌云:《行政法讲义》(第3版),清华大学出版社2019年版,第94页。

② 参见蒋成旭:《存续力理论视野下的信赖利益保护原则》,载《东方法学》2016年第4期。

③ 参见北京市第二中级人民法院二审行政裁定书,(2017)京02行终1288号。

政行为，且丰台分局尚未执行该决定的相关内容，因而并未给相对人造成直接侵害。但在实质法治视野下，将不符合实际情况的处罚决定公示并允许他人查询，客观上会给相对人造成不利益；加之丰台分局在答辩中认可未送达处罚决定的意图正是取消了该项处罚，那么可以将这一行为视作向相对人作出的行政允诺，应允不再基于此事而影响相对人权益。因此在本案中，相对人卢某花是存在信赖利益受到保护之基础的，按照哈特穆特·毛雷尔教授的观点可以总结为：相对人信赖行政允诺的达成，且根据与不兑现允诺所实现的公共利益进行权衡，其信赖值得保护。① 此外，行政主体在提升治理效果、保障社会公众知情权的同时，也应考量具体行为对特定相对人个人信息权的影响程度。特别是在互联网治理过程中，数据价值本身就存在复合性，如果调控不当很容易导致前述两种权利的结构性失衡，既不能给特定治理对象的信赖利益提供保障，实际上在社会公众满意度方面也收效甚微。

此外，将信赖利益保护原则作为互联网数据治理的指导思想，还应当在关注形式日益多样化的给付行为。虽然授益性数据治理行为的撤销在当前尚未频发，也没有成为理论探讨的重点，但伴随社会法治国理念的不断深入以及服务型政府的全面构建，互联网数据治理主体的授益性行为实施与撤销将会成为其履行治理职责的主要内容之一。因此，将利益衡量、行政补偿等思路引入行为过程，使之与信赖利益保护原则协同作用，将是应对互联网数据不当行为的有益措施。

可见，处在经济、社会、科技多重转型期的中国面临多方面的综合性变革。位于法律位阶底层的行政规定长期以来承载着各种批判，或者是因为其中存在诸多法律秩序的不统一，②抑或难以与高速发展变化的“互联网 + n”时代保持同步。因此，如何在行政法律规范、法律原则及其所承载的各种法秩序、法精神之间寻求平衡，探索互联网数据治理的指导依据，是亟待公法学界应对的问题。本着实质法治公平、正义的内核，赋予传统行政法中合法性原则、合理

① 参见［德］哈特穆特·毛雷尔：《行政法学总论》，高家伟译，法律出版社2000年版，第281页。

② 参见胡敏洁：《行政规定变迁中的信赖利益保护研究》，载《江苏行政学院学报》2011年第5期。

性原则、信赖利益保护原则以新的内涵,提升行政效能原则的认可程度与应用程度,是当前互联网数据治理主体实施各项行为的重要指导。在此基础上,不断加深对互联网数据行为复杂性的认知,把握技术治理与法律治理之间的内在关系,以"原则先行"推动"制度完善",将为未来社会新事务的公共治理提供良好借鉴。

第二节　数据治理的法定构成要素

作为兴起于管理学领域的术语,数据治理的内涵在于将零散多元的数据整合为统一标准下的数据,将混乱无序的数据排列成模式井然的集合,进而对统一数据集的应用进行全面规范,提升管理质效。近年来,伴随"国家治理体系与治理能力现代化"要求的提出,数据治理开始进入法学研究范畴,并成为行政主体探讨社会公共治理问题时不可忽视的重要手段之一。作为一种管理方式,数据治理的本质在于规范与调整,这与行政学中的"行政规制"以及行政法领域内的"法律规制"具有本源上的一致性。可见,在数据治理行为体系中,治理主体、治理客体、治理工具以及治理环节所体现的权益义务关系,是整个框架中最为核心的构成要素,可以将其视为"应然要素"并在相应法律规范中予以明确。

一、治理主体

平台经济是互联网数据治理的重要事项领域之一。规范平台经济双边市场(two-sided market)①参与者的行为,避免不正当竞争和垄断现象的出现,单纯依靠行政机关或政府主体并不足以实现治理目标。由于用户在消费过程中

① 双边市场,来源于"双边市场理论",即一个双边市场通常包含两个主要方面:一是市场中有两个不同类型的用户,它们通过一个中介机构或平台来发生作用或进行交易;二是一边用户的决策会影响另一边用户的结果。参见纵凯、王玉霞:《国外双边市场理论的最新进展》,载《东北财经大学学报》2012年第3期。

进行了跨市场选择,[①]因而需要拓宽治理权的主体范围,才可以有效调控不同市场中的行为过程与竞争效果,并对依托线上大数据形成的支配地位进行认定与规范。目前,在网络数据治理方面,有关自媒体规制、网络购物平台规制、共享设施规制的立法尚存较大缺口,[②]多元共治处于较低水平。

在大数据时代背景下,社会从过去的信息孤岛转向跨层级、跨领域、跨地域、跨系统、跨部门和跨业务的信息资源融合与创新服务,多利益相关方的合作日益重要,大数据主体的权力、权利和权益关系亟待研究并提供合法性认同规则。[③] 基于当前多元共治水平较低的现状,以及社会对"多中心"治理模式的呼吁,本节将重点讨论数据治理中"多主体"的身份及其职能。

(一)治理主体的身份多元性与权力来源的广泛性

1. 治理主体的身份多元性

在当前的社会治理体系中,"多中心"一词已成为一种思维方式和理论框架,以及公共事务的典型治理模式之一。[④] 当然,需要强调的是,这里提及的多中心治理并不是指行政机关或政府部门要让渡自身的社会管理职责,其更多的是表明一种管理思维的转变和责任配置方式的多元化。因此,多中心治理的制度内核在于不同主体的参与与协作,在于寻求多元参与者内部的良性配合机制。

综合数据治理的多学科特征,公权力机关依此理论授权治理或与之协作治理的非公共主体将会在数量和身份上呈现前所未有的多样化态势,这将在很大程度上提升治理水平和治理效果,但同时也对全面精准的监督提出要求。由于国家的主导作用在所有公共行政领域中都是固然存在的,因而针对上述行为的独立性,需要特别设定的监督权予以制约,此类监督权就形成对国家自

---

① 参见许光耀:《"市场行为的法律规制"学术研讨会综述》,载微信公众号"法学学术前沿"2018 年 3 月 27 日,https://mp. weixin. qq. com/s?__biz = MzUxNjUxODY1NA = = &mid = 2247500385&idx = 4&sn = cec9a15d4fde18a497c53e65165c432b&source = 41#wechat_redirect。

② 参见胡敏洁:《"市场行为的法律规制"学术研讨会综述》,载微信公众号"法学学术前沿"2018 年 3 月 27 日,https://mp. weixin. qq. com/s?__biz = MzUxNjUxODY1NA = = &mid = 2247500385&idx = 4&sn = cec9a15d4fde18a497c53e65165c432b&source = 41#wechat_redirect。

③ 参见安小米等:《政府大数据治理规则体系构建研究构想》,载《图书情报工作》2018 年第 9 期。

④ 参见徐飞:《日本食品安全规制治理评析——基于多中心治理理论》,载《现代日本经济》2016 年第 3 期。

行领导或主导的代替。

2. 多元治理主体权力来源的广泛性

在传统的社会公共事务治理中,最为常见的治理主体是以各级政府为主的行政机关,而诸如社会团体、企业、个人等却很少被认为需要承担治理义务,更多地是将其视为私权利主体。但在互联网时代的大数据来源中,个人数据占据绝对比重,前述私主体成为大数据治理的直接利益相关者;而包括行政机关、基层自治组织、行业协会等监督者同时也具备利益相关性。基于现有研究,将大数据治理的利益相关者划分为数据来源者、收集者、处理者、应用者以及监督者,具备理论探讨与实践操作的合理性。[①] 此外,在数据收集、存储、分析、共享以及利用的全流程中,利益相关者之间的矛盾与冲突不可避免,因此,有必要建立大数据资源的多元协同治理机制,促进数据资源的深入开发。[②]

在治理主体边界延伸的背景下,治理权作为一项公法权力,其权力来源就成为法学研究不可回避的问题。当前,针对数据治理尚无专门性法律规范,只能从已有相关规范入手进行探寻。《民法典》《数据安全法》《网络安全法》等法律中有关于公民个人信息保护方面的总则性规定,《个人信息保护法》是个人信息保护领域的专门性立法,《网络交易监督管理办法》《电信和互联网用户个人信息保护规定》等部门规章则立足于具体的规制领域,明确了特定主体的治理权限。然而即便如此,这些规范条文却大多将治理权授予行政机关,鲜有在广义"行政主体"范畴下探讨数据治理权责的情况,更没有论及企业或个人的协同治理。可见,虽然治理主体的身份已呈现多元化趋势,但其权力来源的广泛性还需获得更进一步的拓宽。

进一步来说,数据治理中多维参与者的权利更接近于按公权力行为模式设定的特殊权利。迈耶的说法是"这里所探讨的都是公共行政的各个部分,连同其中所包含的授予乡镇、铁路企业、堤坝所有人的以其自身利益为目的的公权力在内。这些如此而形成的公权力的拥有者是以其自己名义而非国家名义

---

① 参见王忠、殷建立:《大数据环境下个人数据隐私治理机制研究——基于利益相关者视角》,载《技术经济与管理研究》2014 年第 8 期。

② 参见郑大庆等:《大数据治理的概念及其参考架构》,载《研究与发展管理》2017 年第 4 期。

进行管理的。他们也或多或少独立地行使其权力，或将部分权力授予他人行使，或为他人利益而限制其权力”①，这恰恰论证了多元治理主体权力来源的合法性，即尽管这些权力是由其新的拥有者所掌握，他们还是属于公共行政的一部分，因而还是与国家有关。

（二）治理主体的具体范围

1. 行政主体

各级各类行政机关、被授权组织以及被委托组织，在行使社会公共管理职责时，都是适格的数据治理主体。在传统的“非数字化”或“弱数字化”社会，法定行政主体只有在实施许可、审批等与书面公文密切相关的行政行为时，才较为可能涉及数字或数据，因而需要其处理数据的情形相对有限。当前“强数字化”成为发展趋势，很多地区甚至出现“泛数字化”现象，社会范围内对行政主体的数据治理需求日益增长。特别是伴随电子政务、多渠道信息公开的建设以及在线支付技术的成熟，行政主体实施的数据相关行为不再局限于许可及审批，而开始向处罚、强制、复议，甚至是服务与指导等更广泛的行政行为领域拓展。在此过程中，行政主体及其工作人员的职责包括但不限于：识别、判定数据价值；规范数据管理；促进数据的合理流转与利用；协调数据权力/权利，推动社会协同治理等。

结合上文所述之特征，平台经济中的个人信息保护问题，其数据治理的行政主体包括但不限于：第一，网信部门，以中央网络安全和信息化委员会办公室为主导；第二，工信部门，以工业与信息化部及其下属的地方主管部门通信管理局和各级经信部门为主；第三，公安部门；第四，市场监督管理部门。

2. 企事业单位

各类企业主体、事业单位主体以及社会组织、行业协会等主体，在经营相关数据业务、提供数据服务的过程中，具备数据治理主体的身份。这一认定规则的确立与互联网技术及共享经济的发展密不可分。换言之，在当前经济形

① ［德］奥托·迈耶：《德国行政法》，刘飞译，商务印书馆2013年版，第121页。

态下,企事业单位越来越多地将其传统事务以“线上”形式开展,从而形成大量信息数据的“在线”状态,其存储和调用数据的行为也日益便捷化,赋予此类主体以数据治理者的身份,目的在于明确并强化参与意识和责任意识,在第一时间、以专业化路径处理与社会治理密切相关的数据问题,从而充分发挥协作治理的优势。基于企事业单位与社会组织、行业协会等主体的特性,可将其在数据治理中的具体职能划分如下。

(1)企业主体以促进合理利用与保障数据安全为主的职能。作为以营利为主要目的的经济社会主体,企业的数据行为主要就是信息的收集、传播、存储与商业利用,因此,促进合理利用的职能是企业主体数据治理的核心。但是近来包括“百度魏某西事件”“滴滴顺风车致人伤亡事件”等问题频发,将社会舆论及关注重点投向互联网平台的信息监管义务。鉴于政府监管难以面面俱到,就不可避免地产生对于自我监管的需求。因而无论是平台经营者,还是借用平台模式进行经营、推广的商家,其实施的相关行为都应当在实现数据价值最大化的同时,保障数据的真实性、安全性以及数据利用行为的合法性。

(2)事业单位主体以数据监管和确保流通为主的职能。与企业主体相比,事业单位主体更多承担的是管理职责,故事业单位在数据治理中最主要的职责就是依据自身职权所及的事项范围,对相应主体的数据行为实施监管。此外,在社会数字化、信息透明化的当前,民众对政府信息公开的要求也不断提升,因而事业单位在履行公共职能的同时也与行政机关一样,负有促进信息公开与数据开放的义务。所以,在数据治理语境下,事业单位主体从事的行政行为还具有明显的给付性质,并以社会需求为背景,以公民个人信息权、知情权以及其他社会主体数据利用权的平衡为目标,保障并推动相关信息数据的有序流转。

3. 社会组织

如前文所述,数据时代政府监管的有效性和及时性尚待提升,而自我监管的客观性和可行性又在很大程度上有赖于行为者自身或其领导者的个人素质,所以第三方监督就尤为重要。社会组织、行业协会的构成虽然相对松散,但因是自发形成且专业性强,故监督效果的公正、客观及可接受性就能够得以保障。因此，社会组织、行业协会等主体的数据治理职能包括但不限于：对企业、公民等非权力主体的数据行为实施监督，出具意见建议；制定区域内或行业内的自治性文件、工作规程，并据此监督相应主体的数据行为。

在对共享经济中的个人信息提供保障时，重要的社会组织主体主要有：第一，行业协会，在此主要包括传统性的全国信息安全标准化技术委员会、消费者保护协会，以及较为年轻的互联网协会、网络空间安全协会等；第二，非政府组织，主要指的就是成立于 2001 年的非营利性网络安全技术中心——国家计算机网络应急技术处理协调中心。

4. 公民

作为数据活动的参与者，公民个人也可能成为数据治理主体。将民众个体作为治理者的思路，来源于前文所述之行政规制中的公众参与理论，即直接利益关系人与行政规制机关的合意决定往往可以促使行政规制法律规范中形成可行性内容并实现良性效果。因此，使公民成为特殊的治理主体，目的就是通过强化主体地位而强化主体意识，让公民在提供个人数据、利用他人数据以及传播社会数据的过程中不断与行政主体、企事业单位及各类团体组织进行协商，从而实现行政规制政策的连贯性。公民在数据治理中的权利主要表现为：监督数据收集者的收集行为，监督的标准包括但不限于已知的法律法规、行业规章，以及公民个人作为数据来源主体的心理接受程度和满意程度等；依托各类媒介参与数据交流活动，确保自身作为数据传播者的行为合法性，并在法律法规规定的范围内最大限度地推进数据开放与共享利用。

综上所述，传统数据管理模式下依靠单一主体履行监管职责的模式已不再具备显著的现实意义，因而需要对治理行为进行系统化的革新。[①] 也就是应当引入公众参与，强化多元共治，努力构建不同主体之间的协商型数据治理模式。在此基础上，数据治理的主体理论也将得到充实和完善。

---

① 参见夏义堃：《试论政府数据治理的内涵、生成背景与主要问题》，载《图书情报工作》2018 年第 9 期。

二、治理客体与权利义务关系

(一)治理客体的具体范围

治理客体,即治理行为所指向的对象。基于前文所述,在数据权利属性不断多样化的过程中,其所承载的利益和价值也呈现明显的复合性特征。也就是说,除了个体的私人利益之外,相关数据还会融合特定团体的集合利益以及社会公共利益。此外,数据可以抽象出经济价值、文化价值甚至政治价值,成为各种主体竞相获取的资源。因而,若想利用法律规范适宜地调控数据治理行为,不可忽视客体数据背后的权益问题。

可见,治理客体在数据价值方面实现了单一向多元的转变,也就是数据的应用场景,已逐渐涵盖了政府治理、企业运营、公众福利等各个方面,呈现多样化价值需求的特征,并开始关注信息与数据的增值和再利用,实现其内在价值的迭代升级。因此,在数据治理中,治理行为的对象内涵丰富、复杂多样。总体来说,其一,治理对象的特征为:从种类属性来看,既包括人(各类数据行为主体)又包括物和行为;从事项范畴来看,既覆盖公共事务又涉及私人生活;从地域特征来看,既关乎国内又辐射国际;从法律特征来看,既从属于公法又波及私法。其二,治理对象的概括性定义为:个人、组织在域内或域外,依据数据、针对数据实施的行为,以及前述行为过程中涉及的数据本身,还包括实施相关数据行为的各类主体。

(二)数据治理中的权利义务关系

数据治理行为的全过程主要涉及数据从哪里来、到哪里去以及做什么用三个主要问题,由此产生数据来源方、数据管理方以及数据使用方三大主体,背后要解决的是数据所有权、数据管理权和数据使用权的“三权”协同问题。[①]结合上文对数据治理主体的类别划分,可将各子类治理主体划归至此处所述之“三大主体”下。这里首先需要明确的是,并非所有子类主体都完全且当然

---

① 参见叶战备、王璐、田昊:《政府职责体系建设视角中的数字政府和数据治理》,载《中国行政管理》2018 年第 7 期。

地从属于三大主体，而是在很大程度上存在范围或边界的交叉，所以如下类别划分，指的是在多数情况下的分类结果。

第一，数据来源方，以自然人个人为最重要的组成部分，关涉数据的所有权问题。关于大数据时代的数据所有权，前文在论述数据权属变化时已有提及，即此处之所有权不同于物权或知识产权主体对传统有体物及智力成果所享有的权利。因其所有之数据具备复合特性而使相应所有权发生转变，与数据的管理权、使用权产生前所未有的密切关系。

第二，数据管理方，以行政主体和事业单位主体为主，享有数据的管理权。同样，基于数据的复合性价值，故数据管理者一方面需要保护所有权，充分行使数据安全保障和监管职责；另一方面，又要促进流转和共享，为数据的开放和传播提供便利，由此催生所有权与管理权之间的和谐或紧张关系。

第三，数据使用方，企业主体在其中占最大比重，行使数据使用的权利并承担相应义务。伴随数据使用者的加入，数据治理所涉及的权利义务关系形成围绕传统物权内涵，但又与物权并非完全重合或一致的闭环。需要注意的是，与有体物所有权或知识产权中的使用者不同，数据治理过程更加关注数据使用者义务的行使，强调在利用数据创造价值时应当注意手段与方式的合法性与合理性，并且不得超越数据主体的授权范围、不得造成数据主体法定权利的不当减损。

三、治理工具

“工欲善其事，必先利其器”，以保障行政效能为目标，恰当选择治理工具并合理搭配使用频次具备关键性作用。然而，传统规制学说对工具的分类和效用探讨甚少，仅在面对社会问题时习惯性地选择常见工具加以利用。总结当前国内学界对规制工具的研究情况，大致包括以下几点不足：第一，仅重视对金融、财政等宏观调控工具的研究，缺乏对市场秩序规制、社会规制等领域的工具研究，在研究对象方面存在一定的不均衡性；第二，对传统规制工具的应用较多，对信息工具等新型规制工具的关注相对较少，没有完全适应新时代的社会需求；第三，对国外有关政策工具研究成果的介绍较多，较少基于我国国情而作的工具选择研究,有关工具选择研究的可操作性不强;第四,法学立场的研究比较缺失,没有对相应工具适用过程中的法律权责进行明确。① 基于此,我们可以从共享经济信息不对称问题的应对入手,探索行政法原则对工具选用的指导作用,从而保障互联网数据治理的效能。

一方面,要排除对特定工具的依赖或者偏好,因时因事制宜,合理安排不同工具的使用比例。从经济学角度看,共享经济场域内的信息不对称问题在一定时期内无法避免,传统的带有强制或管控色彩的规制工具并不能良好应对这一问题。另一方面,要考虑不同工具的治理成本,促进行政资源投入与治理效果的产出相适应。任何一种治理行为的实施都需要消耗一定的人、财、物、力资源,因而治理主体在选择工具的过程中除了判断是否与目标相匹配、是否能与其他工具良好配合之外,必要的成本—效益分析不可或缺。如果信息工具的应用需要借助科技手段,且耗费较大时,治理主体应当以行政效能原则中的经济性要素为衡量标准,权衡是否需要继续采用该工具,并在决定不予适用之后积极寻找替代工具,从而使行政效能中的"最佳性"内核及实质法治内核得以彰显。

(一)信息工具

在公共规制中,信息工具的产生源自信息提供机制的创设,也就是在行政机关作出规制决定、商业主体作出交易决定或者个人作出权益处分决定的过程中,为相应主体提供充分的信息资料,从而提高决策效率、提升决策质量。由此可见,信息工具的内涵应当包括行政机关的奖励措施、公共机构的信息公开制度、商业主体的告知义务与信息披露义务等。在数据治理行为的实施过程中,不同参与主体对于信息工具都有所偏好,这是因为与审批、强制等权利限制型工具相比,信息工具更加关注不同主体的自主决策权,而非强制其实施特定行为。如表6-1所示,信息工具具备较强的变通性及多维应对能力,可以适用于多个治理阶段,因而能够与作为准入工具的许可或审批、作为给付工具的奖励等形成工具组合共同发挥作用,落实行政效能原则。

---

① 参见应飞虎:《规制工具的选择与运用》,载《法学论坛》2011年第2期。

表 6－1　信息工具的类型及功能

工具类型	信息流方向	工具功能	动力来源	使用阶段	制度表现
对交易的直接干预	平行	促进交易公平	公权强制	立法	交易主体的信息义务
对交易的间接干预	自上而下	促使交易主体"用脚投票"；促使交易主体自律	公权义务	法律实施	公共机构信息公告制度
	自下而上	促进规制制度实施	利益激励	法律实施	有奖举报制度等

资料来源：应飞虎、涂永前：《公共规制中的信息工具》，载《中国社会科学》2010 年第 4 期。

除市场交易环节外，数据治理中的信息工具还可广泛应用于其他法律规制领域，在强制性工具之外起到能动性的补充作用。在信息工具项下，笔者主要选取多维信息布局和不利信息披露两项较有代表性的内容加以介绍。

（二）量化工具

在计算法学和法学计量分析取得发展的背景下，以量化工具促进共享经济中的个人信息保护，最重要的内容就是努力实现社会活动的计量分析和利益衡量数据模型的构建。在具体的操作方式上，建议充分利用计量法学相关工具，对司法大数据进行全方位剖析，运用上一阶段的数据统计结论指导下一阶段的实践工作。具体来说，可以借鉴本书第二章第三节对个人信息行政案件进行量化分析的方法，选用合适的数据统计工具，把以文本或其他方式呈现的社会问题抽象为具体数据，进而通过对数据的分析，得出定量结论。这种定量结论的具体用途，一方面，可以辅助定性结论的形成；另一方面，可以为已经形成的定性结论提供更有力的支持，从而真正发挥跨学科研究方法的实际效用。

目前，最高人民法院正在推进"智慧法院"项目，其中最核心的内容就是大数据技术的应用，核心是聚、通、用，即数据的汇聚、联通和应用，旨在将网络化、阳光化、智能化贯穿法院全业务，大幅度提高法院在决策和审判方面的精确化程度。① 以此为基础，量化工具将在法学的实践分析与理论研究中日益发

① 参见周佑勇：《智慧法院建设的技术路线与阶段方案》，载搜狐网 2017 年 11 月 12 日，https://www.sohu.com/a/203960855_652400。

挥作用，进而成为未来数据治理中所必不可少的工具。

第三节　构建共享经济下个人信息保护的数据治理模式

一、明确个人信息权的法律地位

（一）包含所有权在内的“权利束”的确权逻辑

《民法典》第 1034 条提出“自然人的个人信息受法律保护”，在我国个人信息保护立法领域中具有里程碑式的意义。正是基于此项规定，个人信息的权利属性问题开始得到学界广泛关注，并且在实践中获得大力推进。2017 年，齐爱民教授团队起草的《个人信息保护法（草案）》明确将“个人信息权”的表述引入立法，提出了该项“权利”的具体内涵。① 但是，2021 年颁布实施的《个人信息保护法》却并未采用该草案建议稿对“个人信息权”的界定和表述，而是选择了与《民法典》相同的规定方式，即“自然人的个人信息受法律保护”，对个人信息权利化的问题未作回应。

本书第一章介绍了我国法学界对于数据确权的不同观点，即在当前，有人赞同对数据来源者和处理者赋权，有人则反对赋权。在同意将个人信息权利化的学者中，又分为认可所有权与否认所有权两派。在笔者看来，是否同意赋权在很大程度上影响着经济交往和数据活动各主体的心理认知。基于法的指导作用与预测作用，不同的制度安排将产生不同的主体行为模式。虽然有观点认为，数据确权特别是确认所有权，将会阻碍数据的流动，导致社会中发生大量的侵权行为，从而违背数据的公平合理使用。② 但基于比例原则和利益衡量的要求，如果我们将不赋予所有权所带来的数据流通经济利益，和由此导致个人信息泄露而诱发的风险相比，二者在权利属性、可能影响的人群范围及数

① 《个人信息保护法（草案）》第 11 条：“自然人的个人信息权包括信息决定、信息保密、信息查询、信息更正、信息封锁、信息删除、信息可携、被遗忘，依法对自己的个人信息所享有的支配、控制并排除他人侵害的权利。”载搜狐网 2017 年 11 月 12 日，https://www.sohu.com/a/203902011_500652。

② 参见丁晓东：《论数据来源者权利》，载《比较法研究》2023 年第 3 期。

量上都差异悬殊。相较于收益层面的财产性特征和主体范围的相对确定性，损失层面的人格性特征和影响范围的相对广泛性，使得公众对所有权确权产生了较高需求。在此基础上，笔者认为采取“权利束”式的赋权方法并认可其中所有权的部分，并不会必然导向对数据自由流动的限制。

原因在于：从自然人角度来看，在当前“互联网 + 新经济”业态下，平台成为重要的经济主体，用户对于这种经济模式下的数据需求方式也早已熟稔。基于获取商品、服务和信息的目的，也断然不会固守个人信息而阻止其流通。当然，个人信息的财产性赋权可能会诱发一些人利用法律规定，通过侵权求偿的方式获取不当经济利益，但理性的经济人还是会更多关注信息流转与信息保护的价值平衡，从而适时实施数据授权使用的行为。从企业角度来看，在承认个人数据所有权的基础上，企业可以通过支付合理对价的方式，以征得个人同意让渡数据用益权并在一定期限内放弃行使可携带权、删除权，此种用益权将构成对个人信息权的限制，个人在约定范围内不得任意撤回同意。① 这其实也有利于逐步树立个人对其数据财产权的正确观念。

因此，将个人信息权规定为公民的一项基本权利，并以“权利束”思想为指导，将其进一步规定为包含所有权、使用权、可携带权、复制与查阅权、修改权、删除权等在内的复合型权利，将为规范平台行为提供明确依据，为个人信息权利主体提供充分的保障。

（二）以人格权为主、兼具财产权特征的复合型权利保障模式

基于个人信息权的多重特性，在确立其新型复合权利地位的同时，需要特别注意这种权利模式的限度问题。第一，个人信息权的存续期间。因与人格权密切相关，故对个人信息的保护仅限于该自然人的有生之年，这与物权的永久性不同。第二，个人信息首次收集者（original collector）的权利，在此可对应上文提及的“曾对信息进行过加工制作的企业主体的财产权部分”。应规定此类主体只能在一定程度上对个人信息进行处理和利用，且这种利用只局限于

① 参见申卫星、李夏旭：《个人数据所有权的赋权逻辑与制度展开》，载《法学评论》2023 年第 5 期。

该主体内部，不能随意出售和共享给第三方。然而，当前企业间的并购时有发生，这就对如何判定所谓的“内部利用”提出更高要求。第三，出于公益使用个人信息的例外。应当允许公共媒体基于保障社会公益之目的，在未征询权利人同意的情况下将个人信息予以公开。当然，在此可以规定对权利人提供事后补偿的标准及措施。第四，网络服务中的强制缔约义务。用户可以拒绝网络服务商在有限合理的使用空间之外，再要求该用户同意服务商使用其个人信息。① 同时，网络服务提供商非经正当理由，不得拒绝提供网络服务，也就是负有强制缔约义务。实际上，这种观点的背后就是把网络视为一种公共基础设施，不能限制公众对网络、对平台的使用。②

二、新时期个人信息保护的数据治理原则

本书第三章至第五章依次围绕个人金融信息、个人健康信息以及多模态个人信息的法律保护提出制度性建议，从规范对象的角度来看具有专门立法研究的特征。以此为基础，本章将综合探讨对所有类别个人信息的宏观性保护规则，相比之下更具总则性特点，是在共享经济模式下，多种主体保障个人信息时所应坚持和遵循的总体规范。由此可见，这里提到的“个人信息保护基本原则”，也就相应地具备了统筹性色彩。

此外，在数据治理理念的指导下，个人信息保护工作还应当体现出不同治理主体之间的协作与配合，充分发挥数据治理行为的高效性，并蕴含对数据的全生命周期管理。所以，本部分提到的数据治理原则，是以个人信息保护为目标，以数据资源的科学配置为手段，实现新时期信息行为法治化的总体路径指南。

（一）普遍保护原则

普遍保护原则，主要指的是在数据治理过程中，所有参与主体所应遵循的

---

① See Vera Bergelson, It's Personal but Is It Mine? — Toward Property Rights in Personal Information, Davis Law Review, 37(2)(2003).

② 参见李帅：《数字化转型社会中的个人信息权研究——以共享经济为场域》，载《西部法学评论》2018 年第 6 期。

总则性指导。具体来说,共享经济时代各主体在保障用户或消费者个人信息时,所应坚持的原则主要包括以法律规范为准绳的合法性原则,以交易安全和信息安全为核心任务的安全性原则,以消费者或用户知情权为保护对象的知情同意原则,以促进信息多维价值的发挥为目标的有条件共享原则,以及以尊重信息真实性、时效性为主要内容的可修改与可删除原则。结合共享经济的独有特征,以下将对这五项原则进行具体介绍。

1. 合法性原则

在个人信息保护过程中,无论是作为信息来源主体的自然人个人,从事信息收集、利用与共享等行为的商业主体;还是履行监督管理义务的监管主体,在利用与保护个人信息的过程中,都应当确保自身行为在目的、方式、程序上的合法性。此外,还应坚持法律保留原则,在信息收集、利用与共享的过程中,不予实施法律授权事项之外的行为内容。

从调整对象的角度来看,不仅是商家、平台这种对信息有实质性需求的主体需要接受行为的合法性审查,提供信息的用户或消费者个人,也应当保障自身所有行为的合法甚至是合理。此处对自然人个人行为的合法性进行特别强调,主要是因为这类主体作为让渡信息的一方,在实践中很容易处于相对弱势地位,从而使监管主体忽略或放松对其行为合法性的审查。然而不可否认的是,用户或消费者在共享经济中提供信息的行为明显具备价值交换色彩,因而无法得出其信息行为一定无瑕疵的结论。所以,基于前述合理假设,应当对此处的合法性原则内涵进行丰富:除了充分把握商业主体和监管主体的行为合法性要求之外,还要重视对自然人个人的行为规范,要求其按照承诺的内容、方式提供相关个人信息。

2. 安全性原则

与合法性原则相同,安全性原则对信息行为的调控也呈现明显的“全流程性”特征。也就是说,无论是在信息的收集与分析环节中,还是后续的利用、流转或共享环节中,保障信息数据的安全都是所有主体应当坚持的行为标准。这里强调信息行为全流程的安全性,不仅出于对信息经济价值、社会价值的重视,更在于对其中体现的个人隐私给予充分保障的考量。

就安全性原则的实现方式而言,首先,在公共治理主体,即以政府部门为主的监管主体层面,应当加强对市场交易中信息行为的全息式监管。这种监管模式的主要特征就是不间断性或高频率性,并以相关信息行为是否会导致个人信息的泄露、诱发信息的非法交易等为主要的监管标准,对数据的采集、流转、共享与利用环节进行监督,从而起到保障信息安全的效果。其次,在共享经济中的商业主体层面,则应当制定详细的数据运转内部规范并强化全流程中的自我监督,防止发生经济利益驱使下的不当信息行为,从而给消费者个人信息安全带来负面影响,破坏共享经济中的信息安全环境。商业主体可以采取的措施主要包括:利用技术手段对收集到的用户个人信息进行妥善保管,在特殊情况下还应当进行加密处理;在条件允许的情况下,对个人信息安全风险进行实时监控与筛查,防止出现信息泄露的情况。最后,在用户或消费者层面,应当强化其参与数据治理活动的主体意识,培育信息来源主体的自我保护能力和遭受侵权危害后的应对能力,从而构建个人信息安全中的数据治理闭环。

(二)合理利用原则

合理利用原则,指的是数据治理相关主体应当在保障信息安全的基础上,对共享经济中的个人信息进行充分且合理的利用,以全面发挥新时期个人信息所具备的多维价值。在利用信息的过程中,为防止利用过度、利用不足或违法利用等情况的发生,建议数据治理主体遵循以下原则,合理调整不同环节中的信息行为,以实现信息的充分、有效、合理利用。

1. 知情同意原则

知情同意原则的适用场景主要是商业主体收集个人信息时,当然也不排除在后续使用行为中还会继续适用。具体来说,这一原则要求商家或平台充分认知自身在数据治理链条中的地位和作用,在实施营利行为的同时,关注信息来源主体的权利是否因之而遭受损害。换言之,商家或平台在利用消费者信息获取商业利益时,是否实施了越权收集、越权使用甚至越权共享的行为。这里提到的“越权”,其超越的权利内容主要是消费者或用户对其提供之信息的处分权,而商业主体的越权方式,主要就是未以合理方式取得授权,或者未在授权范围内实施相关的信息行为。

由此，在实践中贯彻知情同意原则，应当做到以下三个方面：首先，也是最重要的，就是强调商家、平台或其他商业主体在实施初始的信息收集行为时，应当充分履行说明与告知的义务，并尊重用户与消费者的关于个人信息利用、共享的决定，不得以欺诈、胁迫、乘人之危等非法手段获取信息，不得故意隐瞒信息获取之后可能存在的风险等，从而实现并保障信息来源主体对自身信息所享有的知情权、授权使用权以及撤销授权的权利。其次，在监管主体层面，应当不断强化对商业主体收集、利用信息的权限审查，针对相关信息的越权利用行为进行处罚，促进个人信息在个人可控的范围内流转和利用。最后，对于用户、消费者等共享经济中的个人信息来源方，则应强化权利主体意识的培育，重点树立权利授权使用的观念。

2. 有条件共享原则

在共享经济中，个人信息发挥价值的途径不应仅局限于单一主体的加工、利用行为，还应当包括信息在不同主体之间的流转和共享。这里提到的“共享”，其准确内涵应当是，以信息来源主体的知悉和同意为前提，将特定个人信息在特定的主体范围内予以共享。所以，个人信息作为一种可被共享的资源，其共享的条件应当是不违背安全性原则和知情同意原则。结合前文对这两项原则的介绍，可以发现个人信息保护的各项原则在内容和作用上其实是互联互通的，所以应当促进这些原则协同作用，共同提升信息安全程度和信息利用质效。

对于有条件共享原则的适用，最核心的内容包括两个方面：一是应当明确用户和消费者享有“授权撤销权”；二是规定商业主体违法或违约共享信息后应当承担的责任。针对前者而言，即规定当用户发现商家共享信息的行为超越其知情同意范围时，有权撤销先前作出的授权。而后者规定的出发点，则是为这种有条件的共享提供制度保障，客观上促进知情同意、有条件共享等信息保障原则的实现。

3. 可修改与可删除原则

自然人的个人信息反映其生物特征与身份特征，因而在特定时期内是具备相对稳定性的。但从辩证法角度来看,社会的多变与个人的发展都是客观存在的,所以亦不可否认个人信息存在变化与发展的可能。特别是在共享经济中,个人信息的来源主体是参与经济活动的消费者或用户,其个人信息因体现了一定的商业价值,所以相比其他场域中的个人信息,其稳定性有弱化趋势。因此,将"可修改"与"可删除"作为新时期个人信息的保护原则之一,体现出规制精神的时代化色彩。

具体到实践中,就是分别明确信息收集主体和来源主体针对信息内容变动这一现象,有权实施的修改删除相关行为。其一,信息收集主体应当通过完善的身份认证、技术筛查等手段,确保个人信息来源端的身份合法、渠道清晰、过程可追溯,从而能够在信息发生变动后及时修改与删除。针对用户或消费者提出的修改删除申请,收集主体经审核认为理由真实且正当的,应当予以准许并提供相应的配合。其二,信息来源主体应确保自己提供信息的真实客观,但在发生信息内容的合理变动或信息有效期届满等情况时,有权提出修改与删除的申请。同时,对于申请不被受理或被拒绝的情况,应赋予消费者、用户寻求救济的权利。

(三)分类保护原则

对平台经济中的个人信息进行分类保护,是类型化研究思路下对个人信息保障路径的有效探索。此外,也可以将分类保护原则视为普遍保护与合理利用原则的进一步演绎,它既体现了数据治理主体对个人信息所持有的保护与利用态度,又蕴含着一种科学保护、精准保护的内涵,是新时期实现信息价值和保障隐私秘密性的有效原则。具体来说,可以将个人信息的基本特征与共享经济下信息的外化形式,将予以保障的个人信息作如下种类划分。

1. 隐私类与非隐私类信息的保护

以信息具体内容的私密性程度为标准,可以将个人信息分为"隐私类信息"和"非隐私类信息"。隐私类信息主要指的是用户或消费者不愿为他人所知的信息,带有较为明显的个人主观判断色彩。在通常情况下,隐私类信息之外的其他信息种类,在实践中均可界定为非隐私类信息。虽然隐私类信息的认定在很大程度上受到信息来源主体意愿的影响,但在判定过程中还是应当制定一个相对可行的标准。笔者建议采用概括的方式明确隐私类信息的范围，同时采用列举的立法例，将明显不应认定为隐私的信息种类进行反面排除。在此基础上，进一步制定隐私类信息的保护规则和非隐私类信息的利用规则，从而既可以防止商业主体不当利用个人信息，又可以防止因个人不当“保密意愿”而影响信息应有价值的发挥。

2. 实体性信息与程序性信息的保护

以信息形成时所依托的行为特征为标准，可以将共享经济中的个人信息分为实体性信息和程序性信息两种。就内容来看，实体性个人信息的生成，主要依托自然人的主动提供行为。也就是说，作为用户或消费者的自然人，将身份信息、联系方式信息交给商家或平台后，这些信息就成为经济环节中的实体性个人信息。相比之下，程序性个人信息则附属于经济交往活动，体现出更加明显的“共享经济属性”。例如，共享交通工作使用者的日常活动路线、网购用户的购买习惯等内容等，都可以被认定为这里的程序性个人信息。以此为背景探索类型化的信息保护措施，笔者提出如下建议：对实体性个人信息特别是能够定位个人身份的、用户对其有强烈保密需求的信息，应当尊重个人意愿进行绝对保密，或者确有共享与利用需求的，应当在完全脱敏后再进行后续行为。对于程序性个人信息来说，可以在删除数据主体的身份信息后进行共享与利用，从而辅助商家或平台开展后续的数据分析、促进商业决策的科学性。其实从本质来看，利用与保护两类个人信息的核心都是对其中关涉主体身份的内容进行保密或脱敏，因此，这里的类型化保障实际应用的是同一性的处理方案。

3. 过程性信息与结果性信息的保护

按照信息生成阶段的差异，可以将个人信息分为过程性个人信息与结果性个人信息。具体来说，过程性个人信息是共享经济仍在进行时所产生的信息，这类信息最典型的代表就是消费者网上购物之后生成的物流反馈信息。相比之下，结果性个人信息则产生于经济行为终结时或终结后，是对共享经济活动结果的一种反映。在实践中，前述两种信息既体现着平台配置资源的效果，又能够在很大程度上影响平台行为，具有显著的双向作用。因此，能否合理利用这些信息将会对相关商业主体的利益带来重要影响。所以,对于过程性信息而言,应当在征求信息来源主体同意的前提下,尽可能地促进其进入后续分析与利用环节。但需要注意的是,过程性信息除了体现个人利益之外还蕴含着商业主体的劳动付出,在一定程度上还可能涉及尚未确定的事实,因此,并不强调对过程性的公开与共享。而对结果性来说,则可以在隐去敏感信息的基础上,进行利用与合理共享。

三、以数据治理方式保护个人信息的具体措施

(一)规范信息主体的权利义务

1. 信息提供主体的权利与义务

在共享经济模式下,个人信息的提供主体以用户和消费者最为普遍,其向商家或平台提供信息的行为,多是基于获取特定商品或服务,在很大程度上具备"交换"的色彩。所以从合同法角度来看,用户与商家之间存在一种以要约与承诺的关系,且这种关系有时通过明示方式表现,有时又是以具备默示意义的行为直接实现的。所以对于信息来源主体而言,其享有的民法意义上的信息权利应当是:按照自己的意愿提供信息的权利,对信息收集目的与实际通途的知悉权利,授权相应主体利用与共享相关个人信息的权利等。那么相应地,信息来源主体应当保证自己提供的信息真实可靠,并将其视为自身的一项法定义务。

如果说上述内容侧重于强调信息来源主体的民事权利义务,那么从公法角度来看,其权利更多表现为向以政府部门为代表的监管主体提出申请,要求其行使行政监管职权,惩戒信息收集、利用中的不法行为。

2. 信息收集主体的权利与义务

商家和平台等商业主体,是共享经济中最核心的信息收集者,其利用收集到的信息实施后续的商品配送或服务提供行为,将个人信息视为经济活动中的重要资源之一。除此之外,信息收集主体在很多情况下还会对前述信息进行加工和分析,实施一些信息的后续利用行为,深入挖掘其经济社会价值,从而使个人信息具备企业资产的属性。在此背景下,建议明确信息收集主体的

权利，具体包括：在用户及消费者知情并授权的范围内收集、加工、利用相关信息的权利，依据自身实施的前述信息行为获得收益的权利等。需要特别强调的是，针对后续进行的信息分析或共享行为，如果未获得信息来源主体的先期授权，则商家或平台应当就此向用户说明情况，并再次申请获得其授权。在义务层面，建议将信息收集主体应当承担的责任规定为：保障信息安全的义务，就因自身行为导致的信息泄露与信息不当共享承担赔偿责任；确保在信息来源主体知情并授权的范围内实施相关行为的义务，对于越权处理信息、非法取得授权或以不当方式取得授权的行为，应当承担相应的责任。

从公法调控特别是行政法规制的角度来看，共享经济中的商家或平台应当严格遵循行业领域内的现行强制性规范，履行包括准入申请、审核备案、信息披露等义务，并按照相关要求进行情况说明、引入公众参与辅助商业决策的作出等。可见，在当前情况下，将共享经济活动纳入公法规制领域，不仅需要有完善的权利义务规范机制，还离不开商家、平台等被规制主体的配合。所以，在制定上述规范的同时，还应当有与之配套的激励机制，如对积极履行信息义务的企业给予行政奖励，从而促进其更好地实施信息保护行为。

（二）明确数据保护的公法制度发展趋势

1. 区分个人信息在民事、刑事、行政范围内的界定

根据本书第一章第三节对现行个人信息保护立法规范的梳理，可知目前我国民法领域已基本形成个人信息保护的规范体系，并以《民法典》总则编为整体指导；《刑法》也将严重危害个人信息的行为确定为犯罪，并且规定了较为详细的刑事责任。相比之下，行政法领域仅有《政府信息公开条例》一部具有总则性意义的规范，不利于数据保护工作的全面开展。加之在很多情况下，刑事、民事救济手段对个人信息的保护具有滞后性和局限性，无法迅速、有效地制止恶意侵权事件。因此，笔者建议当前的立法工作应逐步协调部门法之间的不平衡现状，一方面，在关注信息侵权行为的民事责任确定、明晰具体的责任承担方式，并将其作为刑事、行政追责之后，救济信息主体人格利益或经济利益的依据；另一方面，对于不宜适用刑法规范调整的侵害个人信息的行为，应当规定具体明确的行政责任，并由行政机关给予相应的商业主体及其负责

人以行政处罚。

2. 确定数据保护的行政执法机构

在提出强化行政法规制行为的基础上,建议设立独立的行政执法机构履行相应的处罚、强制等职权。当前,在世界主要国家和地区的个人信息保护体系中,行政监管体制均发挥着不可替代的作用,如 FTC、欧盟的数据保护委员会、日本的个人数据保护委员会,以及韩国的纠纷调解委员会等。[①] 在此背景下,建议我国也设立独立的行政机关监督个人信息的保护与利用,解决相关纠纷、维护市场秩序。需要强调的是,这里的"独立"不仅存在于法律地位层面,更多指的是一种执法权限的独立,从而保障该机构能够不受外界环境的影响,客观、公正地判定个人信息权属并解决相关争议,保障个人基于自身信息所享有的相关合法权利不受侵犯。

3. 建立个人信息保护官制度

结合本书对共享经济特征的分析,可知在相关经济活动进行的过程中,个人信息风险不仅仅产生于信息收集之时,而是持续存在于信息加工、流转、共享以及利用的全流程中。因此,相应监管制度的设置,既要从行政层面入手,也不能忽视商业主体自身的作用。从域外层面来看,具有较强借鉴意义的就是数据保护官制度。

在此需要强调的是,不同国家或地区在制定数据保护官制度时,虽然出发点都是为了提升数据保护的专业性和客观性,但在具体的制度表现形式上却存在一定区别,可以总结如下。第一,商业主体内部的数据保护官。例如,美国很多大型公司都曾设有首席隐私执行官(Chief Privacy Officer,CPO)一职,主要负责领导公司执行联邦和州政府制定的,以及本行业中的各种有关保护消费者个人隐私的条例和法令。第二,行政机关性质的数据保护官。这一类的数据保护官更多被称为"信息专员"或"数据专员"(Information Commissioner),行使信息保护行政职责。在实践中,包括苏格兰、爱尔兰、约

① 参见张兆安:《建议制定个人信息保护法,设立信息保护官制度》,载澎湃新闻网 2019 年 3 月 15 日,https://www.sohu.com/a/300952065_260616。

旦等国家或地区都在其信息保护立法中规定了“信息专员制度”，[①]并授予信息专员一定的裁量权，保障这一机构能够充分行使监管职权，发挥信息保障作用。

结合两种个人信息保护官制度的差别，笔者建议从我国当前基本国情和信息社会的现状出发，逐步推进个人信息保护官制度的构建，具体步骤可以为：首先，通过试点方式推行信息专员制度，即在选定的区域范围内设立独立的信息监管行政机构，观察其在特定时期内的实施效果；其次，如果试点方案可行，则扩大其适用范围并提升制度的成熟性，为信息专员制度在全国范围内的推广奠定基础；最后，当信息保障的社会氛围基本形成后，在商业主体内部推行隐私执行官制度，设立信息安全专职岗位并保证其独立开展工作，从而起到内外部监管“双管齐下”的作用，同时还可以强化内外配合，形成信息安全长效机制。

（三）强化多种类、跨地域的数据保护机制

1. 关注利益、属性、形态复合化信息的协同保护问题

本书第三章、第四章、第五章依次对个人金融信息、健康信息以及多模态生物信息所体现的利益复合性、属性特殊化、形态多样性等特征进行了分析，并在此基础上明确了三种个人信息的公法保护路径，可以说为共享经济下的个人信息保护提供了全息指导。笔者认为，在当前互联网技术日益发展、经济交往不断复杂化的时代，除了充分把握不同种类信息的特征及其利用、保护规则之外，还有必要探索复合场景下的个人信息保护思路。换言之，当具备上述特征的信息同时产生保护需求时，商业主体应当按照怎样的顺序提供保障，以及监管主体应当按照怎样的标准对前述行为实施监督与管理。

在此，笔者认为，应当在充分理解个人信息上述特征的前提下，区分情况进行处理。首先，利益复合、属性特殊以及模态多样三者之间本身并不具备从

---

① 参见《爱尔兰信息自由法(2003 年)》第 33 ~ 40 条；《苏格兰信息自由法》第 42 条、第 43 条、第 63 条；《约旦信息公开权利保障法(2007 年)》第 6 条。参见王敬波主编：《世界信息公开法汇编》(上册)，法律出版社 2017 年版，第 544 ~ 550 页；王敬波主编：《世界信息公开法汇编》(下册)，法律出版社 2017 年版，第 902 ~ 915 页。

属关系,不能简单地认为个人信息具备"非此即彼"的特征,也就不能机械化地设想三者之间的"冲突"场景。而且共享经济中的个人信息在通常情况下并不具备单一特性;也就是说,很多场景下的个人信息其实既蕴含多重利益,又体现复杂属性,同时还可能表现为多种样态,这也表明单纯按照上述标准对信息进行重要性排序的思路不具备现实可行性。其次,在共享经济各环节中,商业主体对个人信息的利用是具有"即时性"与"同时性"的,所以并不需要进行信息重要性排序,也无须按顺序对信息提供保障。也就是说,商家或平台对满足这些条件的信息进行利用时,实际上并不能明确区分不同信息的利用阶段,而基本上是同时利用、同时停用,因此也可以同时保障这些信息。最后,如果发生特殊情况,确实需要在不同信息之间进行衡量与排序时,则应当按照"利益>属性"的基本顺序,并排除对信息模态的考虑。具体来说,就是忽略属性和模态因素,先对发生保障需求冲突的信息进行利益衡量,优先保护体现国家利益和公共利益的信息,进而再保护只体现个人利益的信息。若体现的利益均相同,则再对信息属性进行分析,有限保护复合属性信息,进而再保护单一属性信息。在此,笔者建议忽略信息的模态因素,原因在于这一因素不能体现信息的实质内核,而只是信息的一种外化形式。正如本书第五章所述,不能以信息模态的差异化为由,对个人信息提供差别性保障。

2. 构建跨国、跨境数据的流动机制

自我国加入世界贸易组织以来,商业活动就在整体上呈现明显的国际化趋势。伴随互联网技术的发展,当前共享经济中的数据跨国、跨境流动现象也日益频繁。以此为背景,对个人信息的保护不应再局限于一国领土范围之内,而是要培育数据治理的国际视野,促进信息与数据的跨境流动与安全流动。

鉴于不同国家的个人信息保护立法存在明显差异,内容侧重点也有所不同,而当前尚无国际性公约调整信息的跨域流动问题,所以建议在我国现行立法特别是《个人信息保护法》《网络安全法》《电子商务法》的基础上,不断丰富个人信息国际应用的相关规范。同时,应不断加强与其他国家的协商谈判,以寻求利益一致性为目标促进区域间的个人信息流动。具体到制度层面,还应推进我国在信息跨境流动制度方面的建设,并参与搭建信息跨境的国际框架,加强我国与其他国家相应行政机构的合作。

3. 加强未成年人信息的保护

统计显示，截至2023年6月，我国网民规模已达10.79亿，未成年网民规模突破1.91亿，[①]未成年人在网络上的活跃度不断增长。强化对未成年人这一特定群体的信息保护，有利于保障其健康成长，对国家发展具有重要意义。具体到制度措施上，其一，应当强制推行用户入网的身份审核制度，并将年龄作为一项重要的信息采集标准，对于未满18周岁者，采用技术手段限制其浏览网页的范围和提交信息的内容，防止因心智不成熟而造成的隐私泄露情况；其二，建议增加网站建设的技术投入，进一步实施"信息隔离机制"。也就是在未成年人上网时，强制其使用安全防护软件，该软件的作用在于实时监测未成年人向网站终端提供的信息，并就其中的个人信息（特别是隐私信息）进行自动化的阻断处理，将风险遏制在初始的信息收集环节中。

（四）构建互联网平台数据安全标准体系

在互联网时代，平台上的个人信息保障除了依赖法律规范，还离不开专业化的数据安全审查标准。完善的数据安全标准可以指导共享经济各方主体的行为，将存在安全隐患的信息或者可能对信息安全造成不利影响的行为提前阻挡在共享区域之外。2012年，国家标准化管理委员会制定发布《保护指南》，为行政机关以外其他行使公共职能主体的信息应用与保障行为提供指导，具体包括电信、金融、医疗等服务机构，均与共享经济的重点领域相关。

因此，在推进互联网平台数据安全标准体系化的过程中，建议以《保护指南》中的相关内容为参考，针对商家、平台等信息收集主体与行业协会、政府部门、社会团体等监管主体，以其责任内容为依据划定不同的数据审核范围。但在数据安全性的审查上，则应坚持基本一致的评价标准，从信息收集技术的科技化水平、信息系统的风险拦截能力等角度，构建一个覆盖个人信息收集、加

---

① 参见白阳、王思北：《聚焦〈未成年人网络保护条例〉四大立法亮点》，载中央人民政府网2023年10月28日，https://www.gov.cn/zhengce/202310/content_6912524.htm。

工、共享与利用全流程的行为安全性指标体系，从而为共享经济中不同主体实施个人信息保护行为提供依据。同时，这一体系的构建对于利用科技手段保护个人信息的商业主体而言，将具有明确的、针对性较强的指导意义，体现了法律治理与技术治理的良好结合。

（五）提升个人权利主体的自我保护意识

在平台经济中，虽然商业主体基于信息收集者的身份而享有个人信息权利项下的部分内容，但结合本书论述可知，该主体实施信息行为的出发点更多是获得商业利益，所以笔者在此提及的“自我保护意识”，是针对“个人权利主体”而言，并非针对“企业权利主体”来说，目的在于引导处于“信息弱势地位”的用户或消费者，形成正确、科学、体系化的自我保护意识，并提升其权利保护能力。

在平台经济实践中，很多用户在实施交易行为时，往往将关注重点放在能否获得商品或服务，以及相应商品与服务的质量上，而忽视了一个关键性问题，即自身作为信息来源的客观事实。这一现象直接导致的弊端就是，用户持续制造个人信息并提供给商家，却严重缺乏对此类信息的保护观念。[①] 以这些问题的存在为背景，建议参考本书第一章第二节提及的四种个人信息受损现象，深入分析损害发生时个人主体存在的疏忽，从而明确自我保护意识的强化重点。例如，针对共享经济中的个人信息“越权使用”问题，应当不断增强用户及消费者对知情同意权的理解与认知，并在这一权利内涵的指导下实施正确的授权行为，并在侵权损害发生时选择合理的方式救济权利。与此同时，还应当在全社会范围内开展个人信息安全教育与相应的普法宣传，使个人信息权这项新型权利真正得到关注。

综上所述，以数据治理模式应对共享经济中的个人信息问题，并促使这种治理方式成为个人信息公法保护体系的关键内涵，在共享经济多重利益交织的环境下，具备现实必要性与理论可行性。立足于新时期个人信息的多种特征，在数据治理思路下完善不同的公法制度措施、推进公私协力机制的构建，是实现国家治理体系与治理能力现代化的题中之义。

---

① 参见郭建利主编：《互联网 + 法治思维与法律热点问题探析》，法律出版社 2016 年版，第 65 页。

第七章　激励相容思路的全面适用：新经济业态下数据立法的逻辑

综观我国当前在数据领域的立法，其特征已经从早期偏重刑事规范，向融合刑事、民事、行政规范的"领域法"立法模式转变。作为对复杂、交叉领域性问题的回应，"领域法学"旨在形塑新型的法学学科体系、学术体系和话语体系。[①] 问题导向是"领域法"范式的思维核心，[②]因而面对新经济业态下由经济模式创新、新兴科技发展等带来的一系列新问题，未来以个人信息保护为重要内容的数据立法也应当坚持问题意识，在实践中探索立法的合理向度。在未来一段时期内，平衡不同部门法规范在数据立法中的关系，以激励相容、多元共治为指导思想，适当引入"软法"规范，将成为新经济业态下数据立法的基本逻辑。

第一节　新经济业态下数据立法的基本原则

国家是最大的个人信息处理平台。当前，国家治理以巨量的信息处理为基础。国家权力与数据权力的结合，催生了"数治"(rule by data)这一新的治理技术。在这一过程中，国家机关行使法定职权、履行法定职责中处理个人信

---

① 参见刘剑文、胡翔：《"领域法"范式适用：方法提炼与思维模式》，载《法学论坛》2018 年第 4 期。

② 参见刘剑文：《论领域法学：一种立足新兴交叉领域的法学研究范式》，载《政法论丛》2016 年第 5 期。

息的活动应当受到法律的调整与规范。[①] 可见,与其他领域法律规范对个人信息的保护并行存在的是个人信息的行政保护,它指的是行政机关采取行政手段对个人信息进行采集、干预和监管,确保公民的个人信息既可以被合法收集,又能得到充分保护,不致泄露。因此,在新经济业态下开展数据立法工作,必将充分关注国家、企业、个人三方的权利、义务和责任,基于利益平衡原则构建激励相容的数据立法制度。

《个人信息保护法》第 11 条规定了个人信息保护的国家义务,构成了个人信息行政保护义务的依据:"国家建立健全个人信息保护制度,预防和惩治侵害个人信息权益的行为,加强个人信息保护宣传教育,推动形成政府、企业、相关社会组织、公众共同参与个人信息保护的良好环境。"第六章专章规定了"履行个人信息保护职责的部门",规定了个人信息行政保护的行政机关及其职责。

由于个人信息行政保护涉及信息的收集、流转、共享、保护等诸多环节,因此,有必要明确个人信息保护的基本原则,即在制定行政保护规则时遵循什么原则、维护什么权益、在权利冲突时以怎样的价值判断为标准。在这个原则之上探讨个人信息行政保护的具体措施才具有现实意义。

一、维护信息社会的秩序

在数字时代,个人信息处理风险并非完全属于个体化风险,而是具有公共维度,其对应的权益结构无法实现完全的私人化,需要从公共维度进行考量。以行政法的视野观之,个人在个人信息处理活动中的权利是国家主导构建的"法秩序"的构成要素,作为国家规制的产物由公共监管积极型塑与保障。[②]

当前,个人信息的行政保护从多个层面维护了信息社会的秩序。在公民个人层面,维护信息社会的秩序在一定程度上代表着对人权的保障。自 2004 年宪法修订开始,我国立法对人权保障的重视程度与日俱增。2014 年颁布的

---

① 参见王锡锌:《行政机关处理个人信息活动的合法性分析框架》,载《比较法研究》2022 年第 3 期。

② 参见王锡锌:《个人信息权益的三层构造及保护机制》,载《现代法学》2021 年第 5 期。

中共中央《关于全面推进依法治国若干重大问题的决定》中指出,法治中国建设必须重视人权保障。再次重申人权的基础价值和重要性。此外,作为一项公民基本权利,个人信息权逐渐成为立法所关注的重点。伴随《民法典》的颁布,个人信息被正式列入人格权编予以保护,其人身权的基本属性奠定了法律保护工作的基调。

在政府行政领域,法治的理念贯穿始终,针对公民个人信息保护的问题也同样如此。行政法治最需关注两个原则,即合法性原则与合理性原则,而前者又居于首要地位。那么在个人信息的行政保护中就需要不断完善立法,相应机关在对个人信息进行收集和利用时才可依照法定程序进行处理。为了维护信息社会的秩序,在个人信息行政保护中,行政机关获取信息的行为也同样值得注意。政府部门依据公权力收集公民个人信息,并依法集中对数据进行统一管理。通过这一行为,行政机关可以清晰了解社会民众的生存与发展状况,有助于政府作出科学合理的决策,提高行政机关的行政效率。

行政机关在收集以及存储公民的个人信息时如若不能进行完好的保护,可能会导致公民个人信息的外泄。这种情形一旦发生,会影响公民对于国家以及政府的信赖感,甚至有可能会导致公民在配合政府收集个人信息时产生抵触或反感。这很有可能损害政府的权威与形象,久而久之会在公民和政府之间产生一定的矛盾。从政府工作的角度来讲,由于公民可能产生的怠于配合的行为,使政府不能及时有效地收集公民的个人信息进行管理以及利用,进而导致政府行政效率降低。

政府承担着管理社会事务、服务人民群众的重大职责,履行这一职责的过程伴随着公权力的运用。基于行政优益权的存在,各级政府及其职能部门通过管理公共事务而获取公众数据,这些数据成为其开展工作的重要资源。在信息 1.0 时代,政府享有的公民个人数据相对零散,且未形成完整体系。如今数字科技的发展使零散的个人信息经处理后形成体系化的数据集,这在提升政府数据治理能力的基础上,也给公民行使监督权提出了挑战。因此,需要从行政法的角度限定行政机关的部分权力,避免行政机关过度收集或不当使用公民个人信息的情况发生。

社会信息化的飞速发展使信息能够在很短的时间内实现共享与传播,拓宽了政府、企业或者其他组织获取公民个人信息的渠道。与此同时,也涌现出大量的个人信息泄露及个人信息遭受侵犯等问题。这也从侧面印证了社会各个层面都离不开法律的调节与控制,问题往往与法律规制的缺失相伴而生。因而在社会信息化这一层面上,必须加快行政立法制度的建设,实现个人信息的全方位保护,有效推动国家平稳运行和经济健康发展。

二、保护数据主体的权益

出于保护信息主体的权益的需要,行政保护也有其独特的优势所在。伴随互联网科技的飞速发展,法律为了不过多地受到其固有的滞后性的影响,应当尽量使自身处于不断更新换代的进程之中。互联网技术于20世纪末进入中国,也在一定程度上导致纷繁复杂的问题相继涌现。其中,公民个人信息遭受严重侵害在众多问题之中表现得尤为突出。我国刑法首次提及个人信息的保护是在《刑法修正案(七)》中,但其中仅是简单规定了几种与个人信息侵权行为相对应的罪名,该规定显然已经难以适应当前的信息发展形势。在此背景下,个人信息的行政保护就显示出其优越性。政府所掌握的个人信息数据库可谓公民个人信息的源头,包含从个人档案到消费记录等多重内容,且这些信息大多源自政府的主动收集。因此,保护公民个人信息不被随意泄露是政府不容推卸的职责所在。在大数据时代,数据共享随时都在发生,这就要求政府作为“守夜人”从源头上把控个人信息公开的程度。而保护信息主体的权益就是政府这个“守夜人”需要首先把握的原则。政府作为国家公权力机关,其行为具备公信力,同时也享有充足的行为资源。而公民个人信息保护是一个十分浩大的工程,正需要大量的人力、物力以及财力来做支撑,从这个意义上来说,政府是除了其本身以外的任何企业或组织都难以替代的存在。

因此,从总体来看,个人信息行政保护处于个人信息保护的中心地位是不存在争议的。首先,从公民个人信息掌握情况来看,政府是掌握公民个人信息最多且最全的国家机关。其次,从非法侵害公众个人信息的惩戒程度情形来看，民法保护中侵犯公民个人信息最普遍的处罚就是追究侵权责任，要求侵权人赔偿相应的损失，诸如精神损失费等。而刑法保护更多倾向于追究法定刑事责任，但是由于其打击力度偏大，具有很强的不可逆性。个人信息行政法保护则有很大的不同，其主要体现在追责形式丰富多样，处罚方式灵活多变，并且其处罚力度相较于个人信息民法保护较重，相较个人信息刑法保护较轻。这样的处罚力度在个人信息保护与经济发展之间找到了一个很好的平衡点，从真正意义上做到在保护个人信息的同时还能保障经济的稳步运行。现如今，信息共享主要依靠网络才能够得以进行，所以保护好网络安全是让信息数据在一个安全的通道内实现共享的重中之重。行政机关手中握有大量的个人信息并且持续处于收集信息和处理信息的状态，可以说行政机关是公民个人信息的最大拥有者，加上行政机关有着其他机关或组织所不能比拟的资源基础，所以总体来说，个人信息共享安全通道的建设主体应当是行政机关。构建一个安全完整的个人信息共享通道，个人信息保护的进程才能够向前迈进一大步，这也是体现个人信息行政保护处于中心地位的又一重要原因。

三、平衡数据保护中的个体性与公益性

在信息化时代，个人信息处理活动所带来的风险既具有“个体性”，更具有“公共性”。例如，个人信息的社会性、信息的流通利用、信息安全等因素，所指向的不仅是个体性利益，而且具有极强的公共性色彩。在这种背景下，保障个人信息权益的价值目标并不仅仅是为个人提供事后的自我保护与维权机制，而更多是由国家提供预防性、前置性的法益保护屏障，并综合运用国家规制与个人参与的机制，展开对个人信息实体权益的保障。① 可见，随着个人信息保护研究的深入和现代社会科技的发展，如何平衡个人信息保护中的个体性与公共性，也是个人信息行政保护中的一个重要议题。

当前，公民的个人信息集合了多元价值。一方面，个人信息具有公共管理

① 参见王锡锌：《个人信息权益的三层构造及保护机制》，载《现代法学》2021 年第 5 期。

价值,政府需要在行政工作需要的基础上对个人信息进行合理的处理。政府对社会的高效管理有赖于其所掌握的信息体量,因此,政府获取并储存更丰富的个人信息,对分析社情民意与实现科学合理决策、完善公共管理服务等方面具有重要价值。在数字经济时代,数据是数字经济的血液,信息在数字经济中的作用不容小觑。在互联网和大数据背景下,政府应该如何在合理利用个人信息的同时防范其面临的安全风险,行政工作需要与个人权益保护之间寻求平衡,成为当今信息治理中的法律和政策难题。政府将人脸、指纹、虹膜、基因等个人生物信息通过智能技术被收集、存储,进而广泛应用到国境边防、社会治安、公共交通、医疗卫生、疫情防控等方面。例如,人脸识别的广泛应用为人们的社会生活和政府的行政工作带来巨大便利,但与此同时,人脸信息在数据存储、传输流程中存在严重的隐私侵权和安全受损风险,刷脸系统在公共场景中的应用往往突破"同意使用"原则,强制授权、过度授权、超范围收集和泄露个人信息等现象大量存在,引发了社会公众的普遍担忧。[①] 此类情况都是政府在完善公共管理与服务、建立良好的公共秩序和提供公共福利的过程中,必须面临和解决的重要问题。对于政府来说,既要充分、合理的收集足够的个人信息来支撑政府的个人信息数据库,又要注意为达成此种目的而对技术的应用是否超越了公民接受的限度。

另一方面,不可忽视的是政府与信息主体之间的地位不对等、信息制度易受侵害的可能性、信息主体权利在公共领域受到限制等问题,信息主体亟待法律的保护和救济。首先,由于行政主体与信息主体地位的不对等,行政主体在履行职能的过程中往往会对公民的自由性和选择权产生一定的限缩。例如,疫情期间在行政机关对公民个人信息的统计工作中,公民没有拒绝填写或者填写虚假信息的可能性。这些统计包括大量的个人敏感信息,行政主体如果对这些信息管理不慎而引发信息泄露甚至违规滥用的情况,将会对信息主体产生极其严重的影响。这个影响是十分巨大的,这不仅仅是对人权的损害,更严重的是,由于可识别性是个人信息最为显著的特性,一旦发生

---

① 参见周兴永:《大数据时代对个人信息行政法保护的思考》,载《中国新通信》2021 年第 13 期。

个人信息泄露将会对信息主体产生一系列难以预料的侵害。其次,基于公共利益的考量,收集、使用个人信息需要信息主体同意的"知情同意原则"在公共领域通常会受到一定的限制。例如,在疫情防控期间,《关于做好个人信息保护利用大数据支撑联防联控工作的通知》规定特定授权机构无须经过同意便可收集、使用个人信息。《个人信息保护法》第 13 条进一步明确为应对突发公共卫生事件可不经"告知—同意"对个人信息进行处理。这无疑对高效掌握信息并作出决策有帮助,对防控疫情、稳定社会秩序有所裨益,但是也使个人信息更易被收集、存储和使用,信息主体可能会面临更广范围的侵害。①

在这些矛盾的背后,体现的是权利保护理念的冲突,不同的权利反映着不同的利益,每一种权利都承载着受法律所保护的物质性利益、精神性利益抑或者二者兼有之。在公共利益与个人利益之间进行合理的价值衡量,是个人信息行政保护所需要遵循的基本原则之一。

这二者之间的冲突是动态的过程,冲突双方要进行怎样的利益衡量,一方将受到怎样的限缩,另一方会受到怎样的优待,要在具体情况中进行分析。比如,在疫情防控时期,个人信息保护与政府机关对其处理之间的冲突,鲜明地体现了公共利益与个人利益之间的潜在矛盾。在疫情防控中对双方利益的衡量问题,可以依照公共利益优先,同时兼顾个人利益保护的理念进行处理。对这个限度的把握体现了社会和行政保护价值衡量的标准。需要指出的是,公共利益优先的必要性:公共利益,从某种程度上可以理解为社会共同利益,往往涉及公民所共同拥有的基本权利,要求惠及每一个成员所共同拥有的利益。公共利益优先对个体来说,往往意味着对个人利益进行一定程度的限制。为了疫情防控的需要,政府收集、处理(包括公开)个人信息是必要的。"政府信息公开"指的是将行政机关在行使职权过程中的特定信息,主动或依申请向社会公开的举措,此举是为了保障公民的知情权。那么在疫情防控中对于感染

① 参见尹飞、李钰:《疫情防控常态化背景下政府对个人信息之保护与处理的边界》,载《医学与法学》2021 年第 6 期。

者及密接者等人的行程轨迹进行公布，也属于政府信息公开的一部分，这相当于牺牲少数人的个人信息权利来保障更广大人民群众的知情权和生命健康权。值得注意的是，个人信息是独立的民事权益，它不同于个人隐私。一方面，个人信息可以反复利用，而隐私一经披露就不能再称之为“隐私”。在社会生活中，因为公共管理的需要，姓名、身份证号、手机号等必须要在特定范围内对相关人员进行披露，这些信息披露后仍可以反复使用，很难作为隐私权的客体进行保护。另一方面，个人信息之于主体的意义更多地侧重于“控制”，侵害个人信息常常表现为不当的收集、存储、利用、买卖。隐私则更多地侧重于“防御”，对隐私的侵害主要表现为不法骚扰与披露。立法也表达了对二者予以区分，这在《民法典》“人格权编”第六章“隐私权和个人信息保护”的表达中可以反映出来，《网络安全法》明确将个人信息与隐私和商业秘密并列也反映了这一点。

在公共利益得到优先保护的前提下，个人信息自然也需要受到合理保护，这个界限的划分十分重要。正如在疫情防控中，这种对于少数人权益的牺牲应当严格遵循比例原则，不能以保护更大的公共利益为由就对个人信息进行无限度的披露，否则会引发更为严重的社会秩序混乱。疫情中有很多患者甚至密接者都因为其个人信息对公众的披露而遭受了严重的网络暴力，这种负面影响是政府需要采取更完善的手段加以避免的。只有在坚持公共利益优先的同时兼顾对个人信息的保护，才能更好地维护社会秩序，避免社会冲突。

第二节　新经济下预测性数据的应用模式及其规制

一、预测性数据的产生及种类

新时期，智能化技术的发展催生了各种预测性信息，它们作为一种新型数据资源，在收集、处理、加工等环节都蕴含着计算机算法的应用，属于一种非原生性信息。这种信息的利用正在综合检验着科技、伦理、法律等规则与社会发展的适应程度。

当前，提供个性化服务成为众多社会主体追求的目标，客观上对基础信息的精准度及预测性提出更高要求，这就需要智能算法充分发挥作用。具体而言，相关主体需要收集用户在日常行为中生成并存储在基础设施传感器内的数据内容，为扩大数据量并提升可用性，通常还会将用户的检索记录及产生的过程性数据也纳入采集范围，①进而对这些数据进行智能化分析并在此基础上形成决策。算法对人类社会各类行为的分析结果可适用于不同场景，其原因一方面在于原始数据来源领域的差异，另一方面则在于这些预测结果在内容和属性上的区别。结合人工智能预测结果的基础资源地位，在探讨其作为行政行为依据的法律问题时，应当首先对预测结果本身进行类型化。

(一)社会发展预测与趋势信息

人工智能技术的应用使收集、存储和处理信息的成本大幅降低，相关主体利用自身编写或修改的算法分析加工信息，对一定时期内的社会发展情况进行预测，得出数据化的社会事实，构成治理行为的依据。当此类数据化事实达到一定量级时，对其整合分类就可以形成社会发展演化的趋势信息。虽然趋势信息并不是精准或确定的数据，仅能反映特定行业或特定领域在特定时间内可能的发展方向，但面对未来的不确定性，趋势信息作为基础数据的科学性与合理性应当被认可。实践中，经过论证的趋势信息可以成为各领域内决策主体、行为主体乃至监管主体实施行为的依据。

(二)个人隐私预测与群体画像

基于个人的社会活动，智能系统可以抓取与其身份、履历、行为习惯等相关的信息，并使用大数据技术进行分析，得出对个人行为习惯、价值观取向乃至未来行为模式的预测，即个人隐私预测。在该信息形成过程中，原始数据的来源主体通常并非单一一方，即仅靠个人提供信息或第三方加工信息都无法生成最终结果。此外，大数据动态分析工具可以对实时更新的个人隐私作出跟踪研判，使信息内容和程度不断进行调整，因而从某种意义上来说，预测性

---

① 参见于清华：《个性化服务边界：预测性隐私危害》，载微信公众号“网络法学术研究组”2018 年 6 月 22 日，https://mp. weixin. qq. com/s/Y75UjqeHQae2mnXEfD7Z7Q。

个人隐私的范畴是超越传统隐私的。以个人隐私的预测为基础,算法还可以结合该个体所处地域推测出相应社群的活动信息,进而推测出特定群体的共有特征并为该群体作出社会性画像。

(三)特殊事件预测与预警信息

在日常生活中最为常见的特殊事件包括自然灾害、社会风险等,对此类事件的预测需要较多基础数据,其收集和提供通常依赖于承担相应职能的行政机关。近年来,智能服务的商业化使气象、交通等传统公共数据的收集主体向企业等第三方拓展,[①]原始数据的收集渠道更为丰富、处理方式更加多样,这就对数据的多方共享提出更高要求,旨在保障信息预测作用的充分发挥。当然,在现实中某些事件的发生会超越人类当前的认知水平和预测能力,所以特殊事件的预测以及在此基础上形成的预警信息,其准确性并不稳定。当然,这是预测性信息作为行为依据时存在的共同问题,但在预警信息层面表现尤为明显。

二、以预测结果为依据的行政行为

以智能预测结果为依据的行政行为,指的就是行政主体在实施特定行政行为时,并非完全以既成事实为依据,而是主要将尚未发生的甚至是无法确保一定会发生的“将来事实”作为行为依据。对应于上文预测性信息的分类,在实践中可以将基于智能预测结果作出的行政行为总结为以下六种。

(一)规范制定场景下的立法预测

在行政法领域,规范制定的对象包括行政法规、规章和各类规范性文件,内容主要涉及社会公共事务的管理。从我国目前的立法实践来看,法律规范的制定基本是在社会规则需求明显显现后的被动式立法,往往因时间仓促无法追求精确,这难免让被规范对象处于规则的空白之地。尽管行政立法从理论上来说具备较强的时效性和对社会发展需求的回应性,但仍不能完全摆脱

① 例如,以 AccuWeather、墨迹天气等为主的气象类商业应用程序,以及以各类商业地图、打车软件为主的交通出行类商业应用程序的逐步成熟化。

经验主义以感性认识和碎片化数据为依据的思维和方法,使相应规范在立法预测的精准度和立法规划的跨度层面表现出明显不足。

以数据存储、处理技术为基础的人工智能能够实现对社会信息的超常化收集、分析与挖掘,完全可能发现、预见社会中的规则需求,①而多层面的信息传输机制和集体决策机制,亦能使立法判断和立法决策得到充分的数据支持。② 此外,基于深度学习的预测远胜于目前的回归分析,可以令立法机关可以更好地预测人类行为及后果,并在算法的协助下,根据特定情形、特定地域和特定对象,自动化地制定细致、精准的规则,甚至能够一事一议,进而适用更为恰当的法律调整模式。需要注意的是,并非所有的规范制定行为都能无差别且不区分程度地以智能预测结果为依据,特别是对于规范性文件而言,其制定程序相对简单、作用场景相对日常化,制定主体在行政层级、权责范围等方面也存在较大差异,所以在适用人工智能预测结果方面应当给予比行政立法更多的关注和更严格的限制,防止通过技术异化来实现部门利益主义。

(二)行政服务场景下的信息定向投放

在学理上,行政服务的表述源于行政给付,综合覆盖社会救助、公共基础设施建设以及公共资源的提供等方面。③ 在大数据时代,各类政府信息的提供也应当被纳入行政服务的范畴,我国《政府信息公开条例》对于立法目的亦有"充分发挥政府信息对人民群众生产、生活和经济社会活动的服务作用"之规定。互联网技术大规模应用之前,行政主体公开信息的途径有限,各类政府信息或者公共治理相关信息的公开大多通过报刊、电视或者广播,并不具备显著的个性化推送特征。然而进入信息 3.0 时代后,行政主体有了更多可供选择的信息公开平台。与此同时,也能够在一定程度上实现信息的定向投放,在实践中主要表现为设置差异化的投放区域和投放方式。

基于算法对基础数据的分析,行政主体能够得出不同地域、不同年龄范围

---

① 参见钱大军:《立法权回收中人工智能的应用及其悖反》,载《上海师范大学学报(哲学社会科学版)》2019年第6期。

② 参见石东坡:《大数据时代立法调查的变革与完善》,载《人民法治》2015年第12期。

③ 参见朱新力、金伟峰、唐明良:《行政法学》,清华大学出版社2005年版,第229~230页。

或者其他分类标准之下人群的群体特征，例如，其基本素质水平、行为习惯、生活传统、对社会事件的关注倾向、对法律规则的了解程度乃至对政府部门的信赖程度等。对于提供行政服务这类非要式性或裁量性行政行为而言，其一，可以本着节约行政资源的目的限定特定信息的投放区域，更有针对性地为相对人提供公共信息服务；其二，可以联合通讯、网络供应商或互联网平台，基于其用户基本情况选择对不同群体以不同方式投放公共信息，这种差异既能够表现为投放媒介、投放平台的不同，也能够表现为投放内容的区别，这打破了以往平行投放的传统，但同时也带来有关行为公正合理性的进一步思考。

（三）行政执法场景下的预测性公共事务管理

相较于其他行政行为，行政执法在日常管理活动中与相对人的关系更为直接，伴随人工智能被引入政府管理工作，基于此类技术产生的预测辅助执法也逐步扩大了适用范围，较为常见的形式如预测性城市管理综合行政执法、预测性警务。在打造“智慧城市”的过程中，已有一定数量的城市上线了市政管理综合行政执法平台和预测性警务系统，[①]通过对执法工作生成信息的收集、挖掘、分析和应用，为未来工作计划的制定提供基础依据，或者预测违法犯罪活动，并以预测信息为依据作出城市综合管理、加强警务巡逻等行政执法行为。具体而言，预测性公共事务管理工作的开展需要使用从社会各领域获得的大数据，以此为依据作出行政决策、实施行政行为。例如，在常态化疫情防控工作中，各类“健康码”就是一种基于现代大数据、移动互联网、生物识别和传感器技术对个人进行接触史追踪，并基于算法模型自动判定特定人员是否为病毒接触者或者其风险等级的现代疫情防控工具。[②]

虽然大数据的科学性、代表性以及便捷性对于规范行政执法、提高执法效起到了积极的促进作用，但同时也存在以下两方面明显的问题：第一，这种预测信息的生成往往以特定区域为对象，那么对于该区域内不具有此类特质的

---

① 例如，四川省成都市构建“1 + N”智慧城市平台体系，广东省佛山市禅城区建设“1 + 2 + N”智慧城管平台等。参见成观：《以“智”促“治” 让城市更美好——提升城市管理智慧化水平的实践探索》，载住房和城乡建设部网，https://www.mohurd.gov.cn/xinwen/dfxx/202208/20220831_767803.html。

② 参见张恩典：《数字接触追踪技术的实践类型、社会风险及法律规制》，载《法学论坛》2022 年第 3 期。

个人来说,其日常生活也要受到相应行政行为的调控则有违实质法治精神;第二,信息平台算法的运作往往是自动化循环的过程,当行政机关在特定地区加强社会管理或警务巡防后,这些行政管理行为上的变化将作为基础数据进入下一轮智能算法预测环节,进而生成新的预测性信息并覆盖原有预测性信息,最直观的结果就是使该区域违法或犯罪的预期可能性进一步提升,这反而影响了预测结果的现实准确性。

(四)行政监管场景下的金融调控

严格来说,行政监管目前并非学理意义上的表述,其内涵与现代行政法上的行政规制基本类似。[①] 当规制理论探讨的内容从经济性规制向社会性规制,进而向法律制度规制过渡时,则逐渐表现出将外部性、公共物品以及信息不对称纳入规制对象范畴。[②]

在行业特征上,基于国家政策变化、市场周期波动、利率及汇率风险的影响,金融行为在发生单一性变动的同时也呈现较强的传导性,一方面,金融行为能否实施、实施的盈利情况以及法律合规状况等,在很大程度上可能受到其他先前行为或相关行为的影响;另一方面,不同行为所面临风险也会依次传递,从而在较大范围内诱发负面效应。基于金融活动的这些特征,行政主体在实施监管行为时通常以防范系统性金融风险为重要目标。人工智能时代,行政机关将监管科技引入日常工作,利用自身在管理过程中收集获取的涉及投资者、金融机构、中介组织等相关主体的数据,再结合金融市场的阶段性发展特征进行分析和研判,为监管行为的实施和监管工具的选择提供依据。[③] 针对传统监管手段下违法行为发现难、取证难、定性难等问题,北京、浙江等一些地方建立网络交易监管系统、监测平台,将大数据、人工智能、云计算、区块链等技术应用于市场监管前沿领域,在线实现风险筛查、取证存证、线索移交、信用

---

① 关于现代规制理论的代表性研究成果包括:Ferrel Heady & Eleanor Tabor Linenthal, Congress and Administrative Regulation, Law and Contemporary Problems, 26(2)(1961); Michael Conant, In Defense of Administrative Regulation, Indiana Law Journal, 39(1)(1963).

② 参见[英]罗伯特·鲍德温、马丁·凯夫、马丁·洛奇编:《牛津规制手册》,宋华琳等译,上海三联书店2019年版,第18~23页。

③ 监管工具主要包括:市场准入、强制认证、产品标准、价格管制、许可证、处罚等强制性手段。参见段礼乐:《市场规制工具研究》,清华大学出版社2018年版,第35页。

管理等多种功能。[①] 然而,在以科技手段赋能监管创新的过程中,一方面,由于系统性金融风险和互联网金融背景下混业经营的复杂性,导致预测信息的准确性程度相比其他场景更不稳定;另一方面,在被监管企业大规模适用金融科技的当下,原本中立的技术可能受到企业利益影响,从而导致监管部门收集到的基础信息隐含着异化风险,那么此时的金融调控方案则存在显著的非理性风险。

(五)行政决策场景下的应急处置

作为针对不特定相对人的行政行为,行政决策具有调整对象的广泛性与外部影响的法律性等特征,具有与制定行政规范相类似的外在特征。[②] 在现代行政法场域下,适用行政决策的事项范围发生拓展,已从传统的作出行政规划等行为向应对新兴社会问题时的决定行为延伸。

现今社会呈现一定的风险性特征,各类传统或非传统的突发事件在很大程度上考验着行政主体的公共治理水平。以突发公共性卫生事件为例,当前公共应急体系的构建及防控措施的实施多基于公共事务部门及医疗卫生机构提供的早期基础信息,进而通过行政机关或相关辅助部门设定的计算机模型处理,形成对突发公共卫生事件的事前防控或事后应急处置决策。这里提到的早期基础信息之所以能够成为公共决策的依据,主要原因在于其具备时效性与真实性、公众性与隐私性等既对立又统一的价值属性。但在人与机器智能交互的过程中仍有以下三个方面的问题可能影响决策合理性:其一,数据来源主体多、渠道广,审核机制不完善,收集方式和分析标准不统一等问题在很大程度上降低了基础数据的客观性和准确度;其二,行政主体之间以及其他第三方机构与行政主体之间在数据共享上存在障碍,导致作为决策依据的预测性结果欠缺代表性;其三,不同主体设定的预测算法有所差别,致使其提供给决策部门的预测结果有明显差异。

---

① 参见荣翌:《强化监管,为数字经济护航》,载全国电子商务公共服务网 2020 年 11 月 26 日,https://dzswgf.mofcom.gov.cn/news/42/2020/11/1606353183216.html。

② 传统行政法理论上并无行政决策这一概念,而是使用“制定行政规范”的表述,其内涵是指行政机关如立法机关那样依照法定程序制定具有普遍约束力的行政规范的行政行为。参见章剑生:《现代行政法总论》(第 2 版),法律出版社 2019 年版,第 184 页。

（六）纠纷化解场景下的智慧法律服务

关于行政纠纷的化解，传统行政复议、行政诉讼以及纠纷化解过程中的调解、和解，其解决争议均以既成事实为依据，以确定的法律规范为准绳，这可能会对案件处理效率产生影响，或者无法及时满足当事人需求，或者直接导致社会功效上的滞后，不能实现案结事了的目标。在追求纠纷实质性化解的背景下，相关主体开始探索通过更为灵活的途径化解社会矛盾，这一方面表现为争议解决方式的多样性，另一方面则表现为争议解决质量和效率的提升。

当前，大数据和人工智能技术被应用于向当事人提供法律服务，具体形式表现为以互联网法律援助咨询、律师服务、智慧司法等为代表的"互联网＋公共法律服务"。在行政纠纷解决中，除了网络媒介下服务便捷度的提高之外，此类法律服务还主要表现为以下三种形式：一是逐步代替人力从事法条查询、案例检索、案件分类、庭审录入等相对简单机械、重复性高的工作；二是作为助理，完成司法咨询、合同审核、证据获取、裁判文书辅助生成等辅助性任务；三是对海量裁判文书进行统计分析并作出预测，为法官裁判提供参考信息。[①] 特别是就第三种形式而言，相关主体需要通过算法的设定，使人工智能具备认知事实、判断法律概念的功能，而该主体则有权选择是否在裁判过程中将前述结果作为依据。[②] 如何作出这一选择，既与科技工具的成熟度有关，又与应用科技工具之主体的专业性密不可分，可以说司法信息化的善良目的不等于理性的价值观，还需要应对过度技术化、公开化和大众化可能造成的弊端，充分考虑技术以外的司法人文价值的权衡。[③]

三、行为的实体合法性及变通审查思路的确立

对于以人工智能预测结果为依据实施的行政行为，我国现行立法尚未对

---

① 参见栗峥：《人工智能与事实认定》，载《法学研究》2020 年第 1 期。

② 参见宋华琳、孟李冕：《人工智能在行政治理中的作用及其法律控制》，载《湖南科技大学学报（社会科学版）》2018 年第 6 期。

③ 参见孙笑侠：《论司法信息化的人文"止境"》，载《法学评论》2021 年第 1 期。

其进行明确规范,因而在实践中的相关行为也就游离于行政规制范畴之外。在此背景之下,如果一味寻求法律的明文规定作为行为依据,实际上则限制了这种新型行政行为的合理发展,制约了其积极作用的发挥。所以在实践中对实体合法性审查对象的适度变通,是保证行政行为价值理性的因应性改良。

(一)法治行政原则下行政行为实质合法的内涵

作为行政行为最首要的基本原则,法治行政原则的要求包括职权法定、法律优先和法律保留。以上原则依次从行为主体的身份、权力来源和行为依据等方面对行政行为进行规制,是传统行政法制约公权力的重要方式。随着世界经济全球化的演进和我国社会转型的深度展开,社会活动的复杂性逐步提升,行政行为从单方主导向广泛的公众参与转变,政府对相对人的管理从微观干预向宏观调控转变,智能技术应用之下的法律依据形式也实现了前所未有的拓展,以调整范围新、调整方式新和法源形式新为代表的“新行政法”应运而生。

在新行政法理念逐步作用于社会治理活动的背景下,法治行政原则的要求也随之发生了调整和改变。一方面,“职权法定”是对行政主体身份合法性的制约,最初指国家行政机关以及其他组织的行政职权必须由法律授予或者由法律加以规定,否则其权力来源就缺乏法律依据。但在社会活动复杂化、风险常态化的当前,公私协力、公私合作在行政管理中逐步成为发展趋势,政府越来越多地与非政府组织(Non-Governmental Organization,NGO)、非营利组织(Non-Profit Organization,NPO)等各类社会自治组织合作,通过共用智能技术、共享数据资源的方式与其互动而达成行政目标,此时的诸多社会组织并不具备法律法规授予的参与社会公共治理、行使公共职权的身份,若严格以传统行政法上的法治行政原则进行考量,则无法认可其实施的相关行为,即使此类组织在行政行为中发挥的并非主导作用,但这种不认可直接导致行政行为的无效或可撤销,从而直接或间接引发相对人信赖利益的损失。特别是在突发事件应对中,政府与众多社会组织合力共治,若片面追求职权法定则很有可能造成治理效果的减损。另一方面,“法律优先”与“法律保留”作为法治行政的一体两面，既强调了行政活动不得与民意代表机关制定的法律相抵触，[①]又对此处民意代表机关的层级和范围进行了限定。也就是说，行政行为的作出应当有法律、法规、规章的明确授权，且某些事项的决定权只能归属于特定的立法机关或其授权的行政机关。然而，新行政法理论的发展和普及使公权力主体开始更多地综合运用行政法、民法、商法、经济法、社会法乃至各种软法手段应对公共治理中的各种复杂问题，[②]多元化成为当下调整方式的重要特色之一。[③] 因此，虽然行政法领域有“法无授权即禁止”的原则性表述，但在面对新型社会问题、现行立法尚无明确规定的情况下，若治理需求层面有切实或紧迫需要，则可以在遵循“法律保留”的前提下对法律优先中的“法律”进行一定程度的扩大解释。

（二）对行政行为实体合法的变通审查

司法审查的法理基础是国家的分权理论。尽管司法审查是传统行政法上的一项基本制度，但现代行政法仍然需要这样的法律制度来控制日益扩张的行政权。[④] 在以智能预测结果为依据的行政行为呈现数量增长、作用范围拓展的背景下，对行政行为实体合法与否进行司法审查，其方法和标准应当作出相应调整。

1. 对主体权限合法与适格的变通审查

主体权限的合法与适格是判断行政行为合法性的首要要件。其中，合法与适格分别对应两个层面的判断标准，即主体身份是否符合法律规定，以及主体行使职权是否合法且适当。在对基于人工智能预测结果实施的行政行为进行司法审查时，其主体权限的审查标准和审查程度应当在原定基础上进行如下调试。

首先，改变相对狭义的法定身份审查标准。为实现公民自治和建立“有限政府”，国家公权力逐步向社会转移，各类社会组织越来越多、越来越广泛地提

① 参见应松年等主编：《行政法与行政诉讼法学》（第2版），高等教育出版社2018年版，第30页。

② 参见姜明安主编：《行政法与行政诉讼法》（第7版），北京大学出版社、高等教育出版社2019年版，第32～33页。

③ 参见罗豪才：《公共治理的崛起呼唤软法之治》，载《政府法制》2009年第5期。

④ 参见章剑生：《现代行政法基本理论》，法律出版社2008年版，第44页。

供过去由政府提供的公共物品，特别是需要技术辅助的智能服务类公共物品；此外，新行政法有限度进入“特别权力关系”领域，[①]这都使传统行政法中的行政主体范畴向纵深拓展。其次，对是否存在超越职权的情况，需结合实际情况进行认定。从理论上来说，行政机关的法定职权由政府及其部门管辖权、层级管辖权、地域管辖权和法定事项管辖权共同组成。[②] 由于人工智能预测结果的生成、分析和利用往往需要多个主体协作，其层级、职能也通常有所差别，甚至有些并不具备严格的行政主体身份，在当前现实中不应一概而论，而是需要结合其解决问题的紧迫性和必要性进行判定。最后，对是否存在滥用职权或履职明显不当的情况，应当以行政行为的目的、类型和性质为基础作出判断，在通常对行政行为的司法审查中，滥用职权与履职明显不当的差别在于行为“不恰当”的外在程度和实施行为的主观因素存在差别。因此，在变通审查的场景下，则一方面需要重点考量行为主体基于预测性信息作出行政行为所欲达到的目的，必要时还需进行公私利益衡量；另一方面要关注行为的类型和性质，即该行政行为是处罚、强制、许可、给付抑或协议等，其性质属于命令、指导还是协商。对于明显维护公共利益的、强制性色彩较弱的行政行为，审查结果应当表明其具有较高的合法性。

2. 对适用法律规范是否正确的变通审查

人工智能技术的应用历史较短，以此为调整对象的立法在数量和规制范围上也相对有限。特别是在行政法领域，目前尚未将智能预测结果明确地规定为行政行为的合法依据，这就向司法审查中认定证据合法性的工作提出挑战。为了适应这一现实变化，法律规范适用是否正确的审查应当进行以下调适。

其一，对审查依据的范围进行拓宽。传统行政法基本上由单一的国家法、“硬法”以及立法机关制定的静态的法构成，而新行政法的构成还包括社会法、

① 参见姜明安主编：《行政法与行政诉讼法》（第 7 版），北京大学出版社、高等教育出版社 2019 年版，第 30 页。

② 参见蔡小雪：《行政行为的合法性审查》，中国民主法制出版社 2020 年版，第 8 页。

国际法、"软法"以及社会生活中不断产生和生长的活的法、动态的法。[①] 面对社会的智能化发展,已有立法的调整范围不能完全覆盖新兴问题,在实践中如果一味追求所谓明确的实体法依据,可能导致规制空白或者规制失灵,因此,需要坚持适度开放的视野,在规范类型、规范层级等方面对审查依据的边界适度拓展。其二,进一步完善适用法律规范的形式和内容。行政行为适用法律规范时,在形式上通常要求写明适用的具体法律规范名称和条文,在内容上则应当写明认定行政相对人行为性质或事项性质的法条和涉及处理结果的法条。[②] 在拓宽审查依据的前提下,适用特定规范时应当附有解释性文本,说明选择适用该规范的理由及适用其调整相关行为的程度,特别应当说明这是一次性适用还是可以反复适用。以上建议的实施,可以有效保障在人工智能法律法规不完备的情况下,既灵活选用更多规范调整特定行政行为,又不致形成规范滥用或规范不当适用的情形。

四、行为的程序合法性及新型程序规则的创设

在以智能预测结果为基础的行政行为面前,程序合法的内涵和外延同样发生了变化和拓展。特别是在财富社会化与风险社会化相伴而生的当下,[③]面临诸多不确定风险以及法律规制的空白时,通过规范程序来强化实体正义就彰显出必要性和可行性。

(一)正当程序各项制度的应然适用

虽然正当程序的内涵及外延相对法定程序而言较为宽泛,但在当前相关行政行为的实体性规则尚有较大缺失的情况下,将正当程序原则融入行为规制中并作为指导精神,具有现实可操作性。那么从应然角度来看,信息公开、说明理由、告知权利、听取意见等各项制度就应当发挥其保障公平性、公正性的价值作用。

---

① 参见姜明安主编:《行政法与行政诉讼法》(第 7 版),北京大学出版社、高等教育出版社 2019 年版,第 33 页。

② 参见蔡小雪:《行政行为的合法性审查》,中国民主法制出版社 2020 年版,第 141 页。

③ 参见[德]乌尔里希·贝克:《风险社会》,张文杰、何博闻译,译林出版社 2018 年版,第 3 页。

具体而言,首先,作为保障公民知情权而存在的信息公开制度,应当合理适用于对以下内容的公示中:一是基础信息的收集标准与范围;二是预测算法的设定依据及基本的运行法则。当然,公开时应当排除涉及合作方商业秘密及第三人个人隐私的内容,并选择适当的公开方式。其次,充分发挥说明理由制度在保障相对人参与权方面的作用,行政主体应当重点说明依据预测性结果作出行政行为时的行为选择理由,解释作出相应程度行政行为的原因与标准,特别是在相对人提出异议时,需要对预测结果与行政行为之间的因果联系作尽可能详细的解释,以消解因行为依据不确定性所导致的相对人不理解、不配合的情况。再次,告知权利,主要包括告知相对人其针对行政行为所享有的异议、陈述、申辩、听证等权利。由于以智能预测结果为依据的行政行为可能表现为具体行政行为或抽象行政行为,因此,这里的相对人范围可以是确定的或不确定的,故具体的告知行为在方式上会存在差别。最后,听取当事人陈述和申辩,是在告知权利基础上延伸出来的程序性制度,行政机关及其执法人员在作出行政处理决定之前,拒绝听取当事人陈述、申辩的,行政处理决定不能成立。[①] 对基于预测结果作出的行政行为,因其依据的非确定性和行为的外部性,更应当保障相对人的陈述与申辩权,提升公众参与程度和公众对行政行为的认可度。

(二)风险行政法视角下程序规则的合理改造

现代社会风险的范围、规模以及复合程度都有前所未有的变化,因而风险控制也相应从一种个人责任上升为行政性规制所应面对的问题。[②] 法学学科要正视风险,就意味着要把危害发生的概率作为确定责任和义务的根据。若法学要正视不确定性,则意味着必须加强对偶然的去随机化处理。其结果是,势必要在决策过程中不断激活人们的风险沟通,并加强事中的程序性控制。在逻辑延长线上,还要强调法律系统的事实认知侧面,以及法律职业的反思理

---

① 参见蔡小雪:《行政行为的合法性审查》,中国民主法制出版社 2020 年版,第 87 页。

② 参见沈岿主编:《风险规制与行政法新发展》,法律出版社 2013 年版,第 6~11 页。

性。[①] 基于此，风险行政法的任务就在于，探索在以不确定事实为依据的行政行为中，如何改造现有制度，以平衡风险防范需求和行政法治之间的关系。基于行政程序性规范在当前所具备的软法属性，改造程序规则相较修正实体规则而言显得更具迫切性，也更加便于操作。

1. 适当降低说明理由的程度和标准

以金融调控和应急处置行为为例，由于其依据是预测到的将会发生的金融风险或各类突发事件，因而在实施以防范为目的的行政行为时无法提供既成风险的事实依据，且倘若风险已经切实成为事实，则此时作出的行政行为也不再具备风险规制的属性，而转为事后救济。所以，说明理由这项程序制度并不能完全适用于金融调控和应急处置领域，而是应当适当降低对行政主体的实体性和程序性要求，即在行为事实依据方面只要能够达到相应裁量基准规定的标准即可，且说明理由时无须再满足“切实充分”的要求。此外，针对风险控制行为所引发的行政纠纷，法定解决途径必然会涉及举证责任问题。传统法治理念要求行为主体为自身行为承担举证责任，举证范围涵盖行为的事实依据与法律依据，那么结合上述程序改造内容不难推知，要求监管主体证明特定风险必然会发生，这在当前人类认知无法达到的情况下必然不可行；更有甚者，如果以此为理由作出行政主体行为违法或不当的处理决定，并要求一定等危害事实发生方可采取措施，实际上是从根本上取消了对风险的防范。

因此，在风险行政法视角下，程序规则的合理改造应当以传统行政法的要求为基准，对行为时间、方式、程度甚至步骤要求进行一定的弱化。特别是在说明理由的过程中，要求基于预测结果作出的行政行为与其依据之间仅满足一定程度的盖然性即可，同时相应降低诉讼或复议中行政主体的证明责任限度，力争同步实现合法性与合理性。

2. 探索数据时代更为适宜的信息公开与交互方式

对信息公开程序而言，其目的在于保障相对人及社会公众的知情权，特别

① 参见华东政法大学科研处副处长陆宇峰教授在2020年10月10日《法律与概率——不确定的世界与决策风险》讲座上的讲话，载微信公众号“学术华政”2020年10月25日，https://mp.weixin.qq.com/s/Wb3fv5zJYhxLdno-qLq1ng。

是以智能预测结果为依据的行政行为,从理论上来说更应当具备确保公开透明的程序机制,最大限度地抵消及化解盖然性行为标准下可能存在的相对人不满情绪。结合前文所述,公开的内容主要涉及人工智能行为阶段(或称"人机协作阶段")的行为标准,以及人类行为阶段的行为依据。对此,当前可供选择的公开方式因以相对人是否特定为前提,作出如下新的探索:对于以智能预测结果为依据作出的具体行政行为,其信息公开方式除了当面告知、电话或传真告知之外,还应当拓展至互联网邮件、官网私信回复等形式;对于抽象行政行为,则可以在电视公开、报刊公开等形式之外增加官网公告、社媒平台或公众号推送等方式进行信息的公开。这一程序内涵的拓展,既彰显了法律和技术的交互协作,又体现了高效便民的行政法基本原则,是程序正义促进实体正义在现实中的充分写照。

五、行为的裁量权边界及合理裁量基准的构建

在现代行政管理中,形式正义追求公平性与实质正义追求公正性之间矛盾关系的客观存在要求行政裁量权发挥作用。① 从外观看,此处裁量权的行使以自由裁量为主,以法规裁量为辅,且与法治观念之间还没有完全协调起来。② 可见,在认可裁量权这种"必要的恶"之价值基础上,③有必要对其权力边界进行探讨,并探索如何构建裁量权合理行使的实践基准。

(一)裁量权涉及的行政行为阶段

结合本书对相关行政行为类型的梳理,可知以智能预测结果为依据作出行政行为时,若行政主体未依托其他第三方进行预测分析,则裁量权的行使基本可以贯穿基础信息的收集、预测算法的设定以及后续行政处分的实施整个流程。

---

① 参见姜明安主编:《行政法与行政诉讼法》(第7版),北京大学出版社、高等教育出版社2019年版,第207~208页。

② See Nicholas Emiliou, The Principle of Proportionality in European Law: A Comparative Study, Kluwer Law International, 1996, p. 61.

③ 参见刘权:《行政裁量司法监督的法理变迁——从〈自由裁量及其界限〉谈起》,载《中国法律评论》2020年第4期。

1. 基础信息收集中的裁量

人工智能机器学习的对象是人类社会生活中的各种行为,最常见的方式就是将这些行为抽象为数据,作为机器运算的基础依据。这些数据具备影响决策内容的重要性,所以应当在最大限度内保证数据的普遍、真实与客观。[①]在此,原始数据自身的偏见问题暂且不论,[②]规范裁量权所关注的内容应当主要集中于如何避免信息收集行为带有偏见性。那么,在这一层面上,相关问题则可以抽象为:行政主体应本着什么原则、以何种工具开展基础信息的收集工作。

随着《数据安全法》《个人信息保护法》的颁布实施,以及相关领域部门规章、行业标准的制定出台,当前我国的数据立法开始全面关注必要性原则在信息收集环节的作用。在此过程中,信息收集工具的重要性也日益凸显出来。信息收集工具这一概念来源于市场规制工具理论,且在命令控制型、合作治理型、制度激励型三种类型的规制工具中,信息收集工具的性质更倾向于后两者的结合,具有非强制色彩,[③]又由于该行为同时具备较为显著的过程性和辅助性特征,实践中很容易被视为行政事实行为或被后续行政行为所吸收,所以容易在客观上规避法律的规制。

2. 预测算法设定中的裁量

智能预测作为一种机器行为,需要依赖大数据和深度学习技术予以实现,其最基本环节就是预测算法的设定。实践中,虽然预测算法并非决策算法,与"电车难题"及其演绎出的自动驾驶方案有着本质区别,[④]但其设定本质上属于对后续行政行为的辅助行为,更由于该算法的运算结果将作为依据影响甚至直接决定行政行为的内容,具备了相应的外部性特征,所以当设定者具备行

---

① 参见李帅:《人工智能的风险预测与行政法规制——一个功能论与本体论相结合的视角》,载《行政管理改革》2019 年第 10 期。

② 原始数据自身的偏见问题如:数据统计时的样本范围不具备全面性,导致无法从中获取普遍信息;或者在该领域,社会自身的习惯或制度即存在偏见。

③ 三种市场规制工具的分类及特征,参见段礼乐:《市场规制工具研究》,清华大学出版社 2018 年版,第 90 ~ 91 页。

④ 在"电车难题"中,司机面临的实际上是杀人与任人死亡的问题,直接关涉社会伦理问题。参见[美]弗朗西丝·默纳·卡姆:《电车难题之谜》,常云云译,北京大学出版社 2018 年版,第 106 页。

政主体身份时,则能够将此种行为定性为“准行政行为”。

目前,算法的重要性已经在社会生活多个领域得以体现,从新闻推送到手机导航,从预测治安风险到辅助法官量刑,算法逐渐在教育、执法、金融、社会保障等领域接管人类让渡的决策权。然而,智能算法基于其不透明性和自主性逐渐脱离了工具化的范畴。[①] 例如,行政机关在防疫过程中出于减轻部门责任的考量,采用严格算法甚至是差异化算法对“健康码”绿码的取得条件进行限制,加之行政主体会以“健康码”作为约束相对人行为的依据,故在实践中可能导致非公平结果。[②] 在目前尚无明确法律规则的背景下,就表现为自由裁量权行使中的权力失控问题。

3. 后续处分过程中的裁量

相比之下,后续处分行为在外观上更符合具体行政行为的标准,并通常表现为处罚、强制、许可等传统行政行为,服务、指导、协议等相对新型的行政行为,或者是调控、监管、应急处置等综合性行政行为。可见,基于后续行为性质上的差异,裁量权发挥作用的空间和程度范围也因此不同,应当更加基于在具备软法特征的新型行政行为以及具备复合特征的综合行政行为中。

由于立法的相对空白和规制措施的缺失,基于人工智能预测结果作出的后续处分行为将在极大程度上反映行政主体的价值取向,那么滥用裁量权或者裁量不当很可能将在行为中体现出部门利益主义,诱发违法作为或不当作为的问题,更有甚者因懒政而产生不作为问题,最终导致行政主体权益和相对人权益的不平衡。例如,金融业监管部门基于监测到的账户异动信息,结合智能预判认为存在个人投资者违法交易情况,此时是采取向被监管单位(通常为特定券商)发布预警信息,还是直接作出冻结其交易账户的行政命令,不同处理行为的选择适用依据目前尚不明晰,在很多情况下需要依赖行政机关自行

---

① 张凌寒:《算法权力的兴起、异化及法律规制》,载《法商研究》2019 年第 4 期。

② 例如,在“新冠”疫情防控期间,有市民连续 14 天在家中未出门,时间跨度已满足国家认定的病毒潜伏周期,但申领到的健康码却显示为红色,表示需要实施 14 天的集中或居家隔离;也有市民表示一家人的活动轨迹完全相同,但健康码颜色却差距较大;还有的健康码在申领后 3 天内连续不断变换颜色,可市民本人在这 3 天内却并未出门等。参见李帅:《这些问题不解决,大数据辅助决策未必真的精准……》,载上观新闻 2020 年 4 月 25 日,https://www.shobserver.com/wx/detail.do?id=240873。

判断决定,这对于具备外部性特征的行政行为而言,明显欠缺统一化的法律规制标准。

(二)裁量权的合理边界及其基准构建问题

裁量权赋予行政主体较宽泛的行为选择范围,这种权力如不加制约,必然导致滥用。① 对于裁量权的行使,理论界目前已提出通过程序、立法目的和立法精神、政策及行政惯例等方式加以控制。② 在规范基于人工智能预测结果的行政行为过程中,可以适用的裁量权控制模式主要包括通过法的基本原则控制,以及通过构建裁量基准的控制。

目前,我国立法中体现的行政行为基本原则主要包括行政法治、行政合理性、信赖利益保护以及行政效能,那么基础信息的收集行为就应当在其基础上适用相对更有针对性的指导原则。因而对于信息收集的原则来说,当行政主体作为收集者时,应当在坚持必要性及最小限度收集个人隐私两项基本精神的前提下,避免部门利益主义对收集行为的影响。也就是说,第一,对于非本部门职权范围的事项,通常不应收集与其相关的信息和数据,更不能借助行政管理权强制相对人提供;第二,以比例原则为行为基础,尽量选择便于相对人提供信息的方式进行收集,同时充分利用互联网等新型科技手段开拓信息收集渠道;第三,规范收集过程中的信息管理,防止信息收集过程中相对人的隐私泄露。在信息收集工具的选择适用上,首先,应当将获取相对人知情同意的步骤嵌入收集算法中,使之成为强制环节;其次,注重对新科技收集手段的应用,诸如制作手机扫码自助平台便于作为被收集人的个人填写信息,采用信息的批量分类与上载技术便于企事业单位被收集人集中提供信息等;最后,应当建立基础信息的合理保管制度并明确对外披露标准,防止相对人隐私或敏感信息的不当泄露。

裁量基准是指行政机关在法律规定的裁量空间内,依据立法者意图以及比例原则等要求并结合执法经验的总结,按照裁量涉及的各种不同事实情节,

---

① 参见[法]孟德斯鸠:《论法的精神》(上册),张雁深译,商务印书馆1961年版,第154页。

② 参见姜明安主编:《行政法与行政诉讼法》(第7版),北京大学出版社、高等教育出版社2019年版,第211~212页。

将法律规范预先规定的裁量范围加以细化,并设以相对固定的具体判断标准,[①]旨在缩小行政机关在个案处理中的自由选择空间。[②] 那么,在规范基于预测结果作出的行政行为时,裁量基准的制定应当主要围绕以下问题:行政主体对预测结果的选用范围及采信程度,行政主体依据预测结果能够作出的行政行为种类及幅度。就前者而言,裁量基准的内容应区别具体情形进行规定,对于社会舆论关注度高、基础数据来源广且数量大的事项,此时的预测结果可能在专业性上略显不足,所以参考适用时应当征求相关领域专家意见进行综合评估;对于仅在相关专业领域内受到关注进而被收集信息进行预测的,此时预测结果的客观性相对较高,可以直接作为决策依据。就后者来说,行政主体基于非确定结果实施行政行为,应当特别规定诸如处罚、强制等负担性行为作出的条件,条件允许时还应当进行行为的必要性论证,避免可能发生的不当行为对相对人合法权益造成减损。最后,裁量基准的制定不能忽略对于逸脱条款的设计,即明确哪些情形下可以不适用裁量基准,并列举此时享有逸脱权的行政主体,以防止裁量僵化。[③]

第三节　新经济业态下数据立法的未来趋势

2023 年 2 月,中共中央、国务院印发《数字中国建设整体布局规划》,指出"建设数字中国是数字时代推进中国式现代化的重要引擎,是构筑国家竞争新优势的有力支撑"。当前,我国的数据立法已经初具体系,国家(中央)层面顶层设计基本形成,地方数据立法也在积极探索推进。但在产业实践中,数据交易却面临着数据权属难以界定、交易合规管理体系滞后、互信难、场内交易的局限性等实际困境。从全球范围来看,数据立法趋势正从"数据保护"走向"数据赋能"。在这样的国际背景下,随着《网络安全法》《数据安全法》《个人信息保护法》先后出台,我国数据安全的"基本底座"已经比较健全,下一步我

① 参见周佑勇:《裁量基准的正当性问题研究》,载《中国法学》2007 年第 6 期。
② 参见章剑生:《现代行政法总论》(第 2 版),法律出版社 2019 年版,第 104 页。
③ 参见熊樟林:《行政裁量基准运作原理重述》,北京大学出版社 2020 年版,第 156 ~ 157 页。

国也需要从“数据保护”迈向“数据赋能”阶段。面临新的立法任务，以下几点将代表我国数据立法未来发展的重要趋势。

一、促进数据要素市场建设，明确数据确权规则

2022 年年底，中共中央、国务院发布“数据二十条”，提出要加强数据产权保护、数据要素市场制度建设、数据要素价格形成机制、数据要素收益分配、数据跨境传输、争议解决等理论研究和立法研究，推动完善相关法律制度。

随着中国进入新发展阶段，面临新发展形势，国家对数据法律制度建设提出新的要求。下一步，我国应以“数据赋能”为主题，持续推进数据立法工作，围绕构建数据基础制度，逐步完善数据产权界定、数据流通和交易、数据要素收益分配、公共数据授权使用、数据交易场所建设、数据治理等主要领域关键环节的政策及标准，更好发挥数据要素作用。[①]

二、进一步完善产业内部的数据分类分级及应用规则

本书选取当前新经济下不同产业、不同行业的信息保护现状进行分析，通过分析可知，在各领域内都存在比较集中的数据分类分级需求。除了前文论及的互联网金融、互联网医疗等产业外，智能网联汽车产业也同样存在以下显著问题：(1)尚未建立智能网联汽车领域数据分类分级的统一标准；(2)重点数据类型的识别与处理；(3)汽车数据种类繁多且交叉重合；(4)数据泄露风险与数据利用效率的关系平衡成为影响数据分类分级保护构建的重要因素。智能网联汽车产业链中参与主体众多，不同主体涉及的数据性质也不同，数据安全风险等级不尽相同。如车联网数据中存在大量关于车辆行驶过程中、驾驶者与乘客使用某些车联网应用时系统自动产生的数据(machine generated data)，这其中大数据信息是否属于个人信息，从而明确其需要遵守个人信息保护的相关法律规定等目前尚不明确。

---

① 参见王瑞贺：《健全数据法律制度 促进数字经济发展》，载中国人大网，http://www.npc.gov.cn/c2/c30834/202307/t20230704_430420.html。

因此,未来立法应当确定数据分类分级的统筹性指导原则,并授权专门性立法对特定产业内的数据分类分级作出规定,从而推进数据保护与利用的进一步科学化。

三、将利益衡量作为个人信息共享与利用的前置程序

要处理好数据开放与保护两者的关系,关键在价值的选择。从社会关系来看,管理方希望通过数据的收集,进一步提升自己的管理水平和能力;而被管理方则希望从数据中获得能够满足自身需求的便利。因此,在数据的采集、修改、使用的过程中,价值需求的选择也随之产生。在双方或者多方价值需求得到合理满足时,才是数据开放的健康状态。

数据开放、数据利用和个人信息保护之间看似矛盾,但可以找到平衡点并通过法律将这一平衡点进行固定和保护。例如,当平台经营主体或平台参与商家之间希望共享反映消费者消费习惯的信息时,必须通过特定的社会调研或合理的计算方法衡量因此而产生的利益得失,确保该共享行为不会给消费者(电商平台信息提供者)带来安全威胁及不必要的困扰时,方可进行内部共享。利益衡量过程的关键在于找到双方或多方合法权利的临界点,且如果其中包含公共利益时,这一"临界点"需要向公共利益一方发生位移,即此时其他利益应当让位于公共利益,以保障并最大限度实现公共利益的同时不侵犯个人隐私为标准,决定是否共享个人信息数据以及个人信息数据共享的程度。如果用经济学中的最优理论来解释,那么平等主体之间利益衡量标准应当是"帕累托最优"①,即原始信息收集者是否共享其占有的消费者个人信息,不会造成平台上其他经济参与者应得利益的减损;而有公共利益参与的利益衡量标准则可能为"卡尔多—希克斯最优"②或"帕累托最优",即平台上其他经济参与者应得或实际已得利益可能增加,可能不变,也可能因让位于公共利益而

---

① 帕累托最优(Pareto Optimality),也称为帕累托效率(Pareto Efficiency),是指资源分配的一种理想状态,假定固有的一群人和可分配的资源,从一种分配状态到另一种状态的变化中,在没有使任何人境况变坏的前提下,使得至少一个人变得更好。

② 卡尔多—希克斯最优(Karldor Hicks Optimality),也称为卡尔多—希克斯效率(Karldor-Hicks Principle),是一种受益者所得足以补偿受损者所失的最优模式或变革模式。

有所损失。由此可见，可以将有公共利益参与的利益衡量结果理解为一种混合模式。

因此，建议将利益衡量作为个人信息数据共享的前置程序，并规定由平台经营主体中负责法律事务的部门主管此项工作。此外，建议适当引入经济学原理以及数据分析的方法，通过寻找“边际利益平衡点”的方式进行利益衡量，以确保个人信息数据的合理合法应用。①

四、明确平台责任，规范算法权力

互联网平台作为提供交易机会的场所以及连接买卖双方的纽带，更多履行的是民事法律层面的权利和义务，但由于其所承载工作内容的特殊性，因此，学界提出可否能用公法义务来概括平台的责任，简单定义是说，与平台经营有一定关系，但是又超脱于自身经营的需要，为了实现公共秩序、保护公共利益等通过法律规定，强制要求平台所履行的义务。

在强化平台监管责任的背景下，建议将平台公法义务的主要项目规定如下。（1）确保用户身份真实性的义务。具体而言，应当对经营者与消费者均进行身份核实和验证，并对经营者实施更为严格的身份核验规则；对于在平台上从事特殊种类经营项目的商家，按照国家特殊行业规定进行资质审核。（2）对发布、传播违法信息行为的处置义务。目前，法律虽然仅规定平台对其参与者发布及传播的违法信息承担“通知—删除”的义务，但事实上平台还在履行着一部分“事先审查”义务。因此，建议将事先审查的范围和方式进一步明确化和规范化，从而对违法信息起到双重控制。（3）保存记录和提供记录的义务。应当在一定时间期限内将平台上生成及传播的信息记录保存在数据库中，并配备专业人员对相关记录进行维护，以供相关主体查询、调用。（4）信息和隐私保护的义务。对于涉及商家商业秘密或用户个人隐私的信息数据，在供正常商业所需之外的范围，给予全面的安全保障，非经同意不得公开或交易。（5）向有关主管部门告发、举报，并配合行政执法和司法工作的义务。对于

---

① 参见李帅：《“共享经济”时代个人信息数据权的应用与保障》，载《东南法学》2018 年第 1 辑。

平台参与者实施违法违规行为后警告不改的,应向上级监管部门进行举报,按照要求提供相关信息记录,保障平台交易的良好信息环境。(6)处理投诉举报和化解纠纷的义务。作为经济活动中的第三方,平台对于内部纠纷负有居中裁决的权利和义务,对于事实清楚、关系明确的纠纷应当严格按照法律和行业规则进行裁判。(7)信用评价的义务。规定这项义务,实际上是为了发挥平台这一优势媒介的作用,通过对参与者各项行为进行评估,得出信用等级评定结果并与工商、税务等企业进行共享,必要时还可向社会公示,为经济活动的参与主体及监管主体提供依据,实现平台对社会经济全面发展的促进作用。

但在赋权的同时,互联网平台的权力扩张也成为当前面临的一大问题。对此,既要防范平台过度行使"自治权"并代替政府对平台上交易活动的监管,进而通过平台治理改变既有的国家权力结构及权力组成部分(如货币发行权、信用评价和排序、制裁方式等)之间的关系;①又不应通过简单化的规则"解除"这种权力的影响,这将导致平台功能的萎缩。②

五、完善数据安全审查体系

对数据安全进行审查具有较强的技术含量,除了需要有法律规范作保障之外,专业的审查标准和评测方法必不可少。建议不同平台以自身经营范围为依据选择合适的已有标准,在一定时间范围内进行试点;在试点过程中,平台应当密切关注该标准的实施效果,并结合工作实际需求对已有标准进行调整或制定全新的审查标准。就审查体系涵盖的内容来说,在时间上应当囊括从信息生成、发布到传播、修正、灭失或丧失原有价值整合环节,在方式上应当包含问卷调查、数据分析、座谈走访等,在审查对象上则主要应当包含如何划分一般信息与个人隐私信息、如何在公私权利之间进行选择和取舍以及如何规制信息收集者对个人信息数据的共享行为。

---

① 参见季卫东:《主权的嬗变——数字化"魔兽世界"与法律秩序创新》,载《交大法学》2023 年第 5 期。

② 参见赵鹏:《平台公正:互联网平台法律规制的基本原则》,载《人民论坛·学术前沿》2021 年第 21 期。

综上所述,建议以前文提及的《个人信息保护指南》为基础及依托,逐步提升"推荐性"标准的适用层级,并在此基础上建设或完善不同平台专属的数据安全审查体系,形成标准齐全且针对性强的个人信息数据安全测评制度。

结　　语

新业态经济全面发展,个人信息承载的利益不断多元,其属性呈现复合趋势,外化模态也日臻丰富。在此背景下构建数据立法模式,应当充分认知当前社会中普遍存在的信息安全问题,对个人信息相关权利进行明确定性;客观、理性地看待信息不对称现象,并结合这一现象所诱发的负面效应,探索个人信息保护的公私协力机制。进而,以金融信息、健康信息、多模态信息三种类型化的个人信息保护路径为借鉴,全面发掘一种新型的信息保护机制——数据治理。

伴随国家现代化建设的深入,近年来“治理”一词已在内外部共同作用下实现了在我国的本土化进程,并融入了中国话语体系。个人信息保护中的数据治理模式,恰恰体现了国家治理体系和治理能力现代化的题中之义。当前,大数据技术为海量数据的收集整理提供了可能,也为计量法学与计算法学的发展奠定了基础,使个人信息的公法保护增添了技术治理与法律治理相结合的色彩。

综上所述,作为数据法律保护体系中的重要主体,行政机关应当深入挖掘数据治理的时代内涵,促进行政法规制的现代化及数据治理体系的全面建成,打造集“合作治理”“精简治理”“精准治理”“智慧治理”于一体的新型社会治理体系。以此为指导,将数据治理方式作为推进立法模式改革、提升行政行为质效、打造群众满意度高的精准化司法,是在大数据时代全面应对社会数字化转型的有效之举。从行政法学的研究视角来看,就是利用大数据思维和网络化、电子化的治理手段,对传统规制理论进行内涵的丰富与适用情形的演绎,从而形成新时代下具有全新意义的科学决策机制、市场准入调控机制以及财产用途管控机制。在此科学的有机循环过程中,公民个人信息将以一种更为积极的姿态融入社会运转流程和社会治理体系中,同时也能获得与传统社会管理模式相比更为精准的保障。当然,最重要的是,个人信息将在数据治理全面实践的过程中,充分发挥其综合性的、多维的社会价值。最终,共享经济下的个人信息保护行为将呈现体系化、规范化、高效化、协作化的综合特征,并为新时期其他社会制度的完善提供有益指导。